Brian S. Friedlander, Maurice J. Elias, Steven E. Tobias
EQ für Eltern

Brian S. Friedlander,
Maurice J. Elias,
Steven E. Tobias

EQ für Eltern

Kinder erziehen und fördern
mit emotionaler Intelligenz

 Verlag Gesundheit

Copyright © 1999 by Maurice J. Elias, Steven E. Tobias and
Brian S. Friedlander

Titel der amerikanischen Originalausgabe:
Emotionally Intelligent Parenting
How to Raise a Self-Disciplined, Responsible, Socially Skilled Child
Erschienen bei Harmony Books, a division of Crown Publishers Inc.,
New York 1999

© 2000 by Econ Ullstein List Verlag GmbH & Co. KG, Berlin und München
Das Buch ist im Verlag Gesundheit, Berlin, erschienen.

Aus dem Amerikanischen von Dr. Angelika Mauritz

Illustrationen: Wolfgang Schedler
Umschlaggestaltung: Bauer + Möhring
Umschlagfoto: Photonica
Satz: Utesch GmbH, Hamburg
Druck und Verarbeitung: Kösel GmbH, Kempten

Printed in Germany 2000

ISBN 3-333-01062-3

Gedruckt auf alterungsbeständigem Papier
mit chlorfrei gebleichtem Zellstoff

Das Familienleben ist unsere erste Schule für emotionales Lernen. In dieser intimen Gruppe lernen wir, unsere eigenen Gefühle zu erkennen, wie andere auf unsere Gefühle reagieren, wie wir diese Empfindungen beurteilen können und welche Reaktionsmöglichkeiten uns offenstehen, wie wir Hoffnungen und Befürchtungen erkennen und ausdrücken können. Diese emotionale Schulung erfolgt nicht nur über direkte Worte und Handlungen der Eltern gegenüber ihren Kindern, sondern auch über die Vorbilder, die sie im Hinblick auf den Umgang mit ihren eigenen Emotionen und den Gefühlen repräsentieren, die sie untereinander austauschen.

Daniel Goleman

Inhalt

Vorwort

Gerade heutzutage können Eltern einen Ratgeber brauchen, der ihnen *Kindererziehung mit emotionaler Intelligenz* vermittelt.

Als Vater bin ich tief beunruhigt über die Ergebnisse einer landesweiten Umfrage, bei der amerikanische Kinder im Alter zwischen sieben und vierzehn Jahren von ihren Eltern und Lehrern beurteilt wurden. Die Studie, die zuerst Mitte der siebziger Jahre durchgeführt und in den späten achtziger Jahren mit einer vergleichbaren Gruppe wiederholt wurde, ergab einen beunruhigenden Trend: Die elementaren emotionalen und sozialen Fähigkeiten nahmen generell ab.

Die Kinder waren impulsiver und ungehorsamer, ängstlicher und furchtsamer, einsamer und trauriger, reizbarer und gewalttätiger. Kurz, 42 Indikatoren wiesen eine Verschlechterung auf, und es fand sich keine einzige Verbesserung. Gleichzeitig nahm die Zahl von Gewaltdelikten, Selbstmorden und Vergewaltigungen stark zu, wobei mich persönlich die wachsende Zahl von Tötungen mit Waffen in unseren Schulen am meisten erschüttert hat.

Wie ist es zu diesem Verfall gekommen? Ich glaube, dass die Kinder Opfer weltweiter ökonomischer und technologischer Entwicklungen geworden sind. Um einen ausreichenden Lebensstandard aufrechtzuerhalten, muss die heutige Elterngeneration wegen des globalen Wettbewerbs länger und härter arbeiten als die Generation unserer Eltern. Das bedeutet nicht, dass wir unsere Kinder weniger lieben, aber verglichen mit unseren Eltern können wir heute weniger Zeit mit ihnen verbringen.

Gleichzeitig bedeutet die stärkere Mobilität, dass immer mehr Familien ohne Verwandte in der Nachbarschaft auskommen müssen. Zudem wohnen viele Familien in Vierteln, in denen sie Angst haben, ihre Kinder im Freien unbeaufsichtigt spielen oder gar ein Nachbarkind besuchen zu lassen.

Was die technologische Seite angeht, so spielt sich weltweit ein immer größerer Teil des kindlichen Lebens vor dem Fernseher oder Computermonitor ab. Ob sie nun eine Lehr-CD-ROM oder ein Unterhaltungsprogramm im Fernsehen anschauen, Tatsache ist, dass sie nicht draußen mit anderen Kindern spielen.

Emotionale Intelligenz und soziale Kompetenz erwarben Kinder bisher von ihren Eltern, Verwandten und Nachbarn und beim Spiel mit anderen Kindern. In vielen Fällen ist das heute nicht mehr möglich.

Das bedeutet, dass wir als Eltern unser Bestes tun müssen, um unseren Kindern diese elementaren Fähigkeiten beizubringen, und zwar durch die kleinen, alltäglichen Interaktionen zwischen Eltern und Kind.

Kindererziehung mit emotionaler Intelligenz beruht auf diesen Interaktionen. Dabei benutzen wir unter anderem die äußerst wirksame Methode »Ruhigbleiben«, wenn wir als Eltern wütend sind oder unsere Kinder beruhigen möchten. Es geht darum, die Gefühle von Familienangehörigen in dieser hektischen Zeit zu respektieren, und es werden viele Beispiele genannt, wie Stress in der Familie abgebaut werden kann und wie Eltern und Kinder mehr Zeit miteinander verbringen und Spaß zusammen haben können. Rasche Hilfe für viele Eltern sind die »Sound Bites«, praktische, schnell umsetzbare Tipps, um die tägliche Routine auf emotional intelligente Weise zu erledigen, vom Aufstehen bis zum Schlafengehen und viele Dinge mehr, die Vorschulkinder genauso wie Teenager betreffen.

Ich habe mit Maurice Elias zusammengearbeitet und schätze ihn als kompetenten und einfühlsamen Therapeuten.

Dr. Spocks Worte treffen immer noch zu: »Sie wissen mehr, als Sie denken« – über Kindererziehung. Aber alle Eltern und alle Kinder werden davon profitieren, wenn sie die äußerst praktischen, erprobten und nützlichen Ratschläge befolgen, die in diesem Buch gegeben werden. Ich denke, Dr. Spock würde *Kindererziehung mit emotionaler Intelligenz* für sehr empfehlenswert halten. Ich bin jedenfalls voll und ganz davon überzeugt.

Daniel Goleman

Die 24-Karat-Gold-Regel: Selbstdiziplin, Verantwortungsbewusstsein und emotionale Gesundheit

Kennen Sie die goldene Regel? Die meisten von uns sind damit vertraut. Normalerweise wird sie folgendermaßen umschrieben: »Behandle deine Mitmenschen so, wie du behandelt werden möchtest.« Wir bezeichnen das als die »14-Karat-Gold-Regel«. Warum? Weil es eine bessere gibt, in der sich »Erziehung mit emotionaler Intelligenz« widerspiegelt:

> »Behandle deine Kinder so, wie du möchtest, dass andere sie behandeln.«

Wir bestehen darauf, dass andere unsere Kinder achten und respektieren, höflich und aufmerksam mit ihnen sprechen und ihnen kein körperliches Leid zufügen. Wie haben Sie reagiert, als irgend jemand Ihre Kinder schlecht behandelt hat? Vielleicht war es ein Lehrer, ein Verkäufer oder die Eltern eines Mitschülers. Sie haben sich sicher darüber geärgert und heftig darauf reagiert: »Was fällt Ihnen ein, wie können Sie es wagen…« Wenn wir jedoch ernsthaft nachdenken, erinnern wir uns vielleicht an Zeiten, als wir selbst gegenüber unseren Kindern Dinge gesagt oder getan haben, für die wir einen Außenstehenden – falls er das getan hätte – am liebsten ins Gefängnis gebracht hätten.

Grundlagen der 24-Karat-Regel
Der Unterschied zwischen der 14- und der 24-Karat-Gold-Regel liegt in der Anwendung der emotionalen Intelligenz bei der Kindererziehung. Die 24-Karat-Gold-Regel verlangt, dass wir
- unsere eigenen Gefühle gut kennen,
- uns in die kindliche Sichtweise einfühlen,
- uns beherrschen können,
- sorgfältig darauf achten, wie wir uns als Eltern verhalten,

- ständig an einer Verbesserung unseres Erziehungsstils arbeiten und
- unsere Ideen mit sozialer Kompetenz durchsetzen.

Die 14-Karat-Gold-Regel reicht heutzutage nicht mehr als Richtschnur für elterliches Verhalten aus. Die Zeiten haben sich geändert. Das Leben ist hektisch, kompliziert, aufregend, ermüdend und stellt uns vor immer neue Herausforderungen. Wir werden mit Neuigkeiten überschwemmt. Die Zeit ist reif für eine neue goldene Regel für Eltern. Mehr als drei Jahrzehnte lang – seit den Büchern von Dr. Benjamin Spock und Haim Ginott – ist kein solcher Ratgeber mehr erschienen. Es ist Zeit für eine neue Richtschnur für Eltern an der Schwelle zum neuen Jahrtausend, nämlich für »Kindererziehung mit emotionaler Intelligenz«.

Wie kann sich emotional intelligente Erziehung auf Ihre Familie auswirken? Sie wird Ihnen mehr Frieden und weniger Stress bringen. Sie wirkt ausgleichend in angespannten Situationen, wenn die Kinder zu streiten anfangen, Ihre Teenager rebellieren usw. Etwas Stress kann motivierend wirken, zuviel davon hindert uns an der Entfaltung unserer besten Möglichkeiten.

Schwierige Zeiten für Eltern – oder Kinder

Eltern haben es heutzutage nicht leicht. Kind zu sein, ist vielleicht das Einzige, was noch schwieriger ist. Kinder werden von unendlich vielen Dingen beeinflusst und abgelenkt. James Comer, Professor für Kinderpsychiatrie an der Yale-Universität und Autor verschiedener Bücher, erklärte 1997 in einem Interview, dass Kinder niemals zuvor in der Geschichte der Menschheit mit so viel Information überflutet wurden, die nicht vorher von einer erwachsenen Bezugsperson überprüft worden sind. Uri Bronfenbrenner, ein bekannter Entwicklungspsychologe von der Cornell-Universität, erklärte, dass wir in einer hektischen Zeit leben, in der wir – genauso wie unsere Kinder – von einem Termin zum anderen hetzen müssen; jeder Tag muss exakt geplant werden, und wir fragen uns, ob alles klappen wird.

Unkontrollierte Informationsflut

Es werden verwirrend viele unterschiedliche Erziehungsmethoden propagiert. Eltern wissen nicht, wonach sie sich richten sollen. Wir sollten jedoch nicht vergessen, dass sich die grundlegenden

Verhaltensweisen der menschlichen Biologie, das Aufziehen von Kindern und die Eltern-Kind-Beziehungen, nicht verändert haben. In seinem internationalen Bestseller, »Emotionale Intelligenz«, hebt Daniel Goleman hervor, dass wir als Erwachsene und Eltern die Biologie unserer Gefühle ebenso wie die Bedeutung der Gefühle für die gesunde Entwicklung unserer Kinder vernachlässigt haben. Dafür bezahlen wir jetzt den Preis, als Familien und als Gesellschaft, und zwar in Form von zunehmender Gewalt und respektlosem Verhalten. Wir zahlen dafür, wenn wir sehen, wie scheinbar vernünftige Teenager Eltern werden und sich dann ihrer Neugeborenen entledigen, als handle es sich um Fehlkäufe aus dem Supermarkt. Wir zahlen dafür, wenn wir uns auf die Intelligenz von Schülern konzentrieren und ihr Herz vergessen. Und selbstverständlich bezahlen unsere Kinder auch dafür, in Form von zunehmenden Depressionen und Verhaltensstörungen.

Wir wollen unsere Kinder mit emotionaler Intelligenz erziehen

Das vorliegende Buch beginnt dort, wo Daniel Golemans Buch aufhört. Wir möchten darin Eltern begreiflich machen, warum emotionale Intelligenz bei der täglichen Kindererziehung und für ein friedliches, harmonisches Familienleben so wichtig ist. Wir fühlen uns dazu in der Lage, weil wir mit Daniel Goleman gearbeitet haben. Die theoretischen Grundlagen der emotionalen Intelligenz beruhen auf jahrzehntelanger Forschung und praktischer Erprobung. Als Eltern verstehen wir außerdem, was Eltern durchmachen. Wir wissen, dass »Kindererziehung mit emotionaler Intelligenz« die Zwänge, denen Eltern ausgesetzt sind, berücksichtigen muss und vor allem die Zeitvorgaben realistisch sein müssen. Die Zeit der Eltern ist außerordentlich kostbar. Sie können es sich nicht leisten, Zeit und emotionale Energie zu verschwenden, z. B. durch Chaos in der Familie, schlechte Eltern-Kind-Beziehungen oder Kinder, die außer Kontrolle sind, ohne Verantwortungsgefühl oder Selbstdisziplin, und die nicht in der Lage sind, zu unterscheiden, was in ihrem eigenen Interesse ist und was ihnen von ihren Altersgenossen und den Medien diktiert wird.

Keine Zeit verschwenden!

Emotional intelligente Kindererziehung beruht auf spezifischen, einfachen, wirkungsvollen Techniken, die einen wichtigen Beitrag zu einem friedlichen, harmonischen Familienleben leisten können. Diese Methoden basieren auf der praktischen Arbeit der Autoren mit Eltern, Familien und Schulen. Das Konzept basiert auf Eltern, die mit ihren eigenen Emotionen und denen ihrer Kinder auf intelligente, konstruktive, positive und kreative Weise umgehen, biologische Realitäten und die Rolle der Gefühle in der Natur des Menschen respektieren. Seine positive Kraft resultiert aus kleinen Veränderungen im Verhältnis zu unseren Kindern. Emotional intelligente Kindererziehung ist sowohl eine neue Erziehungstheorie als auch eine realistische und praktische Methode. »Kindererziehung mit emotionaler Intelligenz« macht das Zusammenleben weniger stressvoll und bringt mehr Spaß und positive Energie in unsere Familien und in die Beziehungen zu unseren Kindern.

Wir sprechen nicht von schlechten Eltern oder schlechten Kindern

Manche Kinder haben von Geburt an ein schwieriges Temperament, andere scheinen durch schmerzvolle Erlebnisse im Laufe des Lebens schwierig zu werden. Wir müssen uns immer wieder ins Gedächtnis rufen, dass Kinder nicht schlecht sein möchten. Ein schlechtes Kind ist nicht glücklich, ganz gleich welchen Eindruck Eltern und andere Personen haben mögen. Ein Kind, das sich schlecht benimmt, versucht – wenn auch ohne Erfolg – Wege zu finden, um im Leben zurechtzukommen, was bedeutet, Selbstdisziplin, Verantwortungsbewusstsein und soziale und emotionale Intelligenz zu lernen.

In dem vorliegenden Buch sprechen wir nicht von »schlechten« Eltern oder »schlechten« Kindern. Wir werden Ihnen niemals einreden, dass Sie sich schuldig fühlen sollen, weil Sie keine guten Eltern sind, oder dass Sie Ihren Ehepartner, die Gesellschaft oder Ihr Kind dafür verantwortlich machen sollen. Wir möchten Ihnen stattdessen zeigen, wie Sie konkrete Fähigkeiten erwerben können. Es ist lohnenswert, neue Erziehungsmethoden zu lernen und den Kindern neue emotionale und soziale Fähigkeiten – d. h. emotionale

Schuldzuweisungen sind nutzlos!

Intelligenz – beizubringen, weil Sie dadurch mehr Lebensqualität für Ihre Familie erreichen und Ihre Kinder besser auf die Zukunft vorbereiten können. Wenn wir auch keine Schuldzuweisungen betreiben, sind wir doch der Ansicht, dass es die Pflicht der Eltern ist, etwas dafür zu tun. Eltern zu sein, bedeutet, als Haushaltsvorstand die Familie zu führen und den Kindern zu helfen, emotionale Intelligenz zu erwerben. Es liegt an den Eltern, die Fähigkeiten anzuwenden und zu lehren, welche die Kinder in die Lage versetzen, die ihnen gesetzten Ziele zu erreichen.

Kommt Ihnen das bekannt vor?

Bevor wir uns damit auseinandersetzen, wie das Familienleben harmonischer und vorteilhafter für die Kinder gestaltet werden kann, bitten wir Sie, einen Blick auf die folgenden typischen Familienszenen zu werfen, um zu sehen, ob Ihnen die eine oder andere Begebenheit vertraut vorkommt:

1. Ihr Sohn im Vorschulalter soll sich anziehen, aber er wird abgelenkt vom Spielzeug im Zimmer, von den Wolken am Himmel, von den Luftmolekülen … was auch immer. Sie müssen pünktlich an Ihrem Arbeitsplatz sein.

2. Ihr Kind im Grundschulalter kommt um 15 Uhr von der Schule nach Hause. Sein Sporttraining beginnt um 15^{30} Uhr. An bestimmten Wochentagen ist Religionsunterricht ab 16 Uhr. Außerdem ist da dieses Projekt mit einigen anderen Kindern, das erledigt werden muss. Ihr Kind hat seinen Stundenplan für all die verschiedenen Aktivitäten verloren. Es ist jetzt 15^{10} Uhr, und Sie wissen nicht, wo Sie wann sein sollen oder wer das Kind fährt.

3. Ihre Tochter im Mittelschulalter macht sich gerade fertig für ihre Tanzstunde. Sie hatten ihr jedoch gesagt, sie müsse ihr Zimmer saubermachen, aufräumen und Hausaufgaben machen, bevor sie gehen dürfe. Obwohl sie Ihnen versichert hatte, dass alles erledigt sei, sehen Sie, dass das nicht stimmt und jetzt auch keine Zeit mehr ist, um rechtzeitig mit allem fertig zu werden. Fahrgemeinschaften sind arrangiert worden, Sie haben Pläne für den Abend, und Ihre Tochter ist fast fertig angezogen. Sie wissen nicht, was Sie machen sollen, und möchten sich einfach hinsetzen.

Typische Familienszenen

4. Und jetzt Ihr Sprössling im Oberschulalter. Da ist ein Schüler-ausschusstreffen um 19 Uhr. Chorprobe ist nach der Schule, dann ein Gruppentreffen wegen eines Laborprojektes. Abends, so wurden Sie informiert, *muss* eine Gruppe von Jugendlichen unbedingt im Einkaufszentrum etwas für irgendjemand aus dringenden Gründen kaufen. Alles wurde Ihnen im Eiltempo mitgeteilt. Sie wissen nicht, wer fahren soll, Sie, Ihr Sohn oder einer der Freunde. Sie erwähnen eine Englischarbeit, die – soweit Sie wissen – morgen abgegeben werden muss, und Sie erhalten die Antwort: »Ja, ja, keine Sorge, das wird erledigt.« Als Sie gerade zu verzweifeln beginnen, sagt Ihr Sprössling: »Und übrigens brauche ich noch ein bisschen Geld, okay?«

5. Sie wohnen in einer gefährlichen Gegend. Nachts kommt es zu Schießereien, und es treiben sich ständig Leute herum. Sie versuchen, über die Runden zu kommen, aber es ist nicht leicht. Ihr Kind möchte auch draußen herumhängen. Sie bestehen darauf, dass zuerst die Schulaufgaben erledigt werden, und dann muss jemand auf die jüngeren Geschwister aufpassen. »Aber Mama, die anderen Kinder dürfen auch nach draußen. Sie müssen keine Hausaufgaben machen oder zu Hause bleiben und helfen. Das ist nicht fair!« Sie fühlen sich schuldig und sind hin- und hergerissen zwischen Mitgefühl und notwendigen Zielsetzungen für Ihr Kind.

Warum sind wir Eltern auf dieser Welt? Um unsere Kinder zu unterweisen, zu beraten und anzuleiten? Unsere Kinder mögen anscheinend diese elterliche Führung nicht sehr, und einige rebellieren aktiv dagegen. Vielleicht ist es unsere Aufgabe, Chauffeur für unsere Kinder zu spielen, ihren Tagesablauf zu gestalten, sie zu ernähren, ihnen Kleidung und alle möglichen Dinge zu kaufen und sie gelegentlich an ihre Pflichten zu erinnern. Damit scheinen Eltern viel Zeit zu verbringen, aber wahrscheinlich ist auch das nicht der Grund, warum wir auf der Welt sind. Nun, warum dann? *Um uns Sorgen zu machen!* Wenn wir uns viele Sorgen machen, vor allem wenn wir uns nicht im Klaren sind über unsere komplizierten Gefühle angesichts all dessen, was in unserem Leben und im Leben unserer Kinder geschieht, dann verwenden wir wahrscheinlich »Klageworte«. Obwohl sie die Situation verbessern sollen, führt solches Lamentieren oft zu größerer Gefühlsverwirrung und Verstimmung. Hier einige Beispiele:

Warum sind wir Eltern?

1. »Wie oft habe ich dir schon gesagt, dass du dich anziehen sollst, bevor du anfängst zu spielen und aus dem Fenster zu schauen? Weißt du, wieviel Zeit du verschwendest?«
2. »Du wirst es niemals zu etwas bringen, wenn du mich anlügst und dein Zimmer nicht aufräumst. Was wird nur aus dir im Internat werden, wenn du nicht mehr zu Hause bist?«
3. »Das ist genau das, was deinen Bruder in Schwierigkeiten gebracht hat – zu viele Verabredungen, ständig telefonieren, zu wenig Zeit zum Lernen.«
4. »In deinem Alter war ich in der Lage, meine Schulaufgaben zu machen, hatte zusätzlich einen Job und half außerdem im Haushalt. Ich habe mich nie mit meinen Freunden herumgetrieben.«

Es ist jedoch wenig hilfreich, sich nur aufs Klagen zu beschränken. Um unsere Kinder auf die Zukunft vorzubereiten, müssen wir ihnen helfen, ein starkes, positives Selbstbewusstsein, Selbstvertrauen und – was oft fehlt – Selbstdisziplin und soziale und emotionale Kompetenz sowie das notwendige Verantwortungsbewusstsein zu entwickeln.

Den anderen respektieren, statt zu jammern

Um dies zu erreichen, müssen wir uns bemühen, dass in unserer Familie die Gefühle der anderen geachtet und respektiert werden und Einfühlsamkeit praktiziert wird. All das, was wir sagen, wenn wir unsere emotionale Intelligenz nicht benutzen, lässt unsere Kinder daran zweifeln, ob wir sie wirklich respektieren und ihre Gefühle achten. Zur Erläuterung fassen wir kurz zusammen, was Ihren Kindern – als Reaktion auf die von Ihnen geschilderten Szenarien – vielleicht im Kopf herumgeht:

1. »Zeit ist relativ, wie schon Einstein und andere feststellten. Wenn gesagt wird, ich verschwende Zeit, so wird dadurch impliziert, dass Zeit eine fixe Größe mit spezifischen Verwendungsparametern ist. Ich denke, deine Position lässt sich wissenschaftlich nicht untermauern, und deshalb habe ich mich entschlossen, mich langsam anzuziehen, wenn überhaupt. Ich ziehe mich an, also bin ich.«
2. »Wenn ich es zu nichts bringen werde, dann macht es keinen Sinn, sich um meine Aufgaben oder um mein Zimmer Gedanken zu machen. Ich hatte ein schlechtes Gewissen, weil ich die Dinge nicht – wie versprochen – erledigt habe, und war noch am Überlegen, wie ich alles auf einmal schaffen könnte. Jetzt nicht mehr!«

3. »Mein Bruder? Was hat der damit zu tun? Ich bin ich, nicht jemand anders. Und ich denke, du bist du. Wie wäre es, wenn wir uns mit uns beschäftigen? Sonst werde ich dir von den Eltern meiner Freunde berichten, was sie tun und was nicht, und das wird dich verrückt machen.«
4. »Ja, ja, du warst wirklich immer perfekt! Hast dich nie rumgetrieben, immer geschuftet, wahrscheinlich fünfmal am Tag gebetet und außerdem in der Freizeit sämtliche Fenster geputzt. Da ich nun einmal nicht so perfekt sein kann, brauch ich es gar nicht erst zu versuchen und bin stattdessen so wie die anderen Kinder.«

All das könnte Kindern durch den Kopf gehen, die häufig mit wohlmeinenden Äußerungen elterlicher Sorge konfrontiert werden. Unsere Beispiele – (hoffentlich) humorvoll und vielleicht etwas überspitzt dargestellt – sollen zeigen, dass Worte, die Barrieren öffnen und einen Gedankenaustausch ermöglichen, nützlicher sind als Aussagen, die negative Gefühle und Abwehrreaktionen erzeugen.

Barrieren öffnen, statt negative Gefühle zu erzeugen

Wir wissen, dass Eltern vor Wut und Frustration Dinge sagen, die sie gern wieder zurücknähmen. Uns ist das auch schon passiert, wie allen Eltern. Wir haben jedoch festgestellt, dass »emotional intelligente Erziehung«, wie sie im Buch dargestellt wird, ausgleichend auf die Familienmitglieder wirken kann und Harmonie schafft.

Merke! Worte, die Barrieren öffnen und Gedankenaustausch ermöglichen, sind nützlicher als Aussagen, die negative Gefühle und Abwehrreaktionen erzeugen.

Familienziele und die 24-Karat-Prinzipien der Kindererziehung mit emotionaler Intelligenz

Eltern sind also nicht perfekt. Das ist nichts Neues. Wie können wir unser Bestes tun, angesichts der Dinge, die in unserem Leben und im Leben unserer Kinder geschehen? Hier kann Kindererziehung mit emotionaler Intelligenz helfen, wie wir schon bei der Beschreibung der 24-Karat-Gold-Regel ausgeführt haben. Diese Regel enthält fünf Hauptprinzipien der emotional intelligenten Erziehung, die Eltern und Kinder anstreben sollen. Auf diese Ziele hinzuarbeiten, führt zu Harmonie in der Familie, und Kinder, die danach leben, werden zu disziplinierten und verantwortungsbewussten Erwachsenen. Was gut für die Eltern ist, ist auch gut für die Kinder. Das ist ein »Geheimnis« der Kindererziehung mit emotionaler Intelligenz. Fortschritte der Eltern führen zu Fortschritten bei den Kindern. Wir stellen zunächst die fünf Prinzipien der Kindererziehung mit emotionaler Intelligenz vor. Jedes der nachfolgenden Kapitel in diesem Buch wird sich spezifisch auf eines oder mehrere dieser Prinzipien konzentrieren.

1. Sei dir deiner eigenen Gefühle und der Gefühle anderer bewusst

Es ist nicht einfach, sich seiner Gefühle bewusst zu sein. Was ist eigentlich ein Gefühl? Dichter, Philosophen und Wissenschaftler haben sich um eine Definition bemüht, obwohl wir alle wissen, was ein Gefühl ist. »Wie geht es dir?«, werden wir ständig gefragt, und wir antworten: »Gut, und wie geht es dir?« – »Gut«, lautet wiederum die Antwort, auch wenn es auf keinen von uns zutrifft. Wissen Sie noch, wann Sie zuletzt wahrheitsgemäß auf eine solche Frage geantwortet haben? »Wie geht es dir?« – »Nun, ich fühle mich etwas deprimiert. Die Arbeit wächst mir über den Kopf; meine Frau und ich haben in der letzten Zeit nicht viel miteinander gesprochen, und dadurch fühle ich mich noch einsamer und isolierter und irgendwie leer.« (Wenn Sie allerdings zu oft auf diese Weise antworten, wird Sie wahrscheinlich bald niemand mehr fragen.) Wenn Sie jemand das nächste Mal beiläufig fragt, wie es Ihnen geht, nehmen Sie sich eine Minute Zeit und geben Sie eine *Eine ehrliche* ehrliche Antwort. Vielleicht wird Ihre Antwort ignoriert, weil der *Antwort geben* Fragende es nicht so genau wissen wollte, aber manchmal kann sich daraus ein echter Gedankenaustausch entwickeln.

»Wie geht es dir?« ist eine wichtige Frage, ob wir sie uns selbst stellen oder ob andere sie an uns richten. Wir werden dadurch aufgefordert, unsere Gefühle in Worten auszudrücken, sie mit einem Etikett zu versehen, das ihre Vielfalt widerspiegelt. Viele Kinder, die an Verhaltensstörungen leiden, haben Probleme, ihre Gefühle genau zu benennen. Sie verwechseln »verärgert und wütend«, »bestürzt und traurig«, »stolz und froh« usw. Wenn wir in der Lage sind, unsere verschiedenen Gefühle zu erkennen, dann können wir sie besser kontrollieren. Warum ist das so wichtig? Weil das, was wir tun, stark von dem beeinflusst wird, wie es uns geht. Sind wir traurig, dann ziehen wir uns wahrscheinlich zurück. Sind wir glücklich, so verbreiten wir wahrscheinlich gute Laune. Aber wenn wir es nicht wissen, dann sind wir nicht sicher, was wir tun werden, und deshalb sind wir auch nicht sicher, wie wir damit umgehen sollen.

Genauso wichtig ist es, ein Gespür für die Gefühle anderer zu haben. Wenn Sie einen Jugendlichen fragen, was für Gefühle ein anderer hat, antwortet er oder sie manchmal: »Keine Ahnung, und überhaupt, was geht mich das an?« Es sollte ihnen nicht egal sein. Wenn sie nämlich wissen, wie sich ein anderer fühlt, gelingt es ihnen leichter, sich positiv mit ihm auseinanderzusetzen und manchmal sogar ihr Ziel zu erreichen. Zur Veranschaulichung ein Beispiel aus dem Erwachsenenleben: Stellen Sie sich vor, Sie möchten Ihren Chef um eine Gehaltserhöhung bitten. Es wäre sicher hilfreich, wenn Sie seine Stimmung richtig einschätzen könnten, um den günstigsten Zeitpunkt für ein solches Gespräch herauszufinden. Ein Jugendlicher, der die Gefühle seines Lehrers beurteilen kann, bekommt vielleicht eher zusätzliche Hilfe oder sogar eine bessere Note als ein Schüler, der einen genauso hohen »IQ«, aber einen niedrigeren »EQ« hat, also weniger emotionale Intelligenz besitzt.

Die Gefühle anderer wahrnehmen

2. Zeige Empathie, und verstehe die Ansichten anderer

Empathie ist die Fähigkeit, die Gefühle anderer zu teilen. Um dazu in der Lage zu sein, muss man zunächst die eigenen Gefühle und die Empfindungen anderer wahrnehmen, wie in Prinzip Nr. 1 dargestellt wurde. Je besser man seine eigenen Gefühle kennt, desto besser kann man die Gefühle anderer erkennen.

Die Gefühle anderer zu erkennen ist eine wichtige Voraussetzung, um Sensibilität für andere zu entwickeln. Das ist es, was wir mit »einfühlsam« bezeichnen. Wenn Geschwister beispielsweise streiten, können sie in diesem Moment vielleicht den Standpunkt des anderen verstehen oder auch nicht, aber sie sind sich sicher nicht über die gegenseitigen Gefühle im Klaren. Wird ihnen bewusst gemacht, dass ihr Bruder oder ihre Schwester sich ebenfalls traurig und verletzt fühlt, so kann ihr Zorn vielleicht dadurch besänftigt werden. Die meisten Kinder möchten nicht, dass sich ihre Geschwister traurig fühlen. Wenn sie sich in die Empfindungen anderer einfühlen können, werden sie wahrscheinlich nicht versuchen, sie zu verletzen.

Um die Gefühle anderer zu verstehen und sich in sie hineinzuversetzen, müssen wir diese Gefühle »lesen« können. Dazu gehört es, sorgfältig zuzuhören und auch nonverbale Zeichen zu deuten. *Körpersprache und Stimmlage* Körpersprache und der Ton einer Stimme vermitteln unsere Emotionen oft deutlicher als Worte. Eltern brauchen Empathie beim Umgang mit ihren Kindern, und Kinder sollten Empathie als wichtige soziale Fähigkeit lernen. Wer Empathie besitzt, ist im Allgemeinen emotional ausgeglichener und erfolgreicher, vor allem auch in Liebesbeziehungen.

Wenn wir die Ansichten anderer verstehen, können wir erkennen, was sie vielleicht denken, wie sie eine Situation einschätzen und was sie eventuell planen. Ein solches Verständnis nimmt natürlich im Laufe der Zeit zu. Es hängt ab von der Entwicklung der persönlichen kognitiven Fähigkeiten und wird verbessert durch ein *Lebenserfahrung* möglichst breites Spektrum von Lebenserfahrungen. Fernsehen und Videos können Kindern ein falsches Bild menschlicher Perspektiven geben, weil sie ihnen wie echte Lebenserfahrungen vorkommen. Kinder wirken heute oft reifer, als sie tatsächlich sind, weil sie durch die Medien mit unzähligen banalen »Lebenserfahrungen« überflutet werden.

Junge Kinder (und unreife Erwachsene) neigen dazu, die Welt im Licht ihrer eigenen Wünsche und Bedürfnisse zu sehen. Erst später, im Alter von sieben oder acht Jahren, sind sie in der Lage, Kompromisse einzugehen und tolerant zu sein. Während der Pubertät gelingt das, wie Eltern nur zu gut wissen, mal besser, mal schlechter. Trotzdem können Eltern jeden Tag viel dazu beitragen, dass ihre Kinder lernen, Dinge aus verschiedenen Blickwinkeln zu sehen. Dabei ist es besonders wichtig, dass sie ihre Kinder aktiv führen, weil Medien, Internet und Altersgenossen so viele verwirrende und widersprüchliche Botschaften verbreiten. Probleme aus unterschiedlichen Perspektiven zu sehen hilft außerdem, impulsive Reaktionen zu kontrollieren und Probleme kreativer und effektiver zu lösen – eine weitere wichtige Fähigkeit, die wir unseren Kindern beibringen möchten.

3. Impulskontrolle

In seinem Buch »Emotionale Intelligenz« beschreibt Daniel Goleman den heute berühmten Marshmallow-Test. Walter Mischel ist ein Psychologe, der in den sechziger Jahren eine Gruppe Vierjähriger vor das Problem stellte, ob sie einen Marshmallow (Süßigkeit) sofort haben möchten oder einige Minuten warten würden, bis der Testleiter zurückkommen und ihnen dann zwei Marshmallows geben würde. Kinder, die es fertig brachten zu warten – und sie waren recht erfinderisch im Entwickeln von Ablenkungsstrategien, um der Versuchung zu widerstehen, den Marshmallow sofort zu essen – schnitten später bei einer Reihe von psychologischen und anderen Tests besser ab. Mischel untersuchte die Kinder erneut beim Abschluss der Highschool. Das Erstaunliche war, diejenigen, die mit vier Jahren warten konnten, hatten nicht nur bessere Werte in Bezug auf Verhalten und geistige Parameter, sondern erreichten auch beim SAT im Durchschnitt 200 Punkte mehr als die Kinder, die am eifrigsten nach dem Marshmallow gegriffen hatten, das heißt, sie erreichten hohe Werte in den Leistungstests, die eine wichtige Voraussetzung für den Eintritt ins College sind.

Der Marshmallow-Test

Beim Marshmallow-Test geht es um einen »zielgerichteten Gratifikationsaufschub«, die Fähigkeit, dem Impuls zu widerstehen und zu warten, um einem Ziel zu dienen. Im Zeitalter der Kreditkarten fällt das leider auch vielen Erwachsenen schwer, und deshalb ist es kein Wunder, dass es nicht leicht für unsere Kinder ist. Ohne die Fähigkeit, Belohnung aufzuschieben, erreichen wir für gewöhnlich weniger als möglich wäre. Wenn man hart für etwas arbeitet, erreicht man mehr und hat außerdem die Genugtuung, etwas dafür getan zu haben. Kindern, die unsicher sind, fällt es schwer zu warten, weil sie nicht sicher sind, dass die Belohnung je kommen wird.

Zielgerichter Gratifikationsaufschub

Ein weiterer Aspekt der Selbstkontrolle ist die Fähigkeit, auf eine Situation weniger stark emotional zu reagieren, ganz gleich, ob es sich um eine positive oder negative Reaktion handelt. Fragen Sie sich, ob Ihre Kinder wütend werden und leicht die Kontrolle verlieren? Sind sie aufgeregt und überreizt und schwer zu beruhigen? Es gibt natürlich Zeiten, in denen es guttut, seinen Gefühlen freien Lauf zu lassen, aber oft ist das nicht ratsam. Unangemessene, provozierende Gefühlsausbrüche von Kindern können Reaktionen hervorrufen, die meist nicht positiv sind. Eltern (oder Lehrer) und Kinder können sich in eine Art »Schreispirale« hineinsteigern. Wenn ein Kind außer Kontrolle ist, möchten die Eltern es stoppen, und das führt manchmal dazu, dass auch die Eltern laut werden.

Instinktive Reaktionen fragwürdig

Instinktive Reaktionen auf einen Konflikt führen häufig nicht zu einer Lösung des Problems. Wir Menschen sind so programmiert, dass wir in Notfallsituationen mit einer Kampf- oder Fluchtreaktion antworten. In prähistorischen Zeiten konnten wir dadurch überleben. Heutzutage ist jedoch normalerweise weder Kämpfen noch Weglaufen sinnvoll. Wir sollten Impulskontrolle mit emotionaler Intelligenz betreiben und beginnen, vorausschauend zu denken.

4. Sei positiv und zielorientiert

Was uns Menschen auszeichnet, ist die Fähigkeit, uns Ziele zu setzen und Pläne zu machen, um diese Ziele zu erreichen. Was Eltern und Kinder tun, ist daher im Allgemeinen zielorientiert. Die Theorie der emotionalen Intelligenz besagt, dass dies weitreichende Konsequenzen hat.

Optimismus und Hoffnung sind dabei von entscheidender Bedeutung. Sind wir positiv oder hoffnungsvoll gestimmt, so befinden sich Geist, Körper und Gefühle in diesem Zustand. Eine hoffnungsvolle, optimistische Stimmungslage geht mit deutlichen biochemischen Reaktionen einschließlich einer verbesserten Durchblutung und Sauerstoffversorgung, Herz-Kreislauf-Stimulierung, Aktivierung des Immunsystems und Stressabbau einher.

Wir alle wissen, dass es Zeiten gibt, in denen wir beim Erreichen unserer Ziele mehr oder weniger erfolgreich sind. Sind Sie ein Morgenmensch? Ein Nachtmensch? Gibt es andere »beste« Zeiten für Sie, um Dinge zu erledigen? Emotional intelligente Kindererziehung beruht zum Teil darauf, diese Zeiten bei uns selbst – und bei unseren Kindern – zu erkennen und so weit wie möglich mit solchen Rhythmen – und nicht gegen sie – zu arbeiten.

Persönliche Zielsetzung und Planung verbessern

Wir sollten unsere persönliche Zielsetzung und Planung verbessern, so wie wir das auch von unseren Kindern erwarten. Das lässt sich am besten durch Selbstüberprüfung und Feedback erreichen, indem wir genau analysieren, was wir ausprobiert haben, wie erfolgreich wir dabei waren und was wir in verschiedenen Situationen besser machen können. In unserer hektischen Zeit be-

steht jedoch die Gefahr, dass wir Gelegenheiten zur Rückbesinnung und die Lektionen, die wir daraus lernen können, nicht wahrnehmen.

Wir sind uns natürlich nicht immer über unsere Ziele im Klaren, und sie sind auch nicht immer positiv. Ein Kind möchte sich vielleicht für erlittenes oder vermeintliches Unrecht rächen. Rache als Zielsetzung bringt leider im Allgemeinen weitere Probleme. Eltern haben sich vielleicht einige ruhige Augenblicke zum Ziel gesetzt, während ihre Kinder Aufmerksamkeit möchten. Natürlich führt das zu Schwierigkeiten. Es ist wichtig, dass wir unseren Kindern helfen, die Bedeutung des Wortes Ziel zu verstehen und wie ein Ziel formuliert werden kann.

5. Soziale Kompetenz im Umgang mit anderen

Zusätzlich zu den zuvor beschriebenen Fähigkeiten – Wahrnehmung von Gefühlen, Selbstkontrolle, Zielorientiertheit und Empathie – ist es wichtig zu wissen, wie man mit anderen effektiv umgeht. Um sogenannte soziale Kompetenz zu erlangen, muss man in der Lage sein, zu kommunizieren und Probleme zu lösen. Kom- *Bedeutung des Kommunizierens* munizieren bedeutet, sich klar auszudrücken, zuzuhören und konstruktives Feedback zu geben. Das sind wichtige Fähigkeiten, die sowohl Eltern als auch Kinder beherrschen sollten.

Teil einer Gruppe zu sein ist eine weitere Fähigkeit, die erlernt werden muss. Für Eltern ist es wichtig, dass ihre Familie als Gruppe gut funktioniert. Außerdem sollen sich die Kinder in der Schule, am Arbeitsplatz und innerhalb der Gemeinde einfügen. Zu diesem Zweck sollten folgende Fähigkeiten erlernt werden:

- genau zuhören,
- sich abwechseln,
- widersprüchliche Gefühle harmonisieren,
- Kompromisse finden,
- Konsens herbeiführen,
- seine Meinungen klar vertreten usw.

Familienurlaube sind eine gute Gelegenheit, um diese Fähigkeiten anzuwenden. Ein Familienurlaub sollte allen Mitgliedern der Familie Spaß machen, und deshalb sollten alle an der Planung beteiligt werden. Jedes Familienmitglied darf seine Meinung sagen, während die anderen zuhören, und schließlich wird ein Konsens gefunden.

Beurteilung der emotionalen Intelligenz von Familienmitgliedern

Nehmen Sie sich etwas Zeit, und beurteilen Sie Ihre emotionale Intelligenz und die Ihrer Kinder – zur Vorbereitung auf die weiteren Kapitel des Buches. Stellen Sie sich folgende Fragen.

Meine emotionale Intelligenz:

Testfragen für Erwachsene

1 Wie gut kenne ich meine eigenen Gefühle? Wie gut kenne ich die Gefühle meiner Familie? Denken Sie an ein Problem, das es vor kurzem in Ihrer Familie gab. Was haben Sie gefühlt, was fühlten ihre Kinder oder andere, die darin verwickelt waren?

2. Wieviel Empathie habe ich für andere? Zeige ich meine Empathie? Wann tat ich das zuletzt? Spüren die anderen, was ich tue? Kann ich einen anderen Standpunkt verstehen, selbst während einer Auseinandersetzung?

3. Wie werde ich mit Ärger, Angst und anderen Stressfaktoren fertig? Habe ich mich unter Kontrolle, wenn ich gestresst bin? Wie verhalte ich mich nach einem anstrengenden Tag? Wie oft schreie ich andere an? Wann sind meine besten und schlechtesten Zeiten, variieren sie von Tag zu Tag?
4. Welche Ziele habe ich für mich und meine Familie? Welche Pläne habe ich, um sie zu erreichen?
5. Wie gehe ich mit alltäglichen zwischenmenschlichen Problemen um? Höre ich anderen wirklich zu? Erwäge ich Alternativen, bevor ich eine Entscheidung treffe?

Die emotionale Intelligenz meines Kindes:
1. Wie gut kann mein Kind Gefühle ausdrücken? Wenn ich es frage, was es fühlt, kann es dann mit einem Gefühlswort antworten, oder erzählt es, was passiert ist? Kann mein Kind Gefühlsabstufungen identifizieren? Kann es erkennen, was andere fühlen? *Testfragen für Kinder*
2. Wie zeigt mein Kind Empathie? Wann hat es zuletzt auf die Gefühle anderer reagiert? Interessiert es sich für die Gefühle anderer? Wie reagiert es, wenn ich ihm Geschichten über das Unglück anderer Leute erzähle? Versteht mein Kind unterschiedliche Standpunkte, kann es beide Seiten eines Argumentes erkennen – auch während eines Konfliktes?
3. Kann mein Kind warten, um sein Ziel zu erreichen, vor allem wenn es sich um etwas handelt, was es *wirklich* möchte? Kann mein Kind warten, um etwas zu bekommen, das vor ihm liegt, das es aber jetzt nicht haben kann? Wie gut kann es mit Frustrationen umgehen? Wie drückt mein Kind Wut und andere negative Gefühle aus?
4. Was für Ziele hat mein Kind? Was für Ziele strebe ich für mein Kind an? Macht sich mein Kind einen Plan, bevor es etwas tut? Habe ich ihm jemals geholfen, einen Plan zu entwickeln, um ein Ziel zu erreichen?
5. Wie löst mein Kind Konflikte, und wie unabhängig ist es dabei? Kann es zuhören? Kann es sich verschiedene Wege ausdenken, um Konflikte zu lösen?

Was sind Ihre Stärken, und was sind die Stärken Ihrer Kinder? Beglückwünschen Sie sich dazu, und loben Sie Ihre Kinder für ihre positiven Seiten. Überlegen Sie, woran Sie noch arbeiten müssen, wo Änderungen notwendig sind.

Es kann sein, dass Sie nicht alle Fragen beantworten können. Das kommt häufig vor. Vielleicht ist es hilfreich, wenn Sie eine Sitcom (US-Situationskomödie) aufzeichnen und das Video dann zusammen mit Ihrem Kind anschauen. Oder lesen Sie Ihrem Kind eine Geschichte vor. Unterbrechen Sie das Video oder die Geschichte an bestimmten Stellen, und diskutieren Sie folgende Punkte:

- Wie fühlt sich die Hauptperson?
- Wie fühlen sich die anderen Personen und was denken sie?
- Wie reagiert Ihr Kind auf die Gefühle der Charaktere?
- Welche Ziele haben die Charaktere und was für Pläne haben sie nach Meinung Ihres Kindes?
- Wie haben die Charaktere nach Meinung Ihres Kindes eine Situation gemeistert; was beurteilt Ihr Kind als gut, was hätten die Charaktere besser machen können?

Wundern Sie sich nicht, wenn Ihr Kind anfänglich Schwierigkeiten hat zu antworten oder sogar negativ reagiert. Aus diesem Grund lesen Sie ja dieses Buch. Es enthält viele praktische Hinweise, wie Sie Ihren Kindern helfen können, die dazu notwendigen Fähigkeiten zu erwerben. Was Sie selbst dazu benötigen ist »emotionale Intelligenz bei der Kindererziehung«.

Was ist »Kindererziehung mit emotionaler Intelligenz« – und was nicht?

Keine Patent-rezepte erwarten Kindererziehung mit emotionaler Intelligenz ist kein fest umrissener Erziehungsplan, mit dessen Hilfe Sie beispielsweise »Mustereltern werden« oder »in sieben Schritten engelgleiche Kinder« haben.

Wie alle lohnenden und wichtigen Dinge, die wir im Leben tun, ist die Kindererziehung eine komplexe Aufgabe, die uns vor viele Herausforderungen stellt. Emotional intelligente Erziehung besagt, dass Harmonie in der Familie und ein ausgewogenes Verhältnis zu unseren Kindern durch die Summe all der großen und kleinen Dinge erreicht wird, die wir täglich tun. Bei allem, was wir tun, müssen wir die emotionale Komponente berücksichtigen; wir müssen darauf achten, dass wir und unsere Kinder unsere Gefühle kontrollieren können und uns nicht von ihnen beherrschen lassen.

Manche Kinder leben unter harten, bedrohlichen Bedingungen, andere unter großen Anspannungen. Mangelhafte Gefühlskontrolle kann verschiedene negative Folgen haben, wie z. B. den Verlust von Privilegien, und eventuell sogar zur Einweisung in eine Sonderschule führen. Kinder müssen in die Lage versetzt werden, in einer positiven, stimulierenden Umgebung aufzuwachsen, in der sie optimal gefördert werden. Emotionale Intelligenz bei der Kindererziehung kann Ihnen dabei helfen.

Die folgenden Kapitel des Buches beginnen mit einer kurzen Beschreibung von EQ-Prinzipien. Weil Emotionen, Gedanken und Handlungen ineinander übergehen, müssen wir mehrere Prinzipien zusammen anwenden. Das ist realistisch und praktisch und erlaubt den Eltern außerdem, unter verschiedenen Vorschlägen zu wählen. Es ist besser, einige Prinzipien konsequent anzuwenden, als – von der Fülle überwältigt – alle auf einmal zu benutzen.

Machen Sie sich reisefertig – der Plan des Buches

Sie werden sich auf eine Reise begeben, um verschiedene Aspekte Ihres Familienlebens kennenzulernen. Sie müssen das Buch nicht von Anfang bis Ende durchlesen; vielleicht möchten Sie mit bestimmten Kapiteln beginnen, weil sie Probleme ansprechen, die Sie besonders interessieren.

Das Buch ist folgendermaßen aufgebaut: Im zweiten Kapitel befassen wir uns mit der Familienstruktur. Was können Sie tun, damit die gemeinsame Zeit besser dazu genutzt wird, füreinander dazusein und Probleme gemeinsam zu lösen? Wie können Sie die Zeit weniger stressvoll für alle gestalten? Wir zeigen Ihnen, wie Sie Lachen und Humor in Ihre Familie bringen können. Im dritten Kapitel wird gezeigt, wie Sie mit Ihren Kindern sprechen sollen, damit Sie achtsamer werden und aktiver und vernünftiger auf Ihre Vorschläge reagieren. Im vierten Kapitel geht es um Disziplin unter dem Aspekt emotional intelligenter Erziehung. Wie können wir unseren Kindern Selbstkontrolle und Verantwortungsbewusstsein so beibringen, dass sie diese Fähigkeiten verinnerlichen und nicht nur anwenden, wenn sie »beobachtet« werden?

Schritt für Schritt

Das fünfte Kapitel geht einen Schritt weiter und beschreibt die wirksamsten Wege, um Kindern Disziplin und soziale Kompetenz beizubringen, und zwar mit Hilfe von »FIG-TESPN«, das ist eine Strategie zur Lösung von Problemen. Im sechsten Kapitel geht es um den Unterschied zwischen »gute Ideen haben« und »sie tatsächlich verantwortungsbewusst umsetzen«. Das siebte Kapitel beschreibt, wie Eltern und Kinder mit Hilfe emotional intelligenter Erziehung alltägliche Situationen meistern können.

Im achten Kapitel geht es um schwierige Fälle (Aids, Gewalt, Drogen) und wie die Prinzipien emotional intelligenter Erziehung auf schwer erreichbare Kinder angewendet werden können.

Im neunten Kapitel werden häufig gestellte Fragen beantwortet. Eltern erhalten Ratschläge, wie Familienprobleme (Hausaufgaben, Schlafengehen, Lügen usw.) mit emotionaler Intelligenz gelöst werden können.

Es kann losgehen! Jetzt sind Sie reisefertig! Wir wünschen Ihnen viel Spaß beim Lesen. Sprechen Sie mit Verwandten und Freunden über die Ideen und Beispiele. Probieren Sie vor allem neue Dinge aus, und stimmen Sie sie auf Ihre Bedürfnisse ab. Wir haben beobachtet, wie sich die Prinzipien emotional intelligenter Erziehung günstig auf viele Familien ausgewirkt haben, und wir sind davon überzeugt, dass Sie ebenfalls davon profitieren werden.

Liebevolle Anteilnahme und Konfliktlösung in der Familie

Kinder finden Halt in der Familie, wenn gemeinsame Perspektiven entwickelt werden und über Gefühle gesprochen wird. Wenn Eltern positiv an die Dinge herangehen und ihren Kindern bei der Lösung von Problemen helfen, anstatt fertige Antworten zu liefern oder alles selbst zu entscheiden, dann werden die Kinder auch eher ein Verantwortungsbewusstsein entwickeln.

Kleine Schritte über Jahre   All das hängt von relativ kleinen Dingen ab, die konsequent und oft über mehrere Jahre durchgeführt werden müssen. In diesem Kapitel geht es darum, wie Gefühle kontrolliert werden, damit es einerseits nicht zu emotionalen Entgleisungen von Eltern und Kindern kommt, die Gefühle andererseits aber auch nicht ignoriert oder unterdrückt werden – was genauso schädlich ist. Es geht ferner darum, wie klare Werte und Regeln entwickelt werden, die für die Familie wichtig sind. Dazu gehört es beispielsweise, die Gefühle, Handlungen, Ideen und Erfahrungen anderer zu verstehen und sich in sie hineinzuversetzen. Gerade in unserer hektischen, reizüberfluteten Zeit ist es wichtig, sich darum zu bemühen.

Der emotionale Fahrplan für dieses Kapitel

▶ 1. Erkenne deine eigenen Gefühle und die Gefühle anderer.
▶ 2. Zeige Empathie und verstehe die Sichtweisen anderer.
  3. Kontrolliere Emotionen und Impulse und gehe positiv damit um.
  4. Sei positiv ziel- und planorientiert.
▶ 5. Zeige soziale Kompetenz im Umgang mit anderen.

Wer sind wir als Familie? Was bedeutet es, Mitglied dieser Familie zu sein?

Eine Familie sollte mehr sein als ein Platz für Hausaufgaben oder ein gelegentlicher Stopover für Mahlzeiten. Wir fanden es sehr hilfreich, Familien zu ermutigen, ein Familienmotto, eine Familienmission, eine Familienverfassung oder eine Art Familienverkehrsordnung zu entwerfen.

Fundament einer warmherzigen, liebevollen Familie sind elterliche Werte und Ziele, die zu einem positiven Verhältnis unter den Familienmitgliedern führen. Was bedeutet es, ein Mitglied dieser Familie zu sein? An was glauben wir, was sind unsere Ideale? Diese werden sich natürlich im Laufe der Jahre verändern. Nehmen wir als Beispiel einen Vater mit vier Kindern im Alter zwischen zwei und elf Jahren. Unser Familienmotto lautet »Wir teilen«, sagt er stolz. »Jedes meiner Kinder wird Ihnen das bestätigen.« Andere Beispiele sind: »Wir verletzen niemanden«, »Wir hören einander zu«, »Wir haben Respekt vor anderen Menschen und anderen Meinungen« usw. *Grundlagen einer warmherzigen Familie*

Etwas komplexer ist eine Mission, die einer Familie als Richtschnur gelten soll, z. B.: »Wir als Familie wollen gemeinsam lernen, uns weiterentwickeln, miteinander Spaß haben, untereinander und mit anderen teilen.«

Eine Familienverfassung enthält für gewöhnlich spezifischere Prinzipien zur Regelung alltäglicher Probleme:

- »Wir reden miteinander und kämpfen nicht.«
- »Wir machen unsere Hausaufgaben, bevor wir fernsehen oder im Internet surfen.«
- »Beim Essen bleibt der Fernseher ausgeschaltet, außer bei besonderen Ereignissen, über die wir abstimmen.«
- »Sonntags gehen wir gemeinsam zum Gottesdienst.«
- »Im Schlafzimmer wird nicht gegessen.«
- »Wir beten vor dem Essen.«
- »Großeltern und Lehrer sind immer mit größtem Respekt zu behandeln.«
- »Wir reden niemals verächtlich über ein anderes Familienmitglied, vor allem nicht vor anderen Leuten.«

Wir empfehlen Ihnen, mit einem Familienmotto zu beginnen. Fügen Sie dann eine Verfassung mit drei oder vier Punkten hinzu. *Die Familienverfassung*

Bringen Sie die Verfassung an einer gut sichtbaren Stelle an, und richten Sie sich danach. Haben Sie eine Weile damit gelebt, so können Sie sie nach Bedarf ändern und ergänzen. Veranstalten Sie ein »Brainstorming« mit Ihrer Familie, wobei jedes Familienmitglied seine Meinung sagen darf. Einigen Sie sich zusammen auf drei oder vier Punkte. Ihre Kinder werden sich eher an eine solche gemeinsam erarbeitete Verfassung halten als an ein von oben erlassenes elterliches Dekret.

Familienzeit   Vereinbaren Sie regelmäßig »Familienzeit«. Setzen Sie sich zusammen und lassen Sie alle Familienmitglieder abwechselnd über ihre Gefühle, wichtige Tagesereignisse oder vergangene bzw. zukünftige Dinge sprechen. Einigen Sie sich vorher auf eine »Geschäftsordnung« – z. B. zuhören, ausreden lassen, andere Sichtweisen respektieren. Ein solcher Gedankenaustausch wird nur funktionieren, wenn sich alle Familienmitglieder trauen, ihre Meinung zu sagen, und nicht befürchten müssen, beleidigt, bestraft oder ausgelacht zu werden.

Eine andere Möglichkeit ist das Führen eines Familienjournals. *Das Familien-journal* Gut eignet sich beispielsweise ein Ringbuch, in das die Familienmitglieder ihre Gedanken, Erfahrungen, Fragen und/oder Sorgen eintragen – was immer sie der Familie mitteilen möchten. Die anderen Familienmitglieder können darauf antworten. In ein solches Familienjournal können auch Zeichnungen eingefügt oder Zeitungsausschnitte eingeklebt werden. Eine strukturiertere Version ist ein Familientagebuch, in das die Familienmitglieder jeden Tag wichtige oder interessante Ereignisse eintragen sollen, die starke – positive oder negative – Gefühle hervorgerufen haben. Eltern können darin ihren Kindern Botschaften hinterlassen, sie an Hausaufgaben, Termine und andere Verpflichtungen erinnern, und die Kinder können ihren Eltern mitteilen, wann und wo sie abgeholt werden müssen, warum bestimmte Aufgaben nicht erledigt werden können usw. Manche Familie verwenden Tafeln und löschen die Eintragungen jeden Tag, andere bevorzugen eine permanente Chronik.

Wieder andere Familien verwenden einen handelsüblichen Kalender – oder sie erstellen einen Kalender mit dem Computer – mit großen Feldern für wichtige Eintragungen wie Geburtstage und andere Ereignisse. Es lohnt sich, die Kalender aufzuheben. Sie sind eine Fundgrube von Erinnerungen an Ereignisse der Familiengeschichte.

Meine Kinder machen da nicht mit, was soll ich tun?

Kinder machen es ihren Eltern oft nicht leicht, wenn diese etwas Derartiges einführen möchten. Als einer von uns »Familienzeit« einführen wollte, reagierten die Kinder mit Schweigen, sie machten sich lustig, verweigerten die Kooperation und gaben ärgerliche Kommentare ab. Es war nicht leicht, hartnäckig zu bleiben und nicht defensiv oder ärgerlich zu werden oder die ganze Angelegenheit fallen zu lassen. Beharrlichkeit ist von entscheidender Bedeutung. Eltern können auf Dauer nur erfolgreich sein, wenn sie an ihre Sache glauben.

Es gibt verschiedene Möglichkeiten, mit kindlichem Spott umzugehen. Wählen Sie den Zeitpunkt sorgfältig aus. Überfallen Sie ihre Familie nicht mit Ihrer Idee und durchkreuzen Sie dadurch *Umgang mit kindlichem Spott* keine schon gemachten Pläne. Für manche Familien erwies es sich als günstig, bei einem gemeinsamen Restaurantbesuch damit anzufangen. Die Anwesenheit anderer Leute verhindert, dass die Kinder zu heftig protestieren und sich einfach in ihr Zimmer zurückziehen können. Sie können Ihren Kindern auch eine E-Mail schicken. Vor allem mit Teenagern können Sie auf diese Weise besser und vernünftiger kommunizieren als von Angesicht zu Angesicht. Lassen Sie Ihr Kind seine Meinung dazu sagen und arbeiten Sie auf eine Lösung hin, die sich in die Tat umsetzen lässt.

»Tauschhandel« Teenager und schwer erreichbare Kinder lassen sich oft durch einen Tauschhandel umstimmen. Schlagen Sie vor, dass Sie ein paar Dinge nicht mehr tun werden, die Ihre Kinder am meisten ärgern. In der folgenden Liste finden Sie einige Beispiele, die Sie Ihren Kindern anbieten können, in Zukunft zu unterlassen, wenn diese dafür als Gegenleistung beispielsweise am Familientagebuch oder Familienkalender mitmachen. Einige Beispiele sind dem »Book of Lists for Kids« von Sandra und Harry Choron, Houghton Mifflin (1995), entnommen, einige stammen von uns:

- Ihr Kind vor seinen Freunden kritisieren;
- persönliche Geheimnisse Ihres Kindes anderen Familienmitgliedern mitteilen;
- die Post Ihres Kindes öffnen;
- Ihr Kind drängen, in Gesellschaft vorzuspielen;
- Ihrem Kind nicht von der Seite weichen, wenn seine Freunde zu Besuch kommen, und sich kumpelhaft benehmen;
- die Namen der Freunde Ihres Kindes vergessen oder seine Freunde verwechseln;
- die Privatsphäre Ihres Kindes nicht respektieren und sein Zimmer betreten, ohne vorher anzuklopfen;
- den Freunden Ihres Kindes persönliche Fragen stellen (z. B. über Beruf und Vermögensverhältnisse ihrer Eltern);
- Ihr Kind ignorieren, wenn Sie selbst Besuch bekommen;
- Ihrem Kind mehrmals innerhalb einer Stunde dieselben Fragen über die Schule stellen;
- kritische Bemerkungen darüber machen, was sich Ihr Kind im Radio anhört;
- sich über die Essgewohnheiten Ihres Kindes beklagen.

Neugier *ausnutzen* Eine sehr wirksame Methode ist es, die Neugier von Jugendlichen auszunutzen, um sie zur Mitarbeit an einem Familienjournal zu bewegen. Sagen Sie ihnen, dass sie das Journal lesen dürfen, ganz gleich ob sie sich beteiligen oder nicht. Vermerken Sie im Journal Ihre Gedanken über Ihr Kind oder loben Sie es. Nach einiger Zeit stellen Sie Ihrem Kind im Journal eine Frage. Wir haben beobachtet, dass die Neugier oft stärker ist als der Widerstand. Wundern Sie sich nicht, Antworten im Journal auf Ihre Fragen zu finden – und sagen Sie dann auf keinen Fall: »Ich wusste, du würdest das Journal schließlich doch benutzen.« Wenn Sie das tun, werden Ihre Kinder sofort wieder aufhören, Botschaften in das Journal zu schreiben.

Ganz gleich, was Sie tun, Sie werden merken, dass Humor hilfreich ist. Nichts wird Ihnen bei der emotional intelligenten Erziehung mehr helfen, als die Dinge nicht zu ernst zu nehmen. Wir werden uns im Laufe des Kapitels genauer damit beschäftigen. Zunächst werden wir einen Plan entwerfen, um unser Ziel zu erreichen: Liebevolle Anteilnahme und Konfliktlösung in der Familie.

Ein Fahrplan, um liebevolle Anteilnahme und Konfliktlösung in der Familie zu erreichen

Die Idee eines Fahrplans stammt von Eliot Malomet, einem Lehrer, Rabbi und Vater. Während die Eltern die emotional intelligente Erziehungsautobahn befahren, werden sie auf ihrem Weg an einer Reihe von Verkehrszeichen vorbeikommen. Diese Zeichen zu beachten ist das Beste, was die Eltern auf dem Weg zu ihrem Ziel tun können. Einige der wichtigsten Zeichen sowie einige emotional intelligente Reisehinweise werden wir Ihnen vorstellen.

Stop!

Wie können wir unseren Kindern klarmachen, wie sehr sie uns am Herzen liegen? Paradoxerweise zeigen wir unsere Liebe nicht dadurch, dass wir ihnen all ihre Wünsche erfüllen und in allem nachgeben. Wenn Eltern keine Grenzen setzen, gewinnen die Kinder den Eindruck, sie seien ihnen egal. Sie sagen das nicht wörtlich, aber Kinder brauchen Erwachsene, die ihnen Grenzen setzen und

Kinder brauchen Grenzen

Richtlinien aufzeigen. Sie brauchen Erwachsene, die sich wie Erwachsene verhalten, d. h. Verantwortung für das Wohlergehen ihrer Kinder übernehmen und Entscheidungen treffen, die auf elterlicher Klugheit, Erfahrung und Werten beruhen. Eltern sollten einige Grundsätze haben, an denen sie festhalten und die nicht verhandelbar sind, vor allem wenn ihre Kinder ins Teenageralter kommen und vor schwierigen Entscheidungen mit manchmal schwerwiegenden Konsequenzen stehen.

> Kinder brauchen Erwachsene, die Verantwortung für ihr Wohlergehen übernehmen.

Kurvenreiche Strecke – Langsamer fahren!

Die Schule hat begonnen. In drei Fächern sind Hausaufgaben zu machen. Es finden Probespiele für die Aufnahme in verschiedene Sportmannschaften statt, außerdem eine Mathe-Prüfung. Großvater Lou hat Geburtstag, und da ist noch die Party zum Hochzeitstag von Bubbe und Zeide. Und sind das nicht Ameisen, die da in der Steckdose rumkrabbeln? Wenn so vieles auf Sie einstürmt, sollten *Nicht alles auf* Sie sich bremsen. Alles auf einmal tun zu wollen bringt Ihnen un- *einmal tun wollen* weigerlich Stress und Chaos, und es stellt sich nur die Frage, woran Sie zuerst erkranken werden. Eltern mit emotionaler Intelligenz erkennen ihre eigenen Gefühle und die ihrer Kinder. Sie wissen: Wenn scharfe Kurven vor uns liegen, dann heißt es, die Geschwindigkeit reduzieren, sorgfältig lenken, die vor uns liegende Straße fest im Blick und beide Hände am Lenkrad.

> Eltern mit emotionaler Intelligenz erkennen ihre eigenen Gefühle und die ihrer Kinder.

Informationen einholen

Eltern wissen oft einfach nicht, was sie tun sollen. Es ist ein Zeichen emotionaler Intelligenz, wenn Sie Sturheit und falschen Stolz überwinden und notwendige Informationen einholen. Sie haben wahrscheinlich Freunde, mit denen Sie in Erziehungsfragen in etwa übereinstimmen. Vielleicht kann Ihnen ein Verwandter einen Rat geben. Andere Informationsquellen sind Schulpsychologen, Sozialarbeiter, Lehrer, Kinderärzte usw. Nützliche Informationen für Eltern können Sie auch in Zeitschriften wie »Eltern« und im Internet erhalten.

Prüfstelle

Bei einer Inspektion kann man nicht nur Probleme entdecken, sondern auch feststellen, was gut und richtig ist. Eine elterliche Kontrolle orientiert sich an folgenden Fragen:
- Wann sind meine Kinder in Höchstform?
- Wann habe ich meine beste Zeit als Vater oder Mutter?
- Wann haben meine Kinder ihre schlechteste Zeit?
- Wann habe ich meinen Tiefpunkt?

Wir alle wissen, dass wir gute und schlechte Zeiten haben. In schlechter Verfassung sind wir beispielsweise, wenn wir nach einem Arbeitstag nach Hause kommen, wenn wir am Wochenende morgens zu früh aus dem Schlaf gerissen werden, am späten Abend, wenn wir übermüdet sind. Manche Eltern haben ihre Höchstform am späten Vormittag und am frühen Abend. *Gute und schlechte Zeiten herausfinden*

Das Gleiche gilt für unsere Kinder. Ist es fair, sie zu einer Zeit mit einem vollen Programm zu überfallen, in der sie ihren Tiefpunkt haben? Kann das gut gehen? Sicher nicht. Indem wir unsere besten und schlechtesten Zeiten sowie die unserer Kinder berücksichtigen und verstehen, können wir sie in unseren Familienalltag einbauen und viel emotionales Chaos verhindern, das weder notwendig noch produktiv ist. Bedeutet dies, dass wir manchmal warten müssen, bevor wir etwas sagen? Ja. Bedeutet es, dass unsere Kinder manchmal warten müssen, bevor sie uns um einen Gefallen bitten? Ja. Es bedeutet ebenfalls, dass es günstigere und ungünstigere Zeiten für Familiendiskussionen und schwierige Entscheidungen gibt. Diese werden sich ändern, indem unsere Familien wachsen und unsere Lebensroutinen sich einander mehr oder weniger annähern oder sich auseinander entwickeln.

Überlegen Sie, wo die Stärken Ihrer Kinder liegen. Manche sind nicht die besten Redner, aber sie können sich gut ausdrücken, indem sie musizieren, malen, eine Szene spielen oder etwas bauen. *Stärken der Kinder feststellen*

Das Inspektionszeichen gibt Eltern die Gelegenheit, zu überprüfen, wie ihre Kinder *sind*, nicht wie sie sie haben möchten. Mit diesen Informationen sind die Eltern besser gerüstet, um die scharfen Kurven zu meistern. Achten Sie darauf, dass Ihre Kinder Dinge tun, die ihrem Wesen entsprechen und ihre verborgenen Fähigkeiten fördern. Es liegt an den Eltern, dafür zu sorgen, dass die Stärken ihrer Kinder nicht übersehen werden, indem zu große Anforderungen an ihre schwächeren Seiten gestellt werden.

Einige Beispiele sollen dieses wichtige Thema veranschaulichen. Eine Familie vereinbarte, dass die Mutter einen Button mit der Aufschrift »Vorsicht, genervte Mutter« tragen würde. Auf diese Weise wollte sie ihre Kinder warnen, sie nicht sofort mit Fragen und Bitten zu überfallen, wenn sie die Wohnung betrat, sondern ihr zehn Minuten zu gewähren, um die Schuhe auszuziehen und die Post durchzusehen. Eine andere Familie hat neben der Eingangstür *Die »Gefühls-* ein Stoppsignal aus Pappe aufgestellt. Jedes Kind stellt beim Her- *ampel«* einkommen die Ampel auf Rot, Gelb oder Grün, um den Eltern zu signalisieren, wie der Tag war oder ob es bereit ist, über die Dinge zu sprechen. Die Rot- und Grün-Signale sind eindeutig. Gelb bedeutet, es gibt etwas zu besprechen, aber lasst uns vorsichtig vorgehen und seid eventuell auf ein »Stopp« vorbereitet.

Und nun das Beispiel eines Kindes, das nicht gut in Mathe ist, aber gerne zeichnet. Eine typische Erziehungsstrategie könnte darin bestehen, darauf zu achten, dass das Kind vor allem anderen zuerst Mathe erledigt. Nun, wir fanden es wirksamer, wenn sich das Kind zunächst intensiv zehn bis fünfzehn Minuten mit Mathe beschäftigt, gefolgt von einer zehnminütigen Musik- oder Malpause. Das abwechselnde Erleben von Schwächen und Stärken wirkt sich günstig aus: Das Kind fühlt sich weniger entmutigt und weniger frustriert, die Kämpfe wegen der Schulaufgaben lassen nach, und das kindliche Selbstvertrauen wächst.

> Überprüfen Sie, wie Ihre Kinder sind, nicht wie Sie sie haben möchten!

Diese Strategien sind besonders wichtig, wenn Ihre Kinder Probleme haben, z. B. eine Lernschwäche, emotionale Schwierigkeiten, Verhaltensschwächen, körperliche Probleme, Konzentrationsschwäche usw. Wir müssen ein Gleichgewicht schaffen. Das geschieht dadurch, indem wir dafür sorgen, dass unsere Kinder auch ihre Stärken regelmäßig entfalten können.

Zahlstelle

Hausarbeit und andere Aufgaben müssen in jeder Familie erledigt werden, damit der Haushalt funktioniert. Dazu gehört Geld verdienen, saubermachen, aufräumen, Wäsche waschen, einkaufen, kochen, Geschirr spülen, Reparaturen durchführen, Arzt- und Zahnarzttermine organisieren, Müll sammeln und entsorgen, Blumen pflanzen und gießen, Haustiere betreuen und Rechnungen bezahlen. Das ist der »Preis« des Familienlebens, der sich mit der Benutzungsgebühr für eine Brücke oder Autobahn vergleichen lässt. Diese »Gebühren« tragen zur Instandhaltung der Strecke bei. Auf diese Weise betrachtet, erscheinen die Aufgaben wie ein wichtiger Beitrag zum Familienleben, und es fällt den Familienmitgliedern leichter, sich daran zu beteiligen. Wir betrachten unsere Zahlung nicht als Strafe, sondern als notwendigen Beitrag, um dahin zu gelangen, wohin wir möchten.

Der »Preis« des Familienlebens

Vorfahrt beachten – Gegenverkehr vorbeilassen

Es wird immer schwieriger, über alle Aktivitäten und Verpflichtungen unserer Kinder auf dem Laufenden zu sein. Soll der Aufsatz, den sie zu schreiben haben, fünf oder vier Seiten lang sein? Ist es in Ordnung, wenn der Chemiebericht so schludrig abgefasst ist? Hat der Lehrer wirklich nichts dagegen, Schularbeiten einzusammeln, die aus aus einem Ringbuch herausgerissen wurden? Warum fehlt die zweite Hälfte von Kapitel sechs?

Wenn sich die Eltern nicht sicher sind, ist es sinnvoll, das Vorfahrtzeichen zu verwenden. Das bedeutet, dass Sie Ihre Kinder weitermachen lassen, aber vorsichtig. Sie haben keinen Grund, einen kompletten Stopp zu verlangen. Die Situation erfordert das nicht. Sie zweifeln die Aussagen Ihrer Kinder nicht an und bauen dadurch Vertrauen auf. Was schulische Angelegenheiten betrifft, so können Sie sich im Laufe der Zeit und durch Gespräche mit den Lehrern eine eigene Meinung bilden. In unserer rasanten Zeit müssen Eltern öfters nachgeben, aber sie sollten auf keinen Fall die

Nachgeben, nicht aufgeben

Hände vom Steuer oder den Fuß vom Pedal nehmen und die Straße immer fest im Blick haben.

Alle anhalten!

Jede Familie braucht Zeit, um sich zu sammeln. Dieses Bedürfnis spiegelt sich in vielen religiösen und spirituellen Traditionen wieder. Freitage, Samstage und Sonntage sind in vielen Religionen »heilige« Tage. Sie bieten Gelegenheit, der täglichen Routine zu entkommen, Zeit mit der Familie zu verbringen und religiöse Traditionen zu pflegen, die auf einem gemeinsamen Glauben beruhen. Emotionale Intelligenz spielt dabei ebenfalls eine Rolle. Die Familienmitglieder brauchen Empathie, um sich aufeinander einzustellen. Wir möchten nicht, dass zu viel Zeit vergeht, ohne zu wissen, was die anderen Familienmitglieder tun, was sie fühlen oder welche stressvollen Termine und Projekte und welche positiven Dinge anstehen. Die Eltern sollten alle innehalten lassen, wenn sie das Gefühl haben, dass sich die Familie in zu viele verschiedene Richtungen auf einmal bewegt. Wir sollten uns Zeit nehmen, zu kommunizieren, nachzudenken, zu planen, um ein besseres Verständnis füreinander zu entwickeln. Auf diese Weise verlieren wir einander nicht aus den Augen und kollidieren andererseits nicht. Wie lässt sich das praktisch bewerkstelligen? Vereinbaren Sie

Auf Zentrifugaleffekte achten beispielsweise in regelmäßigen Abständen ein gemeinsames Abendessen. Alle Familienmitglieder sollten versuchen, sich diesen Abend freizuhalten, auch wenn es nicht ganz einfach ist.

> Jede Familie braucht Zeit, um sich zu sammeln.

Schöne Aussicht!

Es gehört zur emotional intelligenten Erziehung, dass die Familienmitglieder ab und zu die tägliche Routine durchbrechen, um die schöne Welt um sich herum zu genießen. Nehmen Sie sich Zeit, den Nachthimmel anzuschauen. Betrachten Sie aufmerksam die Bilder in Ihrer Wohnung. Schauen Sie sich die Fotos in Ihren Fotoalben oder Ihre Familienvideos an. Machen Sie einen Spaziergang in Ihrer näheren Nachbarschaft, und entdecken Sie die verborgenen Schönheiten Ihrer Stadt. In den Vororten oder in ländlichen Gegenden finden Sie sicher mehr natürliche Schönheit, aber das heißt nicht, dass Sie sich auch die Zeit genommen haben, sie zu genießen und innerlich ruhig zu werden. Die Welt ist voller Wunder, und wenn wir uns die Zeit dafür nehmen, sie zu entdecken, erkennen wir besser, wer wir sind, was wir tun und was wir erreichen möchten.

Letzte Tankstelle auf 2000 Kilometer!

Nun, das mag etwas übertrieben sein. Aber solche Zeichen veranlassen uns, sofort den Ölstand unseres Wagens zu überprüfen. Der »Öltank« unserer Familie enthält unsere Werte und Regeln. Wir sollten deshalb nicht zu lange fahren, ohne unter die Motorhaube zu schauen und unser Familienmotto oder unsere Familienverfassung zu überprüfen. Funktionieren sie noch? Brauchen sie ein bisschen Schmiere? Müssen irgendwelche Teile ausgetauscht werden? Könnten eventuell größere Reparaturen notwendig werden? Es ist sicher besser, das jetzt und nicht erst in der Einöde abzuklären. Für die Familie sind vorbeugende Wartungsmaßnahmen ebenso sinnvoll wie für das Auto.

Familiäre Grundwerte überprüfen

Familienleben mit Humor

Was halten Sie vom Lachen? Ist es für Sie ein Zeichen von Frivolität, Mangel an Seriosität oder vielleicht sogar Respektlosigkeit? Das mag manchmal zutreffen. Wir glauben jedoch, dass in viel zu vielen Familien zu selten gelacht wird.

Untersuchungen haben gezeigt, so berichtet Edward Dunkelblau, Präsident der Amerikanischen Gesellschaft für therapeutischen Humor, dass Kinder mehr als 200-mal pro Tag lachen, während Erwachsene dies durchschnittlich nur 15-mal täglich tun. Welch ein Verlust! Familien, die zusammen lachen, können das Zusammensein mit den anderen Familienmitgliedern genießen, können Vorschläge machen, die vielleicht noch nicht perfekt sind, ohne befürchten zu müssen, sich lächerlich zu machen, und außerdem – ob Sie es glauben oder nicht – sind sie dabei gesünder.

Machen Sie folgenden Test, den wir in »The Free Spirit Newsletter: News and Views on Growing Up« (vol. 4, no. 3, Jan.-Feb. 1991) gefunden haben, und lesen Sie den folgenden Abschnitt laut:

Ha ha ha ha ha ha. Hii hii hii. Har-de-har-har. Nyuck nyuck nyuck. Ho ho ho ho. Ha ha hii hii har har nyuck ho ho. Tii hii hii hii ha ha ho ho ho ho ho ha ha ha ha ha. Nyuck nyuck nyuck. Ha ha ha ha har-de-har ho ho ho hii hii hii hii giggle giggle ha ha. Ho ho ho ho ha ha ha ha hii hii hii. Ha ha. Ha!

Mussten Sie dabei lachen? Vielleicht ein bisschen lächeln? Vielleicht möchten Sie herumprobieren, was für Sie am besten wirkt. Folgende Version gefiel uns besonders gut:

Ho ho ho ho ho! Har-har-har-de-har-har. Nyuck nyuck nyuck nyuck nyuck. Ha ho hi huu de-har nyuck huu har ha ho. Hi nyuck de-har har. Ho de-ho ho ha ha de-hu-ha. Di-nyuck ha-huu ji-jeh schmuu di-hi ha. Halva tii hii hii ha ho ho. Har-nyuck nyuck-har di huu nyuck ho ha har ho. Huu huu!

Fühlen Sie sich jetzt besser? Lassen Sie die anderen Familienmitglieder ebenfalls damit herumexperimentieren. Sie fragen sich vielleicht, ob es überhaupt der Mühe wert ist. Wenn wir lachen, kommt es zu wichtigen Veränderungen im Körper. Der Pulsschlag beschleunigt sich, das Immunsystem wird aktiviert, die Ausschüttung von Hormonen wirkt stimulierend, die Sauerstoffversorgung des Gehirns nimmt zu, und wir können besser denken und die Dinge klarer sehen. Die Muskeln entspannen sich und die Verdauung funktioniert besser. Nyuck nyuck!

Daraus ergeben sich weitere positive Effekte. Stress wird abgebaut. Die Atmosphäre entspannt sich. Wir fühlen uns frei, können

uns kreativer entfalten, Empathie empfinden und sind weniger feindselig. Außerdem können wir leichter Entscheidungen treffen und Konflikte lösen. Das ist kein Wunder, sondern hat mit emotionaler Intelligenz zu tun. Anhand einiger Beispiele wollen wir Ihnen zeigen, wie wir unseren Familien-EQ durch den HQ (Humor-Quotient) bereichern können. Die Witze stammen aus »Free Spirit« (im Deutschen stark gekürzt; Anm. d. Ü.):

Mutter: »Keesha, sei nicht so selbstsüchtig. Lass deinen Bruder auch mit dem Rad fahren.«
Keesha: »Aber Mutter, das tue ich doch. Ich fahre den Berg runter, und er fährt ihn rauf.«

Schüler: »Ich habe Schwierigkeiten mit dieser Aufgabe. Ich leide unter Amnesie.«
Lehrer: »Wie lange hast du das schon?«
Schüler: »Habe ich was?«

Kleine Kinder lieben Wortspiele und Witze, die ihre Fantasie anregen, indem vertraute Dinge wie Farben, Tiere, Körperteile in einem neuen Zusammenhang verwendet werden. Zum Beispiel: Welche Farbe kannst du essen? Orange. Oder: Welchen Buchstaben kannst du trinken? T.

Witze und Wortspiele

Beispiele für Witze und Wortspiele finden Sie in Zeitschriften, Büchern und natürlich auch im Internet. Im Folgenden werden andere Möglichkeiten beschrieben, wie Sie Humor in Ihren Familienalltag bringen können:

Schaffen Sie sich ein schwarzes Brett für Ihre Wohnung an, um dort Cartoons und Comic-Heftchen anzubringen, die einen Bezug zur Schule haben.

- Schneiden Sie Cartoon-Überschriften aus und entwerfen Sie eigene, entweder zusammen mit der Familie oder mit Schulfreunden.
- Schneiden Sie Bilder aus und beschriften Sie sie, um aktuelle Ereignisse zu dokumentieren.
- Richten Sie sich eine Humor-Ecke in Ihrer Wohnung oder im Klassenzimmer ein und bewahren Sie dort Bilder, Bücher oder andere lustige Dinge auf.
- Machen Sie eine Lachpause. Das kann sehr hilfreich bei den Schularbeiten sein, vor allem, wenn die Kinder nicht weiterkommen. Hören Sie sich zusammen eine kurze Kassette an, betrachten Sie ein humorvolles Video oder lesen Sie einen Abschnitt aus einem lustigen Buch oder Comic-Heft. Das ist sinnvoller, als nur frustriert herumzusitzen. Humor kann uns neue Wege und Perspektiven eröffnen. Humor ist keine Zeitverschwendung.

Machen Sie Lachpausen!

Im Laufe der Jahre ändert sich unsere Einstellung gegenüber dem, was wir als humorvoll empfinden. Während der Vorschuljahre steht Humor mit Spiel und körperlicher Aktivität in Verbindung. »Herumkaspern« und »Herumblödeln« ruft oft großes Gelächter bei den Zuschauern – Kindern oder Erwachsenen – hervor. Kindern macht es großen Spaß, wenn Erwachsene Blödsinn machen, etwas Unerwartetes oder Übertriebenes tun. Ed Dunkelblau rät Eltern, lustige Hüte aufzusetzen, Kleidungsstücke falsch anzuziehen, etwa eine Krawatte ohne Hemd zu tragen, wenn sie ihre Kinder zum Lachen bringen möchten. Kleine Kinder lieben Wiederholungen. Machen Sie sich also darauf gefasst, die Gabel an die zehn- bis zwölfmal vom Tisch fallen lassen zu müssen, bevor Ihr Kind genug hat.

Humor in verschiedenen Altersgruppen

Kindern im Kindergartenalter macht es Spaß, Dinge falsch zu benennen, Tabuwörter zu benutzen und Wortverdrehungen oder komische Reime zu erfinden. Während der ersten Grundschuljahre sind Rätsel und Witze populär. In der Mittelschule hört der kindische Humor meistens auf. Den Kindern macht es immer noch Spaß, albern zu sein, aber sie befürchten vielleicht, dass das nicht »cool« ist. Humor ergibt sich jetzt aus Geschichten und bei Auseinandersetzungen mit den Mitschülern. Fehler bei anderen zu finden und sich darüber lustig zu machen ist sehr beliebt bei Kindern dieser Altersgruppe und wird durch bestimmte Fernsehsendungen propagiert. Lassen Sie Ihre Kinder verschiedene Arten von Humor erleben, z. B. ältere Kömodien, Groucho Marx, Dick und Doof, die Muppet Show usw. Eltern sollten wissen, dass diese Art von Humor auf Kosten anderer nachlässt, wenn ihre Kids mehr Selbstvertrauen entwickelt haben und sich akzeptiert fühlen, auch wenn er – bedingt durch den Einfluss der Medien – nicht ganz verschwinden wird.

Humor-Pausen – Vitamine für positives Handeln

Etwas tun, das gute Laune macht

Denken Sie an all die Dinge, die Sie in gute Laune versetzen und wodurch Sie sich so richtig gut fühlen. Vielleicht geschieht das durch Musik hören, lesen, einen alten Film oder alte Familienfotos anschauen, im Lieblingsstuhl sitzen und nachdenken, einen Gottesdienst besuchen, sich nett mit anderen Leuten unterhalten, spazieren gehen oder den klaren Nachthimmel betrachten. Nun überlegen Sie, wieviel Zeit Sie an einem typischen Tag oder in

einer typischen Woche für solche Dinge aufwenden. Wahrscheinlich viel weniger, als Sie denken.

Um eine optimistische Lebenseinstellung zu gewinnen, sollten Sie versuchen, jeden Tag – sei es auch nur kurz – etwas zu tun, dass Sie in gute Laute versetzt; sollte es nicht jeden Tag möglich sein, dann sooft Sie können. Diese kleinen täglichen »Humor-Pausen« wirken wie eine Vitaminspritze, die Ihnen Kraft gibt, positiv auf die Anforderungen zu reagieren, die täglich an Sie gestellt werden. Indem Sie diese Momente mit der Familie teilen, gehen die einzelnen Familienmitglieder allmählich toleranter miteinander um und können Enttäuschungen besser bewältigen. Viele Untersuchungen haben gezeigt, wie sich eine optimistische Lebenseinstellung und regelmäßiges Lachen günstig auf das ganze Leben auswirken können. Unzählige Bücher beschäftigen sich mit dem Thema und kommen übereinstimmend zu dem Schluss, dass häufige Humor-Pausen sich viel günstiger auswirken als sehr intensive, aber seltene Glücksmomente. Hier sind einige Vorschläge:

• Nehmen Sie sich Zeit, gemeinsam etwas Humorvolles anzuschauen, was der ganzen Familie Spaß macht.

- Schreiben Sie drei Dinge auf, die heute passiert sind und die Sie in gute Laune versetzt haben. Es kann sich um kleine Dinge handeln, wie z. B. sich an der Sonne erfreuen, einen Schmetterling bewundern, ein Kompliment bekommen, einem siegreichen Team angehören. Tun Sie das zwei- oder dreimal pro Woche. Notieren Sie alles sorgfältig und teilen Sie Ihre Eindrücke mit der ganzen Familie. Kritisieren Sie nicht die Berichte der anderen Familienmitglieder. Es kommt nur darauf an, dass sie sich gut fühlen, nicht wodurch – vorausgesetzt, es handelt sich nicht um etwas Illegales oder Gefährliches.

Eine solche Liste kann von jedem Familienmitglied bei Bedarf eingesehen werden und vielleicht aufmunternd wirken, wenn jemand deprimiert ist. Weitere Beispiele, die mit Humor zu tun haben, finden Sie in den folgenden Abschnitten.

Eine Kiste Umarmungen

Suchen Sie sich eine kleine Schachtel, z. B. einen leeren Karteikasten, und legen Sie Kärtchen hinein, die Sie mit einer Botschaft versehen haben. Wer – wie in einem Spiel – eine solche Karte zieht, gewinnt damit eine bestimmte Art oder Anzahl von Umarmungen. Warum gerade Umarmungen? Umarmungen heilen. Umarmungen halten eine Familie zusammen. Durch Umarmungen können warme Gefühle ausgedrückt werden, und sie sind Ausdruck emotionaler Intelligenz ohne Worte. Es folgen einige Beispiele für Umarmungskarten:

- Eine Umarmung und ein Keks (zuerst kommt die Umarmung, dann wird ein Lieblingskeks geteilt)
- Eine Mama-Umarmung
- Eine Papa-Umarmung
- Eine Geschwister-Umarmung
- Eine Sandwich-Umarmung (zwei Personen umarmen)
- Eine Club-Sandwich-Umarmung (die Person, die die Karte zieht, ist in der Mitte, und alle anderen versammeln sich darum herum, um die Umarmung auszuführen
- Eine Umarmung und ein Lied (bei der Umarmung wird ein Lied gesummt)

- Eine Umarmung und ein Gebet
- Eine doppelte Umarmung
- Eine dreifache Umarmung
- Eine Umarmung und ein Hüpfer
- Eine Umarmung nach Wahl.

Sie verstehen das Prinzip. Betrachten Sie die angeführten Beispiele als Anregung, verändern Sie sie und erfinden Sie neue. Sie können die Umarmungs-Box schön dekoriert als Geschenk verpacken.

Was würde ... sagen oder tun?

Wenn Ihr Kind in persönlichen oder schulischen Angelegenheiten nicht mehr weiterweiß, dann können Sie Anteilnahme zeigen, indem Sie fragen, was wohl eine bekannte Figur aus einem Buch oder Gestalten aus dem Fernsehen in einem solchen Fall tun würden. Wählen Sie gelegentlich eine komische Figur, z. B. aus der Sesamstraße.

Weitere Vorschläge

Musik bei der Hausarbeit

Wählen Sie zusammen mit Ihren Kindern spezielle Musikstücke aus, die bei bestimmten Aufgaben im Haushalt gespielt werden, z. B. eine Musik zum Staubsaugen, Geschirrspülen, Tischdecken usw. Wenn die Musik erklingt, dann ist das ein Signal dafür, die betreffende Arbeit in Angriff zu nehmen. Das ist angenehmer und wirksamer als die sonst üblichen elterlichen Ermahnungen.

Hausarbeiten zum Leben erwecken

Einige Beispiele:

Brief eines Mülleimers…

Lieber Billy,

ich habe dich gestern vermisst. Ich war so voll gestopft und habe gehofft, du würdest mich an den Straßenrand stellen, damit ich geleert werden kann. Aber nein, ich wartete vergeblich. Weitere vier Tage musste ich den Familienmüll ertragen. Es wäre eine Lüge, wenn ich sagen würde, ich sei glücklich darüber. Ich bin es ganz und gar nicht. Es ist nicht nur äußerst unangenehm, sondern stinkt auch erbärmlich. Ich weiß wirklich nicht, was deine Eltern diese Woche zum Abendessen gekocht haben, ich hoffe nur, du musstest das nicht essen. Ich hoffe, dich am Freitag zu sehen. Schau nach mir an der Hintertür.

Dein Freund, der schwarze Mülleimer

… einer Jeans …

Hallo Sima,

hier spricht deine Blue Jeans. Ich hinterlasse dir diese Nachricht auf dem Anrufbeantworter, damit du erfährst, wie traurig ich bin. Traurig, weil ich glaube, dass du dich nicht um mich und meine Freunde kümmerst. Wir, d. h. deine Hemden und Hosen, liegen nun seit zwei Tagen hier herum. Wir fühlen uns sehr ungemütlich. Wir schwitzen, wir frieren. Einige von uns wären lieber in der Schublade. Andere müssten wirklich auf einen Bügel gehängt werden – wir bekommen Muskelkrämpfe, wenn wir gefaltet sind. Im Auftrag der anderen soll ich dich bitten, dass du dich um uns kümmerst. Sind wir nicht immer für dich da? Ich danke dir und wünsche dir einen schönen Tag.

> **E-Mail**
>
> An: Jess
> Von: dishes@sink.com
>
> Lieber Jess: Ich bin ein Teller. An mir kleben Essensreste, das ist
> eklig. Der Liste am Kühlschrank kann ich entnehmen, dass du
> an der Reihe bist, mich und meine Freunde nach dem Abend-
> essen zu säubern. Nun, das ist bis jetzt noch nicht geschehen,
> und wir verkrusten inzwischen. Dadurch wird es immer
> schwieriger, uns sauber zu kriegen. Versuch doch, rasch zu uns
> zu kommen. Was ist das für ein Geräusch? Oh, das ist das Glas
> von Cary, die Milch darin fängt an zu gerinnen. Ruf den Notfall-
> schwamm! Ich muss jetzt gehen. Bitte, komm bald – die Lage
> wird ernst.

*… oder eines
Tellers*

Sie verstehen, was wir meinen. Es ist angenehmer für die Kinder,
wenn es im Haushalt nicht immer todernst zugeht. Eltern, mit denen man lachen kann, sind auch Eltern, an die man sich bei Problemen wenden kann.

Ein Wort zum Abschluss

Im besten Sinne des Wortes eine Familie zu sein ist schwierig und
zeitaufwendig. Ist es der Mühe wert? Ja. Sie werden überrascht
sein, wie viel mehr Sinn, Erfüllung und Spaß Sie im täglichen Leben
haben werden. Bleiben Sie am Ball. Ihre Kinder werden es Ihnen
wahrscheinlich nicht danken – zumindest nicht, bevor sie selbst er-
wachsen sind. Aber seien Sie versichert, tief im Innern, auf emotionaler Ebene, werden sie sich besser und ausgeglichener fühlen,
weil ihr Leben eine Ausgewogenheit erhält, wenn sie ihre Familie
als einen sicheren Hafen erfahren, wo alle füreinander da sind, wo
Probleme gelöst werden und auch gelacht wird. Bei unseren Pati-
enten haben wir gesehen, was passiert, wenn diese wichtige Ver-
ankerung fehlt.

Zur emotional intelligenten Erziehung brauchen wir Kopf und
Herz. Natürlich sind manche Familien leichter zu managen als andere. In den folgenden Kapiteln werden wir zeigen, wie Eltern ihren Kindern beibringen können, sich besser zu kontrollieren und
starke Gefühle auszudrücken.

*Sie brauchen Kopf
und Herz!*

53

Wie Sie mit Ihren Kindern sprechen sollten, damit sie anfangen zu *denken*

Wenn wir unseren Kindern soziale Kompetenz und emotionale Intelligenz beibringen möchten, müssen wir sie dazu anleiten, selbst zu denken, anstatt ihnen zu sagen, was sie zu tun haben. Das kann uns Eltern schwer fallen, weil es gegen unsere Natur ist. Als Eltern hätten wir es gern, wenn unsere Kinder eine perfektere Version von uns selbst werden würden. Und weil wir sie lieben, möchten wir ihnen den Kummer und die schmerzlichen Erfahrungen ersparen, die wir wegen unserer Fehler machen mussten. Darum neigen wir dazu, unseren Kindern zu sagen, was sie tun sollen – aufgrund unserer jahrelangen Bemühungen und Lösungsversuche. Allerdings werden die Kinder wahrscheinlich sowieso nicht zuhören. Als Eltern haben wir die Aufgabe, ihnen beizubringen, ihre Probleme selbst zu lösen. Wir können – und wollen – nicht immer da sein, um ihnen zu sagen, was sie tun und wie sie sich verhalten sollen. Unsere Kinder sollen lernen, selbst zu denken und sich an bestimmte moralische Richtlinien zu halten, die von den Eltern vorgegeben wurden.

Kinder müssen ihre Probleme selbst lösen

Eine weitere Schwierigkeit besteht darin, dass es unmöglich ist, seinen eigenen Kindern gegenüber objektiv zu sein. Aufgrund der engen emotionalen Bindung und der besonderen Natur des Eltern-Kind-Verhältnisses reagieren Sie auf Ihr Kind emotional statt rational. Wenn Ihr Kind schreit, »Ich hasse dich«, denken Sie nicht, »Ich sehe, mein Kind ist frustriert und externalisiert diese negative Emotion gegen mich, weil ich ein sicheres Ziel abgebe.« Vielmehr fühlen sich Vater oder Mutter verletzt und reagieren dementsprechend stark emotional, anstatt die Situation mit kühlem Verstand zu analysieren. Eine solch starke Emotionalität kann zu instinktiven Reaktionen der Eltern führen, die auf – in der Kindheit entstandenen – Verhaltensmustern beruhen. Der Ärger, den die Eltern empfinden, wenn sie so emotional reagieren, verursacht weiteren Unmut, der sich gegen das Kind als die »Ursache« des Problems richtet und eine Spirale unerfreulicher, nutzloser Interaktionen in Gang setzt.

Wenn Sie emotionale Intelligenz und soziale Kompetenz vermitteln wollen, besteht Ihre erzieherische Rolle nicht darin, die Probleme Ihres Kindes zu lösen oder Entscheidungen für das Kind zu treffen, auch wenn Sie es gerne möchten. Sie müssen sich zurücknehmen und Ihr Kind in seinen Denkprozessen und Lösungsversuchen unterstützen. Sie müssen sich emotional von den Problemen Ihres Kindes lösen und sich bewusst machen, dass Sie in dieser Rolle nicht der Experte und allwissende Retter sind, der die perfekte Lösung anbietet.

Eltern müssen sich zurücknehmen

Die wichtigsten Prinzipien der emotionalen Intelligenz, die in diesem Kapitel besprochen werden

1. Erkenne deine eigenen Gefühle und die Gefühle anderer.
▶ 2. Zeige Empathie, und verstehe die Sichtweisen anderer.
▶ 3. Kontrolliere Emotionen und Impulse, und gehe positiv damit um.
4. Sei positiv ziel- und planorientiert.
▶ 5. Zeige soziale Kompetenz im Umgang mit anderen.

Wenn Sie Ihre Kinder geschickt durch die schwierigen Entscheidungsprozesse im zwischenmenschlichen Bereich führen, werden sie sehen, dass sie durch unangemessenes Verhalten weder Liebe noch Anerkennung bekommen. Das ist ein wichtiges Prinzip emotionaler Intelligenz, das komplexer ist, als es zunächst den Anschein hat. Wir leben in einer sehr impulsiven, hektischen Zeit; wir möchten jederzeit telefonisch, über Pager oder E-Mail erreichbar sein. Wir wünschen uns immer schnellere Computer. Wir leben in einer Welt voller Verbrechen, die oft nur gering oder gar nicht gesühnt werden. Als Eltern sehen wir uns ständig vor der Herausforderung, unsere Kinder dazu zu bringen, über ihre Wünsche nachzudenken und impulsiven Handlungen zu widerstehen, die auf starken Emotionen beruhen oder durch die Medien bzw. die Altersgenossen hervorgerufen werden.

Impulsiven Handlungen widerstehen lernen

Was können Eltern tun, damit ihre Kinder lernen, selbstständig zu denken und Probleme effektiv zu lösen? Aufgrund unserer Erfahrungen als Eltern, Psychologen, Kliniker, Forscher und Praktiker haben wir uns EQ-Prinzipien erarbeitet, mit deren Hilfe sich emotional intelligente Erziehung praktizieren lässt. Den meisten von uns wurden jedoch andere Prinzipien beigebracht, die zu anhaltenden Problemen für Eltern und Kinder geführt haben.

Wie Sie mit Ihren Kindern sprechen sollten, damit sie *nicht* denken

1. Sagen Sie ihnen immer genau, was Sie denken.
2. Bewerten Sie Ideen oder Aussagen Ihrer Kinder unmittelbar dann, wenn sie sie äußern. Stempeln Sie sie als »gut« oder »schlecht« ab.
3. Wann immer sich die Gelegenheit ergibt, erzählen Sie Weisheiten aus Ihrer Kindheit (»In deinem Alter…«).

So kann es nur danebengehen

4. Schalten Sie von vornherein jegliche Möglichkeit einer Enttäuschung aus, indem Sie verhindern, dass Ihr Kind einen Weg geht, den Sie für falsch halten.
5. Gehen Sie immer mit großem Ernst an alle Dinge heran. Schularbeiten, Mithelfen im Haushalt, Aufpassen auf die Geschwister, Sport und andere Aktivitäten sind Verpflichtungen, die ernst, würdevoll und stoisch erledigt werden müssen.
6. Sagen Sie eher weniger als mehr. Wiederholungen sind nicht notwendig. Dinge sollten nur einmal erklärt werden. Kinder müssen beim ersten Mal gut zuhören, und außerdem verstehen Kinder immer, was Erwachsene meinen.
7. »Tue was ich dir sage, nicht was ich tue.«
8. Geben Sie sich immer perfekt. Zeigen Sie Ihren Kindern niemals, dass Sie etwas nicht verstehen oder dass Sie Unrecht haben.

Diese Anweisungen verkörpern Lebensweisheiten früherer Elterngenerationen und einige Ideen, die die Jahrzehnte überdauert haben. Manche dieser Vorstellungen haben einen bestimmten kulturellen Hintergrund. Es macht keinen Sinn, sie unter dem Gesichtspunkt von »richtig« oder »falsch« zu betrachten. Wir sollten uns jedoch fragen, ob sie in die heutige Zeit, in der wir unsere Kinder erziehen, und in die zukünftige Zeit, in der unsere Kinder als Erwachsene leben werden, hineinpassen.

Bei zu intensiver Anwendung durch die Eltern kann jedes dieser »Antiprinzipien« die kindlichen Denkprozesse blockieren. Das geschieht auf unterschiedliche Weise. Durch einige dieser Prinzipien erhalten die Kinder zu wenig Informationen. Andere sind zu vage und zeigen den Eltern nicht, wie sie den Kindern ihre Botschaft nahe bringen sollen. Wieder andere behandeln die Kinder als kleine Erwachsene, was sie wirklich nicht sind.

Eltern müssen eine Beziehung zu ihren Kindern aufbauen, damit sie sie anleiten und unterweisen können. Kinder sind heute zu vielen widersprüchlichen Einflüssen ausgesetzt, so dass die Eltern nicht einfach davon ausgehen können, die Kinder müssten ihnen schon allein deshalb gehorchen, weil sie die Eltern sind. Unsere Kinder stellen uns ständig Fragen. Für uns Eltern ist es in diesem Zusammenhang wichtig, nicht einfach vorschnell eine Antwort zu geben. Das Geheimnis liegt darin, weniger zu dozieren und mehr zuzuhören, weniger zu reden und mehr zu zeigen, weniger zu dirigieren und mehr zu fragen, weniger Zwang auszuüben und mehr Überzeugungsarbeit zu leisten. Das kann nur geschehen, wenn eine Beziehung zwischen Eltern und Kindern besteht und beide Parteien emotionale Intelligenz besitzen.

Keine vorschnellen Anworten!

Wir stellen Ihnen unsere Richtlinien vor, weil wir der Ansicht sind, dass sie das stärkste Mittel sind gegen impulsives Handeln, ohne nachzudenken und ohne Anteil zu nehmen. Sie beruhen auf der Überzeugung, dass emotional intelligente Erziehung Kindern helfen soll, die Fähigkeiten zu erwerben, die sie brauchen, um mit emotionaler Intelligenz zu leben. Das Wort »Fähigkeiten« bedeutet, dass es sich um einen Lernprozess mit all seinen Bemühungen handelt. Ihre Rolle als Eltern ist dabei eher begleitend und unterstützend als belehrend oder fordernd.

Eltern können sich dabei unwohl fühlen, wenn sie das als Kontroll- oder Autoritätsverlust ansehen. Das ist jedoch nicht der Fall. Die Eltern begleiten das Kind durch einen Prozess, müssen jedoch vorgefasste Meinungen über die »richtige« Antwort aufgeben. Dies würde das Kind genauso wie die oben beschriebenen negativen Richtlinien am Denken hindern.

Es ist jedoch nicht notwendigerweise besser, wenn das Kind kooperativ ist. Durch Kooperation erreichen die Eltern zwar, was sie hören möchten. Das sagt jedoch wenig darüber aus, was das Kind wirklich denkt und fühlt und was es in einer bestimmten Situation tun würde. Es ist ein Unterschied, ob ein Kind lediglich Ihre jeweiligen Anweisungen befolgt oder ob Sie ihm beibringen, Probleme selbstständig zu lösen, wenn keine Erwachsenen in der Nähe sind und wenn Altersgenossen oder andere Einflüsse Druck ausüben.

Das Lösen von Problemen geschieht nicht in einem wertfreien Raum. Wenn Eltern ihre Kinder ermutigen, selbstständig zu denken, dann sind sie sicherlich verpflichtet, einen moralischen Rahmen zu schaffen. Eine geschickte Begleitung durch den Problemlösungsprozess hilft den Kindern, ihr Verhalten unter Berücksichtigung dieser Werte zu überdenken und dient ihnen als Richtschnur für die eigene Zielsetzung.

Richtschnur für eigene Zielsetzungen

Sagt ein Kind beispielsweise, es möchte mit der Schule aufhören, dann sollten es die Eltern nicht sofort ausschimpfen, bestrafen oder über den Wert einer guten Erziehung belehren. Vielmehr sollten sie ihm sagen, dass man zwar die Schule abbrechen kann, um etwas zu erreichen, aber dass es sich nicht um ein wirkliches Ziel handelt. Hat sich das Kind beispielsweise zum Ziel gesetzt, Spaß zu haben, dann sollten die Eltern ihm helfen, andere Möglichkeiten zu erwägen, um sein Ziel zu erreichen. Wenn das Kind dann über die möglichen Konsequenzen seines Handelns nachdenkt, können die Eltern ihm die Frage stellen, was wohl passieren würde, wenn es die Schule abbräche. Falls es noch nicht selbst daran gedacht hat, können sie ihm helfen, sich vorzustellen, wie es später als Schulabbrecher hart für geringen Lohn arbeiten muss und nicht genug Zeit oder Geld haben wird, um sich zu vergnügen.

Nachdenken, statt nur zuzuhören und zu gehorchen

Eltern sollten darauf achten, so mit ihren Kindern zu reden, dass diese nicht nur zuhören und gehorchen, sondern dass sie angeregt werden, über die Werte nachzudenken, an die die Familie glaubt – wie wir in Kapitel 2 beschrieben haben. Eltern, die sich die Zeit nehmen, sich zusammen mit ihren Kindern negative Szenarien auszumalen, anstatt ihnen sofort Vorwürfe zu machen, helfen ihnen dadurch, Fähigkeiten zu entwickeln, die sie anwenden können, wenn sie schwierige Entscheidungen ohne elterliche Hilfe treffen müssen.

Die EQ-Leitprinzipien, mit deren Hilfe unsere Kinder denken lernen können, lassen sich in drei Gruppen einteilen: Alltagsprinzipien, Fragetechniken und Langzeit-Tipps, wobei innerhalb der Gruppen der Schwierigkeitsgrad jeweils von leicht bis schwierig ansteigt.

Die EQ-Leitprinzipien

Alltagsprinzipien:
1. Vorbildern nacheifern
2. Erlernte Fähigkeiten aktivieren und praktizieren
3. Paraphrasieren

Fragetechniken:
1. Offene Fragen
2. Die Zwei-Fragen-Regel
3. Die Colombo-Technik

Langzeit-Tipps:
1. Geduld und Ausdauer
2. Flexibilität und Kreativität
3. Anpassung an den jeweiligen Entwicklungsstand

Alltagsprinzipien

Unsere alltägliche Routine und die Interaktionen unter den Familienmitgliedern bieten uns ausgezeichnete Möglichkeiten, um emotionale Intelligenz zu praktizieren.

Vorbildern nacheifern

Kinder lernen, indem sie beobachten, wie die Erwachsenen diese Prinzipien anwenden, indem sie sie ihnen beispielhaft vorleben. Das ist effektiver, als wenn sie nur gesagt bekommen, was sie tun sollen. Lassen Sie Ihre Kinder an Ihren Gedankengängen teilhaben. Dadurch erfahren sie, dass es normal ist, negative Gefühle zu haben, verwirrt zu sein und nicht immer gleich die perfekte Lösung parat zu haben, und sie lernen, dass man sich aus einem Problem »herausdenken« kann. Die Eltern sollten natürlich Selbstkontrolle und gute Kommunikationsfähigkeiten, die sie von ihren Kindern erwarten, beispielhaft vorleben.

Lernen durch Praxis und Kommunikation

Eine Mutter, mit der wir zusammenarbeiten, erzählte beiläufig, dass ihr Kind sie als blöd bezeichne. Als der Therapeut dies für inakzeptabel hielt, meinte der Vater, die Mutter solle nun ihrerseits das Kind ständig als blöd titulieren. Das war offensichtlich nicht sehr hilfreich, aber angesichts der Frustration der Mutter und des

Fehlens von Alternativen, dem Verhalten des Kindes zu begegnen, verständlich. Wenn die Mutter das Verhalten ihres Kindes ändern möchte, muss sie zuerst ihr eigenes Verhalten korrigieren.

Die Eltern sehen sich vor folgender Herausforderung: Wir möchten, dass sich unsere Kinder ändern, aber werden wir uns ändern? Und wer soll sich zuerst ändern? Die Logik würde nahelegen, dass die Erwachsenen den Anfang machen, schließlich besitzen sie die Weisheit, Fähigkeiten, Perspektive, Disziplin und Selbstbeherrschung, die dazu notwendig sind. Aber dem ist nicht so. Es ist nicht leicht, sich zu ändern. Es ist schwierig, alte Denkmuster und Gewohnheiten aufzugeben. Das erfordert viel Arbeit, Ermahnungen und geduldige Mithilfe aller Beteiligten.

Denkmuster und Gewohnheiten sind zäh

Unseren Kindern geht es ähnlich, vor allem, wenn sie sich nicht im Klaren darüber sind, welche Vorteile ein neues Verhalten bringen wird. Wir arbeiteten mit einem Jungen zusammen, der sehr schlechte Lerngewohnheiten hatte: Lesen mit eingestöpseltem Walkman, Hefte und Schulunterlagen in einem wüsten Durcheinander, Arbeiten bei schlechter Beleuchtung, miserable Schulnoten. Eltern und Lehrer waren am Ende ihrer Weisheit angelangt; der Junge hingegen schien die ganze Aufregung nicht zu begreifen.

Auf die Frage, wie er seine Schulaufgaben erledige und von wem er es so gelernt habe, sagte er »von Papa«. Der Junge berichtete, was ihm sein Vater über seine Schulzeit erzählt hatte und wie dieser manchmal zu Hause im Wohnzimmer Arbeiten erledigte: Der Fernseher lief dabei, die Unterlagen waren im ganzen Zimmer verstreut, eine Tasse Kaffee hielt er in der einen Hand, das Telefon in der anderen. Ziemlich eindrucksvoll, nicht wahr? Als wir den Vater damit konfrontierten, dachte er einen Augenblick nach und gab dann zu, dass eine ziemliche große Übereinstimmung zwischen den Lerngewohnheiten seines Sohnes und seiner eigenen Arbeitsweise bestünde. Aber, so sagte er, er arbeite gut und effizient. Auf die Frage, ob er diese Strategien auch während seiner Grund- und Oberschulzeit angewendet habe, antwortete er: »Natürlich nicht. Ich habe auf der Universität damit angefangen.« Der Vater erkannte, dass sein Sohn sich an seiner jetzigen Arbeitsweise orientierte und nicht an seinem früheren Lernverhalten, was vielleicht angemessener für den Jungen gewesen wäre.

Alles vom Vater

Der Vater erkannte, dass er ein schlechtes Vorbild für seinen Sohn darstellte. Was er ihm gegenwärtig als Beispiel vorführte, hatte einen negativen Einfluss auf seinen Sohn. Der Vater musste jedoch sein jetziges Verhalten nicht radikal ändern. Wir rieten ihm, seinem Sohn zu erklären, wie er früher seine Schularbeiten erledigt hat, und wir zeigten ihm, wie er seinen Sohn geduldig anleiten sollte. Die Berichte des Vaters, die vom Großvater und von einem Onkel bestätigt wurden, reduzierten den häuslichen Ärger wegen der Schulaufgaben. Auch der Vater änderte sein Verhalten etwas: Er arbeitete bei besserer Beleuchtung und schaltete den Fernseher aus.

Erlernte Fähigkeiten aktivieren und praktizieren
Es genügt nicht, Fertigkeiten zu lehren; sie müssen in der realen Welt praktisch angewendet werden. Sie können Ihre Kinder dazu bringen, diese Fähigkeiten anzuwenden, indem Sie sie daran erinnern. Es besteht jedoch ein großer Unterschied zwischen »Erinnerungsbotschaften« und »Nörgelei«. Nörgeln wird mit Wörtern wie meckern, kritisieren, schimpfen, herummäkeln – meist unerfreulichen Begriffen – in Verbindung gebracht. Ein »Gedächtnisanstoß« oder »Stups« wird assoziert mit Wörtern wie antreiben, Einsatz geben, bewegen, nachhelfen – etwas weniger negative Begriffe. Beachten Sie den wichtigen Unterschied. Bei Erinnerungsbotschaften wird davon ausgegangen, dass derjenige, der an etwas erinnert werden soll, Verstand hat. Ein »Gedächtnisanstoß« beruht auf derselben Vorstellung, impliziert jedoch, dass mehr Hilfe benötigt wird. Nörgeln unterstellt einen mangelhaften Verstand, der dazu führt, dass alles falsch gemacht wird. Ist es verwunderlich, dass Kinder (und Ehegatten) »abschalten«, wenn ein anderer zu nörgeln anfängt?

Ein Gedächtnisanstoß kann auf unterschiedliche Weise erfolgen. Es ist hilfreich, dem Kind durch eine Botschaft oder auf andere Weise nahezulegen, es sei jetzt an der Zeit, zuvor erlernte Fähigkeiten anzuwenden. Nehmen wir als Beispiel eine Familie beim Abendessen. Viele Kinder sind davon überzeugt, bei ihnen zu Hause herrsche »Star-Trek«-Technologie. Was meinen wir damit? Das Abendessen wird auf den Tisch »gebeamt« und nach dem Essen »entmaterialisieren« sich die Essensreste und das Geschirr.

Erinnerungs-botschaften und Gedächtnis-anstöße

Woher wir das wissen? Kinder erscheinen typischerweise Sekunden bevor das Essen serviert wird, und sofort nach dem Essen – oder während sie den letzten Bissen hinunterschlucken – werden

Im Alltag …

sie »weggebeamt«, oder so erscheint es uns wenigstens. Elterliche Interventionen sehen häufig etwa folgendermaßen aus:

»Nun komm schon und setz dich hin. Warum hilfst du nicht?«

»Niemand hat mich gefragt.«

»Was, ich muss erst fragen? Jeden Abend dasselbe Theater. Ich muss fragen? Du solltest es wissen. Das nächste Mal möchte ich, dass du hilfst!«

»Okay.«

Nach dem Essen:

»Ich geh jetzt. Tschüss.«

»Wohin gehst du? Was ist mit dem Geschirr? Stell die Milch in den Kühlschrank. Vergiss deinen Teller nicht.«

Manchmal wird ein Kind darauf reagieren. Meistens aber nicht: »Das nächste Mal. Aber jetzt muss ich Pat anrufen.« Ein emotional intelligenteres Kind sagt vielleicht: »Ich muss jetzt lernen. Du willst doch nicht, dass ich die Klassenarbeit morgen verhaue.«

Die Eltern haben in einer solchen Situation nur wenige gute Optionen. Mit Erinnerungsbotschaften lässt sich die Lage nicht mehr retten, und meistens fängt jetzt das Nörgeln an.

Wie können wir einer solchen Situation vorbeugen? Zuerst definieren wir, was wir möchten, z. B. in Form von zwei Botschaften:

1. beim Abendessen helfen und
2. sauber machen.

»Helfen« können Sie ganz nach Ihrem Ermessen definieren: »Ich möchte, dass du beim Abendessen hilfst. Das bedeutet, dass du den Tisch deckst (oder die Getränke bringst, die Servietten faltest – je nachdem, was Ihr Kind seinem Alter entsprechend tun kann).«

... dem Kind die Wahl lassen   Sie können eine Botschaft auch so formulieren, dass das Kind eine Wahlmöglichkeit hat: »Ich möchte, dass du nach dem Essen beim Tischabräumen und beim Geschirrspülen hilfst. Welche Arbeit möchtest du diese Woche übernehmen?« In den nächsten Tagen können Sie diese Vereinbarung als Stichwort benutzen, um Ihr Kind daran zu erinnern.

Mit einer einfachen Botschaft können Eltern ihren Kindern auch bestimmte Verhaltensweisen beibringen oder abgewöhnen. Nehmen wir an, Sie wollen Ihrem Kind mitteilen, sich zu beruhigen und weniger laut und schnell zu reden (z. B. den Mund nicht so weit öffnen, zwischen den Sätzen Luft holen usw.). Sagen Sie beispielsweise: »Schatz, ich glaube, jetzt ist eine gute Gelegenheit, um ›Abregen‹ zu üben.« Auf diese Weise wird die Botschaft »Abregen« von Ihrem Kind besser aufgenommen, als wenn es ein barsches »Reg dich endlich ab!« hört.

Wahrscheinlich schwirren Ihnen jetzt schon an die hundert Botschaften an Ihre Kinder im Kopf herum, die Sie im Laufe des Tages loswerden möchten. Wir raten dringend davon ab. Wählen Sie für den Anfang einige Botschaften im Zusammenhang mit dem Abendessen, Aufstehen oder Zubettgehen und wenden Sie diese konsequent an. Sobald die Botschaften verstanden werden und in die alltägliche Routine integriert sind, können Sie andere hinzufügen. Seien Sie geduldig – es wird sich auszahlen.

Nicht zu viele Botschaften auf einmal

Vielen Kindern hilft es, wenn Freunde und Schulkameraden mit ähnlichen Botschaften konfrontiert werden. In manchen amerikanischen Schulen wird diese Methode angewendet.

Tipp! Geduld zahlt sich aus!

Paraphrasieren
Paraphrasieren bedeutet, einen Sachverhalt mit anderen Worten zur Verdeutlichung zusammenzufassen und zu umschreiben. Wir umschreiben die Aussage eines anderen, um sicherzugehen, dass wir verstanden haben, was gesagt wurde, und um dem Sprecher mitzuteilen, dass er sich klar ausgedrückt hat. Sollen wir das Ganze noch einmal paraphrasieren? Wir werden es Ihnen lieber ersparen. Diese Methode sollte jedem vertraut sein, der sich mit Kommunikation, Management, Supervision oder Eheberatung beschäftigt hat.

Paraphrasieren ist wichtig, weil sich der Gesprächspartner dadurch anerkannt und verstanden fühlt. Indem Sie zusammenfassen, was er oder sie gesagt hat, lassen Sie den anderen wissen, dass Sie ihn oder sie respektieren und dass die geäußerten Gefühle und Gedanken wichtig sind. Indem Sie die Worte Ihres Kindes wiederholen, vergewissern Sie sich, dass Sie wissen, was gesagt wurde, und Sie teilen Ihrem Kind mit, dass Sie es verstehen.

Signal für Anerkennung und Verständnis

Ein anderer wichtiger Aspekt des Paraphrasierens besteht darin, dass die Eltern die Aussagen des Kindes in einer genaueren oder angemesseneren Sprache neu formulieren. Kindern fällt es häufig schwer, ihre Gefühle auszudrücken. Wird ein Kind gefragt, wie es sich fühlt, antwortet es vielleicht: »Er ist ein Idiot.« Das lässt sich umformulieren in: »Es klingt, als ob du richtig wütend auf ihn bist.« Es ist oft notwendig, die ungestümen Gefühlsäußerungen von Kindern präziser auszudrücken. Das hilft den Kindern, ihre eigenen Gedanken und Gefühle zu klären und ein besseres Problemlösungsvokabular zu entwickeln.

Vokabular zur Problemlösung entwickeln

Der folgende Kasten zeigt ein etwas überspitztes Beispiel einer Paraphrasierung. Sie können es aus Spaß mal zu Hause ausprobieren, wenn Sie mit Ihrem Ehepartner oder einem Verwandten telefonieren.

Paraphrasieren – ein Beispiel

Ehefrau: »Hallo, Liebling.«
Ehemann: »Du beginnst die Unterhaltung mit einem Gruß.«
Ehefrau: »Hm, ja… Ich möchte wissen, wie es dir heute ging und was mit den Kindern los war.«
Ehemann: »Du zeigst Anteilnahme für meinen Gesundheitszustand und das Wohlergehen unserer Nachkommenschaft und wirkst sehr einfühlsam.«
Ehefrau: »Bist du in Ordnung? Ist was passiert? Sind Räuber im Haus? Bist du von Außerirdischen entführt worden?«
Ehemann: »Unerwartete Antworten von mir zu hören hat ein Gefühl von Besorgnis in dir hervorgerufen. Du scheinst nach einer Erklärung zu suchen.«
Ehefrau: »Ist das eine Art Spiel? Ist deine Mutter da? Ich finde das gar nicht komisch. Was ist mit dir los? Ich versuche, mich normal mit dir zu unterhalten und du…«

Nicht zuviel des Guten

Das Beispiel zeigt, dass zuviel Paraphrasieren – ohne auf die aktuellen Fragen einzugehen – den Gesprächspartner unter Umständen ziemlich verärgert. Das kann gut oder schlecht sein, je nachdem, mit wem Sie sprechen.

Vorsicht! Zu viel Paraphrasieren, ohne auf Fragen einzugehen, kann den Gesprächspartner verärgern.

Fragetechniken

Bei den verschiedenen Techniken, die wir vorstellen werden, geht es übereinstimmend darum, Kindern etwas beizubringen, indem ihnen Fragen gestellt werden, anstatt autoritär Befehle zu erteilen. Es ist wichtig, die Kinder dazu zu bringen – manchmal zu drängen – Entscheidungen und Wahlmöglichkeiten genau zu überdenken. Sie sollen ihre Gefühle erkennen, ihre Probleme in Worte kleiden, sich Ziele setzen und über ihre Handlungsweise entscheiden. Das fördert die Entwicklung der Kinder mehr, als wenn die Eltern ihnen das aufzwingen, was sie für das Beste halten.

Offene Fragen
Es gibt vier Fragetypen:

- Kausalfragen: »Warum hast du ihn geschlagen?«, »Warum kannst du dich nicht daran erinnern, was ich dir gesagt habe?«, »Warum willst du deiner Schwester nicht helfen?«   *Fragetypen*
- Multiple-Choice-Fragen: »Hast du ihn geschlagen, weil er dich geneckt hat, weil er dir etwas weggenommen hat oder weil du wegen etwas anderem böse warst?«, »Erinnerst du dich an etwas, wenn ich dich anbrülle, wenn ich es dir fünfzigmal sage oder wenn ich überall im Zimmer Merkzettel anbringe?«, »Wirst du deiner Schwester helfen, wenn ich schreie, wenn ich dir eine Belohnung anbiete oder wenn ich dir drohe?«
- Richtig-falsch-Fragen: »Hast du ihn geschlagen, ja oder nein?«, »Wirst du deiner Schwester helfen oder nicht?«
- Offene Fragen: »Was ist zwischen euch beiden vorgefallen?«, »Was kann ich tun, damit es dir leichter fällt, dich an wichtige Dinge zu erinnern, um die ich dich bitte?«

Den meisten Kindern fällt es schwer, »Warum-Fragen« zu beantworten, weil in ihnen oft eine Anschuldigung verborgen ist, und Kinder – wie Erwachsene – reagieren defensiv, wenn sie angeschuldigt werden. Die meisten Erwachsenen stellen »Warum-Fragen«, wenn es zu Problemen kommt. Wie Sie wissen, antworten die meisten Kinder mit »Ich weiß nicht« oder »Ich war's nicht«.   *Kausalfragen fallen Kindern schwer*

Wenn wir ein mentales Computertomogramm (CT) durchführen könnten, würden wir sehen, dass – angesichts der schwach ausgeprägten emotionalen Intelligenz bei Kindern – eine genaue Antwort auf eine »Warum-Frage« nicht möglich ist. Ein CT würde zeigen, dass ein Kind auf die Frage »Warum hast du ihn geschlagen?« präzise antworten würde: »Weil ich meine Emotionen nicht kontrollieren kann und eher dazu neige, impulsiv zu handeln, anstatt Alternativen in Erwägung zu ziehen, die langfristig die Probleme vielleicht besser lösen könnten.«

Wir werden wahrscheinlich auf kausale Richtig-falsch- und Multiple-Choice-Fragen nie ganz verzichten. Und sie sind unter bestimmten Umständen auch nützlich. Eltern sollten jedoch darauf achten, dass sie in den Gesprächen mit ihren Kindern auch offene Fragen verwenden. Das ist wie mit den vier Hauptnahrungsmittelgruppen. Eine gute Ernährung sollte ausgewogen sein. Behandeln Sie die kausalen Fragen wie fett- und cholesterinreiche Nahrungsmittel; dadurch können Sie verhindern, dass die Kommunikationsarterien der Familie blockiert werden.

Kausalfragen umformulieren

Die meisten Eltern müssen erst wieder lernen, mehr offene Fragen zu stellen. Ein empfehlenswerter erster Schritt besteht darin, »Warum-Fragen« umzuformulieren. Hier sind einige Beispiele:

- »Was ist passiert?«
- »Was sollte geschehen?«
- »Wie fühlst du dich?«
- »Was hat der (die) andere getan?«
- »Was passierte vorher?«

> **Merke!** Offene Fragen kosten Zeit, schaffen jedoch ein positives Kommunikationsklima. So können sich Kinder an der Lösungsfindung beteiligen.

Eltern gehen oft zu schnell zu Multiple-Choice-Fragen über, vor allem, wenn die Kinder widerspenstig sind. Eltern können normalerweise gut abschätzen, welche anderen Möglichkeiten es gibt, und sie können sie prägnant formulieren. Ein Ziel emotional intelligenter Erziehung ist es jedoch, Kindern beizubringen, selbstständig zu denken und Entscheidungen zu treffen, wenn Erwachsene nicht in der Nähe sind, um zu helfen, und wenn Altersgenossen Druck ausüben. Das geschieht umso wahrscheinlicher, wenn Kinder von Anfang an ermutigt werden, selbstständig zu denken.

Ausnahmen für jüngere Kinder

Es gibt Ausnahmen für jüngere Kinder und wenn nur wenig Zeit zur Verfügung steht. Jüngere Kinder sind nicht immer in der Lage, ihre Wünsche, Gedanken und Gefühle in Worte zu kleiden. Sie benötigen meistens Gedankenanstöße durch Multiple-Choice-Fragen. Nur offene Fragen zu stellen ist sehr zeitaufwendig, vor allem bei widerspenstigen Kindern. Während in der Regel also mit offenen Fragen begonnen werden sollte, können Multiple-Choice-Fragen in einigen Situationen in Erwägung gezogen werden. Fragen, die mit einem Ja oder Nein beantwortet werden können, sollten vermieden werden. Wird die Frage gestellt: »Bist du wütend?«, erhält man sehr viel weniger Informationen, als wenn eine offene Frage formuliert wird, z. B.: »Was empfindest du?«

Übernehmen Eltern die Rolle der obersten Autorität oder des Zensors, dann werden sich Kinder nicht ermutigt fühlen, Gedanken und Ideen zu entwickeln. Jugendliche reagieren besonders empfindlich, wenn andere ihnen sagen, was sie tun sollen. Kinder und Jugendliche ködern Erwachsene häufig mit unangemessenen Antworten und warten geduldig, bis die Erwachsenen anbeißen, was dazu führt, dass die Diskussion vom Thema abweicht oder im Streit endet. Wenn Sie sich nicht als allwissender Experte aufspielen, bieten Sie den Jugendlichen weniger Angriffsfläche. Außerdem werden Sie dadurch zum Verbündeten des Kindes und nicht zu seinem »Feind«. Offene Fragen schaffen – auch wenn sie zeitaufwendiger sind – ein positives Klima, das es den Kindern gestattet, sich an der Lösungsfindung zu beteiligen.

Spielen Sie nicht den Experten!

Die Zwei-Fragen-Regel
Die einfache, aber wirksame Zwei-Fragen-Regel stammt aus Untersuchungen in Schulen, um die Fragen herauszufinden, die das größte Lernpotential haben. Am besten schnitt nicht nur die offene Frage ab, sondern auch die Zwei-Fragen-Regel. Sie besagt einfach, auf eine Frage eine weitere Frage folgen lassen, z. B.: »Wie fühlst du dich?« – »Gut« – »Welche anderen Gefühle hast du?« – »Nun, ich bin etwas nervös.« Danach können wir zum Paraphrasieren und dann vielleicht zu offenen Fragen übergehen.

Wie funktioniert die Zwei-Fragen-Regel? Lassen Sie es uns an folgendem Gespräch verdeutlichen: »Was habt ihr heute im Sozialkundeunterricht durchgenommen?« – »Wir haben über den Ersten Weltkrieg gesprochen.« – »Was habt ihr denn im Einzelnen besprochen?« – »Ääh?« – »Welche Fragen habt ihr diskutiert – wie und warum er begonnen hat, wer daran beteiligt war, wie der Verlauf war, wo er

So funktioniert es

stattfand?« - »Ääh, es ging darum, wie er anfing.« – »War das der Krieg, wo jemand ermordet wurde und daraufhin ging es los?« – »Ja, es ging um den Erzford-Expedit… Dingsda.« – »Hmm, vielleicht der Erzherzog Ferdinand?« – »O ja, der wars.« – »Hat der Lehrer gesagt, ob das der wahre Grund war, warum der Krieg anfing?« – »Ääh, ich bin mir nicht sicher. Wir müssen als Hausaufgabe mehr darüber lesen.« – »In Ordnung, ich werde es zusammen mit dir durchgehen, wenn du fertig bist. Ich erinnere mich, dass wir dieses Zeug auch lernen mussten. Es würde mir Spaß machen, mein Gedächtnis etwas aufzufrischen – du weißt, wie oft ich Dinge vergesse!«

Je mehr das Kind über das Problem oder die Situation spricht, desto besser wird das Verständnis sein. Die Zwei-Fragen-Regel kann natürlich auch bei Auseinandersetzungen zwischen Geschwistern, Freunden usw. verwendet werden: »Was für ein Geschrei! Myrtle, was ist passiert?« – »Sie hat mich beschimpft.« – »Willow hat dich beschimpft. Was hat sie denn gesagt?« – »Es war ein schlimmes Wort, ein Fluch.« – »Wirklich! Nun, was war es genau?« – »Es war, ääh, gemein.« – »War es ein gemeines Wort oder hat sie dich gemein genannt?« – »Sie hat gesagt, ich bin gemein.« – »Myrtle, du weißt, dass das kein Fluch ist, auch wenn es natürlich nicht nett ist. Willow, was ist passiert, bevor ich hereinkam?« – »Sie hat mein Spiel ruiniert.« – »Wirklich? Wie? Was hat sie getan?« – »Sie hat versucht, meine Autos wegzunehmen.« – »Du meinst, sie kam und hat nach den Autos gegriffen?« – »Ja. Nein. Sie wollte, dass ich sie ihr alle gebe.« – »Und dann hat sie danach gegriffen?« – »Ja. Nein.« – »Meinst du ja oder nein? Hat sie nach den Autos gegriffen oder hat sie sie berührt?« – »Nein.« – »Was hast du gesagt?« – »Ich sagte: ›Geh weg.‹« – »Und was passierte dann?« – »Sie sagte, ich bin gemein. Und ich sagte, das bin ich nicht. Und sie sagte, doch, du bist es.« – »Nun, ich glaube, jetzt verstehe ich. Ihr beide habt Dinge gesagt, die nicht wirklich passiert sind. Willow hat dich nicht verflucht. Und Myrtle hat dein Spiel nicht ruiniert. Als sie dich nett gefragt hat, was hättest du da sagen können, um zu vermeiden, dass sie böse auf dich wird?« – »Einfach nein sagen?« – »Myrtle, hätte das geholfen?« – »Ja.« – »Und was hättest du tun können, als sie nein sagte, damit Willow nicht so böse auf dich geworden wäre?« – »Nicht sagen, dass sie gemein ist. Und es nicht immer wiederholen.« – »Ich bin stolz auf euch beide. Denkt daran, das nächste Mal werde ich euch fragen, was wirklich passiert ist.

Und ihr könnt uns allen eine Menge Zeit sparen, wenn ihr eure Geschichte so erzählt, als ob eine Videokamera im Zimmer gewesen wäre und alles aufgenommen hätte.«

Nachfragen, vor allem, wenn es mit den anderen Leitprinzipien *Nachfragen!* kombiniert wird, hilft den Kindern, sich über ihre eigenen Gedanken und Gefühle klar zu werden, und es hilft den Eltern zu verstehen, was eigentlich passiert ist. Wie beim Paraphrasieren besteht die Kunst darin, zu wissen, wann und wie viel man nachfragen soll. Deshalb ist es eine Zwei-Fragen-Regel und nicht eine Vier-Fragen-Regel. Im allgemeinen funktioniert es mit zwei aufeinanderfolgenden Fragen am besten.

Die Colombo-Technik

Die Colombo-Technik wurde nach dem Protagonisten der Fernsehserie »Inspektor Colombo« entwickelt. Colombo täuscht Verwirrung vor und stellt beiläufig viele Fragen. Er kratzt sich am Kopf und gibt vor, nicht richtig zu verstehen. Er wirkt nicht bedrohlich, und deshalb reagieren die von ihm befragten Personen nicht defensiv. Er weist auf Widersprüche in Zeugenaussagen hin oder lässt Verdächtige das Naheliegende erklären und erhält auf diese Weise entscheidende Informationen zur Lösung des Falls.

Diese Strategie ist besonders wirksam bei störrischen Kindern. *Wirkt besonders* Wenn beispielsweise zwei Geschwister gestritten haben und ein *bei störrischen* Kind erklärt, es sei von dem anderen ohne Grund geschlagen wor- *Kindern* den, könnten die Eltern vielleicht fragen: »Du meinst, er kam einfach und schlug dich? Hm, das ist merkwürdig. Wo warst du? Zeig es mir. Aha. Und von wo kam er? Da? Nicht da? Oder vielleicht da? Nun, was hast du gesagt, bevor er dich geschlagen hat?« Und so weiter. Durch diese Art der Befragung stellen Sie die Aussagen Ihres Kindes niemals direkt in Frage. Stattdessen lassen Sie Widersprüche deutlich werden oder erhalten auf Umwegen genügend Informationen, die das Kind veranlassen zu sagen, was wirklich passiert ist.

Bei der Colombo-Technik wird der andere nicht angegriffen. Sagen Sie beispielsweise niemals, »Nun komm schon, ich weiß, dass du lügst«, selbst wenn Sie wissen, dass nicht die Wahrheit gesagt wurde. Die Wahrheit wird durch sanftes Beharren aufgedeckt werden. Die Wahrheit wird ans Licht kommen, wenn die Menschen das Gefühl haben, es sei ungefährlich und in ihrem besten Interesse, wenn sie die Wahrheit sagen.

Das kann ein sehr zeitaufwendiger Prozess sein, aber wenn Sie als Eltern nicht wissen, was geschieht, lässt es sich auf diesem Weg oft am besten herausfinden. Widerspenstige Kinder werden umso störrischer, je mehr die Eltern drängen. Sie opponieren von Natur aus gern, und bei Anwendung der Colombo-Technik führt gerade dies dazu, es den »blöden« Erwachsenen zeigen zu wollen. Das kann dazu führen, dass sie ihnen schließlich »die Wahrheit zeigen«.

Langzeit-Tipps

Emotional intelligente Erziehung ist weder eine Modeerscheinung noch ein Trick oder eine Technik. Es ist eine besondere Art des Umgangs mit Kindern und eine spezielle Organisation des Haushalts. Sie werden nicht ständig alle Prinzipien anwenden. Das ist gar nicht nötig. Sie sollten sich nur bemühen, immer mehr Prinzipien immer häufiger umzusetzen. Ihre Kinder und auch Sie selbst werden davon profitieren. Zu diesem Zweck haben wir einige Leitprinzipien entwickelt, die langfristig eine emotional intelligente Erziehung ermöglichen.

Geduld und Ausdauer
Kindern beizubringen, wie sie wirksam Probleme lösen und verantwortungsbewusste Entscheidungen treffen können, ist ein langwieriger Prozess, der auf der Vermittlung komplexer Fähigkeiten beruht. Manchen Kindern fällt es leicht, diese Fertigkeiten zu erlernen, andere tun sich damit schwerer. Während manche Kinder sich selbst das Lesen beibringen, sind andere legasthenisch; manche Kinder entwickeln soziale Fähigkeiten ganz natürlich, während andere Schwierigkeiten haben, zwischenmenschliche Reaktionen und Zeichen zu interpretieren und sich so auszudrücken, dass ihre Bedürfnisse befriedigt werden können.

Diese Kinder leiden an »sozialer Legasthenie«, einer Art »sozialer Leseschwäche«. Genauso wie wir mehr Zeit und Mühe aufwenden müssen, um Legasthenikern Lesen beizubringen, kostet es auch mehr Zeit und Anstrengung, sozialen Legasthenikern soziale Kompetenz zu vermitteln. Es stimmt nicht, dass es ein »Kurzprogramm« gegen soziale Leseschwäche gibt. Die gute Nachricht ist, dass Fortschritte erzielt werden können, auch wenn es seine Zeit braucht.

Haben Sie mit sich und mit Ihren Kindern viel Geduld, wenn es um das Lehren und Erlernen dieser Fähigkeiten geht. Zur Geduld gehört auch Ausdauer. Je häufiger etwas zu verschiedenen Zeiten und aus unterschiedlichen Perspektiven gelehrt wird, desto größer ist die Chance, dass es in Fleisch und Blut übergeht. Nehmen Sie sich Zeit, um zu verstehen, was genau Ihr Kind Ihnen sagen möchte. Stellen Sie eine Frage und warten Sie die Antwort ab, erklären Sie Ihrem Kind, wenn es etwas nicht versteht, auch wenn es dadurch etwas länger dauert, als Sie gedacht hatten.

Lassen Sie in Ihren Bemühungen nicht nach. Diese Techniken sind nicht nur für eine spezielle Altersgruppe gedacht, sondern gelten für die gesamte Entwicklung Ihres Kindes. Die in diesem Buch dargestellten Strategien können Sie über viele Jahre anwenden – genauso wie die Ideen des Psychologen Dr. Haim G. Ginott, einem Experten für Lernprogramme für eine wirksame Verständigung zwischen Eltern und Kindern, und Dr. Barry Brazelton, einem berühmten Harvard-Pädiater. Wenn sie ein Buch gelesen oder einen Workshop für Erziehungsfragen mitgemacht haben, sind die meisten Eltern von den neuen Erkenntnissen begeistert. Oft handelt es sich jedoch nur um flüchtige Erfolge, und im Laufe der Zeit werden die neu erworbenen Fähigkeiten nicht mehr benutzt, oder sie sind zu schwierig, um konsequent angewendet werden zu können. Vielleicht vergessen die Eltern auch die neue Strategie und kehren zu altgewohnten Mustern zurück. Es ist in Ordnung, wenn Sie Teile des Buches nach sechs Monaten nachlesen müssen. Das bedeutet nicht, dass Sie alle sechs Monate eine neue Methode anwenden.

Nicht aufgeben, nachlesen!

Flexibilität und Kreativität

Wir wissen, wie hektisch es in vielen Familien zugeht, wieviel sie zu tun haben. Wir könnten Ihnen raten, die Dinge langsamer anzugehen, weniger Aktivitäten für Ihre Kinder zu planen, Zeit für sich selbst zu finden und jeden Tag eine Stunde damit zu verbringen, emotionale und soziale Fähigkeiten zu vermitteln, aber wir wissen, Sie würden das nicht tun – wir übrigens auch nicht. Deshalb müssen Sie Ihr Familienleben flexibel und kreativ gestalten und führen. Wir werden Ihnen zeigen, wie Sie sich mit diesen Fähigkeiten während des Abendessens, beim Einkaufen, beim Autofahren usw. beschäftigen können; und wenn Probleme entstehen, sollten Sie sich die Zeit nehmen, sie zu lösen. Wir halten es für sinnvoll, dass Sie die Methoden der emotional intelligenten Erziehung in Ihren Tagesablauf inte-

Realistisch bleiben

grieren und Ihrem Lebensstil anpassen, anstatt Ihr Leben dramatisch zu ändern. Um das zu erreichen, müssen Sie flexibel sein.

Die Familien, mit denen wir zusammenarbeiten, haben uns viel beigebracht. Mit ihrer Flexibilität und Kreativität haben sie ihre eigenen Techniken und Aktivitäten entwickelt. Wir haben diese Ideen beobachtet und gesammelt. Die in diesem Kapitel dargestellten Leitprinzipien können als Rohmaterial betrachtet werden, aus dem Sie mit Hilfe Ihrer Kreativität etwas schaffen können. Wir ermutigen Sie, eigene Methoden zur emotionalen Erziehung zu erarbeiten. Haben Sie einmal die Grundprinzipien verstanden, ist es nur eine Frage Ihrer Kreativität, wie Sie sie anwenden. Das macht auch mehr Spaß. Senden Sie uns Ihre Adaptationen, damit wir Material für unser nächstes Buch bekommen!

Entwickeln Sie eigene Methoden!

Entwicklungsanpassung

Emotional intelligente Erziehung ist ein langfristiges Ziel. Mit unseren Kindern müssen auch unsere Erziehungsmethoden wachsen. Wenn wir mehr als ein Kind haben, müssen wir uns speziell auf jedes Kind einstellen. Eltern können Ihre Kinder nicht alle gleich behandeln. Wenn unser zweites oder drittes Kind acht Jahre alt wird, ist es nicht dasselbe wie bei unserem ersten Kind, und auch als Eltern haben wir uns geändert. Und das ist gut so. Machen Sie sich zunutze, was das Leben Sie gelehrt hat.

Ein Wort zum Abschluss

Es ist nicht notwendig, ständig alle Leitprinzipien anzuwenden. Wir haben jedoch beobachtet, dass zu viele Eltern zu wenige Prinzipien befolgen. Wenn das geschieht, leiden die Kinder. Wir möchten eine bessere Balance schaffen, die Kindern hilft, sich sozial, emotional und intellektuell zu entwickeln. Beginnen Sie mit den Prinzipien, die Sie befolgen können, und fügen Sie dann weitere hinzu. Auf diese Weise können Sie das Wohlergehen Ihrer Kinder optimal fördern.

Beginnen Sie mit dem, was Sie können

Im nächsten Kapitel werden wir erläutern, wie Eltern ihren Haushalt organisieren können, damit die Kinder eine bessere Selbstkontrolle und Selbstdisziplin entwickeln und das Familienleben zumindest etwas friedlicher und reibungsloser abläuft.

An sich selbst arbeiten – mit emotionaler Intelligenz zur Disziplin

Mutter (ruhig): »Robbie, bitte, schrei deine Schwester bei Tisch nicht so an. Wenn sie dir die Kartoffeln nicht gegeben hat, um die du sie gebeten hast, dann frag eben noch mal.«

Mutter (einige Sekunden später, weniger ruhig und etwas lauter): »Robbie, dein Ton ist immer noch zu laut. Du musst freundlicher fragen!!«

Mutter (30 Sekunden später; das Gesicht ist puterrot, die Venen am Hals treten hervor und pulsieren; die Hände umklammern die Armlehne so fest, dass die Knöchel durch die Haut scheinen; die Stimme ist laut – sehr laut): »ROBBIE! GENUG IST GENUG. KANNST DU NICHT NORMAL REDEN, OHNE ZU SCHREIEN? DU MUSST LERNEN, DICH ABZUREGEN, WENN ETWAS NICHT SO LÄUFT, WIE DU WILLST!!!«

Wie steht's mit Ihnen? Wir wissen natürlich, dass Sie noch nie in einer solchen Lage waren, oder zumindest nicht so oft, nicht häufiger als einmal pro Woche oder vielleicht täglich; wir wissen außerdem, dass Sie Leute kennen, die sich ähnlich echauffiert haben wie die Mutter im obigen Beispiel.

Es entbehrt nicht einer gewissen Ironie, wenn Eltern ein Kind anschreien, damit es aufhört zu schreien, oder wenn Eltern ein Kind schlagen, weil es sein Geschwisterchen geschlagen hat. Wir sagen nicht, dass Eltern nicht schreien oder ihre Kinder nicht schlagen sollen. Das sind kontroverse Fragen, die noch nicht genügend erforscht sind. Aber denken Sie doch einmal darüber nach, was Kinder durch solche Verhaltensweisen ungewollt lernen. Vielleicht ziehen sie daraus die Lehre, dass man jemanden einschüchtern muss, um bei ihm etwas durchzusetzen. Und das entspricht wahrscheinlich nicht dem, was die Eltern ihren Kindern beibringen möchten, selbst wenn diese Strategie manchmal zu »funktionieren« scheint.

Viele Eltern wenden sogenannte »normale Disziplinierungs- »Normale Disziplinierungs- techniken«
techniken« an. Dabei handelt es sich im allgemeinen um Metho-
den, mit denen sie von ihren Eltern erzogen wurden, einschließlich
alter Standardmaßnahmen wie schreien, verprügeln, drohen, eine
Standpauke halten, Dinge wegnehmen und andere Bestrafungen.
Und was lernt ein Kind aus alledem? »Du hast deinen Bruder geschlagen, deshalb bekommst du keinen Nachtisch.« Was hat
Schlagen mit Essen zu tun? Vielleicht müsste das Kind dann nur einen anderen Zeitpunkt für das Schlagen wählen und seinen Bruder
nach dem Dessert verprügeln.

Unsere Kinder leben in einer komplizierten Zeit, deshalb ist es
umso wichtiger, wie sich die Eltern als Vorbilder in Disziplinie-
rungssituationen verhalten. In diesem Kapitel geben wir einen
Überblick über die vier Grundstrategien, die viele Eltern für wirksamer als die »normalen Disziplinierungstechniken« halten, vor allem, wenn es um schwierige Kinder geht. »Pflegeleichte« Kinder
reagieren auf fast alle Maßnahmen, manchmal ist nur ein »Blick«
notwendig. Sie kennen diesen »Blick« – Vater oder Mutter haben
ihn vielleicht, bestimmte Lehrer haben ihn; er lässt einem das Blut
in den Adern gefrieren, und man fühlt sich schuldig, schuldig wegen all der Dinge, die man jemals getan oder auch nicht getan hat.
Unsere vier Strategien helfen allen Kindern, soziales Bewusstsein,
emotionale Sensibilität und Selbstkontrolle zu entwickeln. Bei
schwierigen Kindern werden Sie diese Strategien konsequenter
und geduldiger anwenden müssen.

Auch wenn Sie mit diesen Strategien vertraut sind, so gibt es
vielleicht doch kleine Unterschiede im Vergleich dazu, wie Sie bisher von Ihnen angewendet wurden oder was Sie darüber gehört haben. Diese Strategien sind keine Bestrafungen, sondern Methoden,
um Kindern Respekt, Verantwortungsbewusstsein, Selbstbeherrschung, Selbsterkenntnis und Kooperationsbereitschaft beizubringen. Der Unterschied zwischen Disziplinieren (= »schulen«, »erziehen«) und Bestrafen (= »Schmerzen zufügen«) hängt davon ab,
wie die Eltern über diese Techniken denken und wie sie angewendet werden.

Die wichtigsten Prinzipien der emotionalen Intelligenz, die in diesem Kapitel besprochen werden

▶ 1. Erkenne deine eigenen Gefühle und die Gefühle anderer.
2. Zeige Empathie und verstehe die Sichtweisen anderer.
▶ 3. Kontrolliere Emotionen und Impulse und gehe positiv damit um.
▶ 4. Sei positiv ziel- und planorientiert.
5. Zeige soziale Kompetenz im Umgang mit anderen.

Die dargestellten Prinzipien der emotionalen Intelligenz helfen Eltern,

- ihre eigenen Gefühle und die Gefühle ihrer Kinder zu erkennen,
- Strategien zu benutzen, die es ihren Kindern erlauben, mit ihren starken Emotionen und Impulsen positiv lernorientiert umzugehen und
- ihre Kinder zu »erziehen«, anstatt sie zu »bestrafen«.

Weniger Konflikte durch Erziehen, statt Bestrafen

Ein mögliches Nebenprodukt dieser Prinzipien besteht darin, dass Konflikte innerhalb der Familie abnehmen. Wie ist das möglich? In Familien, in denen die Kinder außer Kontrolle sind und die Eltern als Despoten gelten, ist es sehr unwahrscheinlich, dass Familienprobleme konstruktiv und geduldig gelöst und verantwortungsbewusste Entscheidungen getroffen werden. Bei schweren Konflikten kommt es zu Machtkämpfen zwischen Eltern und Kindern. Es gibt »Gewinner« und »Verlierer« und die Suche nach »Rache« wird begünstigt. Um Problemlösungsstrategien zu erlernen, müssen Kinder die Überzeugung und das Gefühl haben, dass die Eltern »auf ihrer Seite« sind. Dazu benötigt man verschiedene Werte wie »Aufrichtigkeit«, »Vertrauen« und »Offenheit«. Die Disziplinierungsstrategien, die in diesem Kapitel dargestellt werden, sollen zuallererst die Beziehungen unter den Familienmitgliedern verbessern.

Loben und Prioritäten setzen

Wir Menschen sind soziale Wesen und brauchen einander, um unsere kollektiven ökonomischen Bedürfnisse und unseren Wunsch nach Liebe und menschlicher Nähe zu erfüllen. Außerdem brauchen wir einander, um mit dem alltäglichen Leben fertig zu werden. Babys in Waisenhäusern sterben nicht aus Mangel an Nahrung, Unterkunft und Kleidung, sondern weil sie den Klang der menschlichen Stimme, Berührung und Liebe vermissen. Wir alle brauchen Aufmerksamkeit, Kontakt mit anderen Menschen und liebevolle Beziehungen. Wir sind der Ansicht, dass das Verhalten von Kindern vor allem durch die Suche nach Liebe und Aufmerksamkeit bestimmt wird. Eltern wundern sich oft: »Warum macht er so etwas, um Aufmerksamkeit zu erregen? Ich habe schon so viel Zeit mit ihm verbracht, und wenn er ein Problem hat, scheint die ganze Familie um ihn herum zu rotieren. Wie viel Aufmerksamkeit braucht das Kind denn noch?«

Soziale Wesen brauchen Kontakt zueinander

Nach einer üppigen Mahlzeit erreichen wir einen Punkt, an dem wir genug haben – so verführerisch das Dessert auch sein mag. Kinder werden jedoch nur selten sagen: »Mami, du hast mir heute schon genügend Aufmerksamkeit geschenkt. Ich werde jetzt ruhig alleine spielen und dich deine Arbeit erledigen lassen.« Kinder lieben Aufmerksamkeit von Natur aus so sehr, dass sie nie genug zu bekommen scheinen. Je mehr negative Aufmerksamkeit sie jedoch bekommen, desto unsicherer werden sie, woraufhin sie noch mehr Aufmerksamkeit geschenkt bekommen möchten. Daraus kann sich ein Teufelskreis entwickeln, weil negative Aufmerksamkeit nicht annähernd so befriedigend ist wie positive Aufmerksamkeit.

Positive versus negative Aufmerksamkeit

Es kümmert Kinder anscheinend nicht, welche Art von Aufmerksamkeit man ihnen schenkt, positive oder negative. Die Mutter kann das Kind beispielsweise anschreien, aber es hört nicht auf mit seinem unartigen Verhalten. Eltern fragen sich oft, warum ihr Kind sie so in Rage bringt, dass sie es anschreien. Vielleicht will es damit erreichen, dass sie ihm Aufmerksamkeit schenken. Die tiefere Ursache liegt darin, dass Kinder nicht die emotionale Intelligenz besitzen, um sich so zu verhalten, dass sie positive Zuwendung von ihren Eltern bekommen, oder die »Antennen« der Eltern brauchen eine »EQ-Anpassung«, um die kindlichen Bemühungen um positive Aufmerksamkeit besser zu registrieren.

Beliebte Methoden, mit denen Eltern ihren Kindern negative Aufmerksamkeit schenken:

- Abkanzeln
- Nörgeln
- Ausschimpfen
- Anschreien

Reaktionen der Kinder:

- Eltern nicht beachten
- Ein Lied summen
- Weglaufen oder den Eltern ausweichen
- Mit dem negativen Verhalten, das die Eltern verärgert hat, fortfahren

Neuausrichten Ihrer Antennen auf positive Aufmerksamkeit

Wir schenken unseren Kindern normalerweise positive Aufmerksamkeit, wenn sie sich gut benehmen, und entziehen ihnen unsere Aufmerksamkeit wegen unangemessenem, aber harmlosem Verhalten, das uns verärgert. Wenn Kinder sich extrem schlecht benehmen, entziehen die Eltern ihnen normalerweise völlig ihre positive Aufmerksamkeit und schenken ihnen dafür negative Aufmerksamkeit in Form von Nörgeln, Schimpfen, Abkanzeln oder Anschreien. Eltern sollten die negative Aufmerksamkeit, die ihre Kinder erhalten, so weit wie möglich reduzieren, da dies zu verstärkten Konflikten innerhalb der Familie führt und die Selbstachtung von Eltern und Kindern mindert. Warum? Negative Aufmerksamkeit kann zur Gewohnheit werden. Eltern möchten sicher nicht, dass es zu einem Verhaltensmuster kommt, bei dem sie ihre Kinder ständig anschreien oder an ihnen herumnörgeln müssen, damit diese einer Aufforderung nachkommen. Verstehen Eltern die zugrunde liegenden Prinzipien, dann haben sie viel mehr Möglichkeiten, kindlichem Fehlverhalten zu begegnen.

Negative Aufmerksamkeit möglichst reduzieren

Lob gilt bei Eltern normalerweise nicht als Erziehungsstrategie. Alle Eltern loben, aber sie tun es reaktiv, d. h., wenn ihr Kind beispielsweise eine gute Note für eine Klassenarbeit erhält. Manche Eltern loben ständig: »Das ist großartig.« – »Toll.« – »Ich bin sehr stolz auf dich.« Unserer Erfahrung nach unterschätzen Eltern die Macht des Lobes. Wir möchten Sie ermutigen, in Bezug auf positive Aufmerksamkeit und Lob gezielt vorzugehen. Geben Sie Ihrem Kind bestimmte Verhaltensweisen vor, auf die Sie mit positiver Aufmerksamkeit reagieren werden. Achten Sie auf Gelegenheiten, dieses Verhalten zu loben. Es ist in Ordnung, kleine Verhaltensänderungen anzustreben, z.B. freundlich mit den Geschwistern sprechen, die Turnschuhe an ihren Platz zurückstellen. Spielsachen wegräumen. Beachten Sie dabei Folgendes: Geben Sie Ihrem Kind immer klar zu verstehen, welches spezielle Verhalten Sie loben. Allgemeine Phrasen wie »toll« und »gut« wirken zwar ermutigend, aber sie helfen den Kindern nicht herauszufinden, welches Verhalten ihre Eltern von ihnen öfter erwarten.

Merke! Geben Sie Ihrem Kind immer klar zu verstehen, welches spezielle Verhalten Sie loben.

Es ist vor allem wichtig, dass Sie Verhaltensweisen loben, die das Gegenteil von dem sind, was Sie Ihrem Kind abgewöhnen möchten. Wir arbeiteten beispielsweise mit einer Familie zusammen, in der die ständigen Streitereien unter den Geschwistern die Eltern zur Verzweiflung brachten. Als sie zur Beratung kamen, sagten die Eltern: »Sie streiten sich immer.« – »Immer?« – »Ja, immer. Es herrscht niemals Frieden.« – »Kein Frieden? Wie schrecklich. Schlafen sie nie?« – »Natürlich schlafen sie.« – »Wurden sie von der Schule gewiesen?« – »Nein, sie würden das niemals in der Schule tun. Nur untereinander.« – »Wo sind sie jetzt?« – »Sie sind im Warteraum.« – »Oh, ich kann sie nicht hören. Sind sie ruhig, wenn sie streiten?« – »Sie sind extrem laut.« – »Nun, sie scheinen jetzt nicht zu streiten.« – »Natürlich nicht …«

Immer ein spezielles Verhalten loben

Diesem Gespräch konnten wir entnehmen, dass es Zeiten gab, zu denen die Kinder nicht stritten. Wir rieten den Eltern, nach Beispielen von Kooperation oder zumindest friedlicher Koexistenz Ausschau zu halten und dann die Kinder zu loben, wenn sie miteinander auskamen. Sie sollten ganz gezielt bestimmte Verhaltensweisen (»Du sitzt so nett mit deiner Schwester zusammen«) und nicht allgemeine Eigenschaften (»Du bist ein guter Junge«) loben. Durch spezifisches Lob erhalten Kinder eine exakte Information

Exakte Information durch spezifisches Lob

darüber, was lobenswert ist, um es wiederholen zu können. Durch Lob können Sie außerdem Ihre Wertvorstellungen und Dinge vermitteln, die Ihnen wichtig sind. Loben Sie ein Kind dafür, weil es etwas mit einem anderen geteilt hat, so vermitteln Sie ihm dadurch, dass Freundlichkeit und Großzügigkeit gegenüber anderen wichtig sind. Außerdem lernt das Kind, dass es dadurch seinen Eltern Freude bereitet, und fühlt sich selbst gut dabei.

Keine Halbherzigkeiten! Eltern ignorieren oft angemessenes Verhalten, loben es halbherzig oder loben nur mit allgemeinen Phrasen. Wir sagen den Eltern, dass es wichtig ist, konsequent zu sein, und dass es mindestens einige Wochen dauern wird, bevor sie damit richtig umgehen können und erste Ergebnisse sehen.

Tipps für richtiges Loben

Es ist wichtig, vorbehaltlos zu loben. Fügen Sie also dem Lob nicht ein »Aber« oder »Warum« hinzu (»Aber was ist damit?« oder »Warum kannst du das nicht immer so machen?«).

Wir wollen die oben beschriebenen streitenden Geschwister in vier verschiedenen Situationen beobachten:

1. Eines der Kinder hilft dem anderen, eine Zeitschrift zu finden, ohne dass es gebeten wurde.
2. Die Geschwister sitzen alle am Esstisch im Wohnzimmer und machen ihre Schulaufgaben – und sie tun es wirklich.
3. Nach dem Abendessen stehen sie alle auf, bringen ihre Teller in die Küche und stellen sie in das Spülbecken, ohne darum gebeten worden zu sein und ohne sich anzurempeln oder zu schubsen.
4. Zwei Kinder, die sich ein Zimmer teilen, räumen auf, nachdem sie darum gebeten wurden, und es gibt keine Probleme, während sie es tun.

Überlegen Sie, wie Sie die Kinder in jeder dieser Situationen loben könnten, und schauen Sie sich jetzt zum Vergleich unsere Beispiele an:

So kann es in der Praxis aussehen
1. »Es gefällt mir, wie ihr euch gegenseitig helft.«
2. »Es war wirklich gut, wie ihr zusammen Schulaufgaben gemacht habt, ohne euch zu streiten. Klasse!«
3. »Danke, dass ihr eure Teller zurück in die Küche gebracht und vorsichtig ins Spülbecken gestellt habt.«

4. »Ihr habt wirklich gut zusammen aufgeräumt, und euer Zimmer sieht sehr schön aus!«

Anhand der folgenden Beispiele wollen wir Ihnen zeigen, wie leicht sich das Lob rückgängig machen lässt, wenn man »aber« und »warum« hinzufügt:

1. »Es gefällt mir, wie ihr euch gegenseitig helft. Warum könnt ihr das nicht immer tun?«

Was »wenn« und »aber« anrichten

2. »Es war wirklich gut, wie ihr zusammen Schulaufgaben gemacht habt, ohne euch zu streiten, aber ihr hättet noch zehnmal mehr erledigen können, wenn ihr nicht so viel geredet hättet.«
3. »Danke, dass ihr eure Teller zurück in die Küche gebracht und vorsichtig ins Spülbecken gestellt habt. Warum macht ihr das nicht jeden Abend?«
4. »Ihr habt wirklich gut zusammen aufgeräumt, und euer Zimmer sieht sehr schön aus, aber ihr habt die Frisierkommode nicht abgestaubt, worum ich euch gebeten hatte.«

Sie können deutlich erkennen, dass das Lob durch Hinzufügen dieser Wörter zur Kritik oder Ermahnung wird. Es gibt Gelegenheiten, wo Lob angebracht ist, und andere, zu denen Kritik angemessen erscheint. Vermischen Sie nicht beides. Verteilen Sie Lob »pur«, dann wirkt es stärker.

Ignorieren ist schwieriger, als Sie denken

Irritation ist nicht nur eine Hautreaktion. Eltern reagieren gereizt, wenn Kinder Dinge tun, die sie ärgern, aufregen oder enttäuschen. Bei einer Hautreizung reiben oder kratzen wir häufig. Das bringt keine Heilung und verschlimmert oft den Zustand, bringt jedoch kurzfristig Erleichterung. Wenn unsere Kinder uns reizen, »kratzen« wir ebenfalls, indem wir unsere Verärgerung verbal äußern oder nonverbal, indem wir die Augen verdrehen bzw. den Kopf schütteln.

Versuchen Sie, kindliche Irritationen zu ignorieren. Harmloses, aber ärgerliches Verhalten, wie z.B. quengeln, stören, einen Koller kriegen und herumnörgeln, sollten Sie ignorieren. Allerdings ist es wie bei einer juckenden Hautreizung sehr schwierig, kindliches Fehlverhalten zu ignorieren. So paradox es ist, aber es fällt schwerer, zu ignorieren, als etwas zu tun. Ignorieren erfordert viel Mühe und emotionale Intelligenz.

Ignorieren erfordert viel Selbstbeherrschung

Um ignorieren zu können, werden Sie sehr viel Selbstbeherrschung benötigen. Bereiten Sie sich innerlich darauf vor. Sie müssen Ihr Ziel, ruhig zu bleiben, immer vor Augen haben, wenn Sie sich ärgern und auf eine weitere Eskalation vorbereiten. Wenn ein Verhalten nicht beachtet wird, werden Kinder zunächst ihr unangemessenes Benehmen intensivieren, bevor sie schließlich damit aufhören. Das hängt mit erlernten Mechanismen zusammen und ist kein Komplott Ihres Kindes, um Sie wahnsinnig zu machen. Wenn Sie beispielsweise den Zündschlüssel im Auto betätigen, erwarten Sie, dass der Motor anspringt. Tut er das nicht, drehen Sie den Zündschlüssel wieder und wieder etwas länger, etwas kräftiger und treten aufs Gaspedal. Wenn Sie etwas tun, damit etwas geschieht, und das erwartete Ergebnis wird nicht erzielt, dann verstärken Sie Ihr anfängliches Tun. Sie denken, *das hat früher funktioniert, also sollte es jetzt auch funktionieren.* Kinder denken ähnlich. Wenn Sie einen Wutanfall ignorieren, dann überlegt das Kind, dass es früher dadurch Ihre Aufmerksamkeit gewonnen hat, und nimmt an, dass es auch jetzt wieder klappen wird. Reagieren Sie nicht, so wird sich das Kind immer lauter und heftiger gebärden – bis es entweder aufhört, weil es merkt, dass es keinen Erfolg hat, oder es versucht etwas anderes, etwa indem es Sie mit Gegenständen bewirft – und das kann nicht ignoriert werden, weil es nicht mehr harmlos ist. Wir werden am Schluss dieses Kapitels über die möglichen Reaktionen auf ein solches Verhalten sprechen.

Richtig ignorieren

Was müssen Sie beim »Ignorieren« beachten? Ignorieren bedeutet: keinen Augenkontakt, keine bösen Blicke, keine Vorwürfe, nicht die Augen verdrehen, nicht vor sich hin murmeln, nicht seufzen – kurzum keinerlei Aufmerksamkeit schenken. Sie können die Kinder darüber informieren, dass sie ignoriert werden. Sobald das Kind das unangemessene Verhalten aufgibt, sollten Sie es loben, wenn es sich gut benimmt.

Was bringt Sie auf die Palme?

Zur Entwicklung ihrer emotionalen Intelligenz empfehlen wir Eltern, eine Liste von Dingen zu erstellen, die sie an ihren Kindern stören, wie z. B. Streit unter Geschwistern, nicht zuhören, herumtrödeln beim Anziehen, über die Schulaufgaben klagen. Ordnen Sie Ihre Liste der Priorität nach vom wichtigsten Störverhalten (1. Stelle)

bis zum unwichtigsten Verhalten (letzte Stelle). In einer parallel ge-
führten Liste notieren Sie das entgegengesetzte Verhalten – z.B.
könnten Sie anstatt »Streit unter Geschwistern« schreiben: »gut miteinander auskommen«. Diese parallel geführte Liste verdeutlicht Ihnen, welche Dinge lobenswert sind – angeordnet in derselben Reihenfolge wie oben: höchste Priorität (1. Stelle) bis niedrigste Priorität
(letzte Stelle).

Feedback und Selbsterkenntnis

Kinder sind unserer Ansicht nach grundsätzlich gut, können richtig
und falsch unterscheiden und möchten das Richtige tun. Um dies
zu bewerkstelligen, müssen sie ihre Gefühle wahrnehmen und ihre
Impulse zügeln können, Ziele und Pläne haben, die Gefühle anderer verstehen und über soziale Kompetenz verfügen, das heißt, sie
müssen emotionale Intelligenz besitzen. Sie können Ihren Kindern
helfen, neue Fähigkeiten zu entwickeln, indem Sie ihnen ein Feedback über ihr Verhalten geben. Eltern können dadurch ein bestimmtes Verhalten objektiver beurteilen und erkennen, wie
schlecht es wirklich ist und ob es sich bessert oder nicht:

*Feedback hilft,
neue Fähigkeiten
zu entwickeln*

Mutter: »Du hast im ganzen Haus Krümel verstreut.«
Kind: »Tut mir leid.« Oder: »Ich war's nicht.« Oder: »Es war mein
  Bruder.«

Was das Kind wirklich sagen wollte, aber entweder nicht konnte
oder klug genug war, nicht zu sagen, könnte folgendermaßen lauten: »Wirklich? Nun, lass es uns objektiv betrachten. Ich habe hier
einen Müsli-Riegel. Er ist weich, klebrig und erzeugt weniger Krümel als Chips oder Salzbrezeln. Aber Krümel können vorkommen.
Nun wollen wir überprüfen, wohin ich mit dem Objekt des Ansto-
ßes gegangen bin. Ich habe den Riegel in der Küche ausgepackt.
Dort habe ich ein Stück abgebissen. In diesem Augenblick war ich
in der Nähe des Spülbeckens. Ich habe dann vier Schritte ins Wohnzimmer gemacht, wo noch ein Stück abgebissen wurde. Dann habe
ich sieben weitere Schritte gemacht, wobei gekaut wurde, bis ich
die Hintertür erreicht hatte. In diesem Moment hast du deine falsche Anklage erhoben. Wenn sich unser Haus nicht drastisch ver-

kleinert hat und du das ganze obere Stockwerk, Wohnzimmer, Flur, Treppe, Untergeschoss und Veranda nicht untervermietet hast, dann sind Krümel nicht im ganzen Haus verstreut worden. Die Zone der größten Krümeldichte müsste dort sein, wo ich vom Riegel abgebissen habe und kann klar umrissen werden. Ich kann nicht verstehen, warum du diese Aussage machst, es sei denn, du bist dir über die Größe deines eigenen Hauses nicht im Klaren oder nimmst wirklich an, dass ich im ganzen Haus herumgelaufen bin und den Müsli-Riegel absichtlich zerbröselt habe, oder du wolltest mich nur zu Unrecht anklagen und die Angelegenheit schlimmer klingen lassen, als sie ist. Das Ganze ist mir ein Rätsel. Möchtest du, dass ich überall da saubermache, wo die Krümel sein könnten, und das nächste Mal versuche, nur in der Küche zu krümeln? Das könnte ich verstehen und mich einverstanden erklären.«

Verhaltensweisen kontrollieren kann Kraft kosten

Es kann sehr mühsam sein, Verhaltensweisen zu kontrollieren. Das erfordert Organisation, Ausdauer und Beständigkeit. Wenn Sie dabei nicht konsequent sind, vermitteln Sie Ihrem Kind die Botschaft, dass Ihnen die Angelegenheit nicht wichtig genug ist, um Ihren Teil dazu beizutragen.

Die meisten Verhaltensweisen lassen sich tabellarisch festhalten.

Ziele

Setzen Sie sich Ziele. Auf welche Verhaltensweisen möchten Sie sich konzentrieren? Sie sollten sie idealerweise positiv formulieren. Wir empfehlen Ihnen, zunächst ein bis drei Ziele auszuwählen, je nachdem, wie konsequent Sie sein können. Sobald diese Ziele erreicht worden sind, können andere hinzugefügt oder integriert werden.

Beispiele für mögliche Ziele: Mit den Geschwistern teilen, gute Tischmanieren oder die Hausaufgaben allein erledigen. Wir halten es für wichtig, die Ziele positiv zu umschreiben, z. B. »Spiel schön.« Wir möchten positives Verhalten verstärken. Es kann aber auch sinnvoll sein, negatives Verhalten aufzuspüren. Wenn Sie das tun, dann gleichen Sie es durch etwas Positives aus. »Schlagen« kann beispielsweise durch »helfen« ausgeglichen werden. Denken Sie daran: In diesem Stadium versuchen die Eltern nicht, etwas zu ändern, sondern sie möchten nur herausbekommen, was, wie oft, wann und wo passiert.

Zeitlicher Rahmen

Der gewählte zeitliche Rahmen hängt von den Zielen ab. Sind Hausaufgaben das Ziel, dann kann z.B. der Nachmittag oder der Abend, d. h. die Zeit nach der Schule oder nach dem Abendessen gewählt werden. Sind Tischmanieren das Ziel, dann können Sie für jeden Tag »Frühstück«, »Mittagessen« und »Abendessen« eintragen.

Bewertungssystem

Das Bewertungssystem richtet sich ebenfalls nach den gewählten Zielen. Bei einigen Zielen können Sie die täglich erreichte Anzahl addieren und in den entsprechenden Kästchen vermerken. Bei negativem Verhalten ist es manchmal praktischer, Punkte abzuziehen. Zeichnen Sie z.B. zehn »lachende Gesichter« in ein Ziel-Zeit-Quadrat, und jedes Mal, wenn das Kind negatives Verhalten zeigt, etwa indem es seine Schwester schlägt, wird ein lachendes Gesicht durchgestrichen oder durch ein trauriges ersetzt. Auch schulische Erfolge oder Misserfolge können durch solche Tabellen dokumentiert werden.

Das Ziel bestimmt das Bewertungssystem

»Wie war es heute in der Schule?«, möchte die Mutter wissen. »Gut«, lautet die Antwort. »Was hast du gemacht?« – »Nichts.« – »Gab es Probleme?« – »Nein.« Um ausführlichere Informationen zu erhalten, tragen Sie schulische Dinge in eine Tabelle (s. o.) ein. Dann können Sie sich ein Bild über den Leistungsstand Ihres Kindes machen und dessen Erfolge loben bzw. ihm bei Defiziten helfen.

Innere Motivation – Bewertung ohne Belohnung

Viele Eltern, die das Verhalten ihrer Kinder auf die oben geschilderte Weise erfassen, machen den Fehler, angemessenes Verhalten sofort zu belohnen. Das lehnen wir strikt ab. Für uns ist die Motivation ein erstrebenswertes Ziel. Betrachten Sie dazu Abbildung 1. Der äußere Ring repräsentiert materielle Motivation – du tust etwas, um etwas dafür zu bekommen. Soziale Motivation, der mittlere Ring, bedeutet, dass wir etwas tun, um mit anderen zusammen zu sein oder von Menschen anerkannt zu werden, die uns viel bedeuten oder die wir beeindrucken möchten.

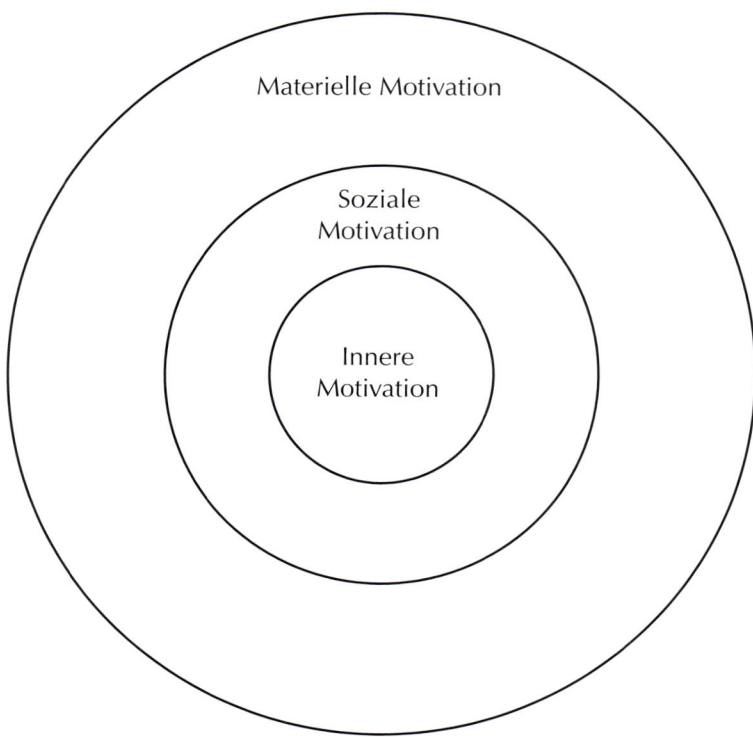

Materielle Motivation

Soziale Motivation

Innere Motivation

An das Streben nach Erfolg appellieren

Als Ziel für unsere Kinder streben wir innere Motivation an. Wenn Kinder aus eigenem Antrieb etwas tun, weil sie sich dadurch gut fühlen und auf ihre Leistungen stolz sind, dann wird nichts sie davon abhalten. Sie werden es tun, weil sie es tun wollen. Wenn wir unseren Kindern ihre Leistungen vor Augen halten, dann appellieren wir an ihr tief im Innern verwurzeltes Streben nach Erfolg.

Was fasziniert Kinder so an Videospielen? Sie wollen möglichst viele Punkte machen. Ihre Motivation ist ein hoher Punktestand, weil es sie befriedigt, gut abzuschneiden.

Wenn Sie Verhaltensweisen beobachten und protokollieren, wird es häufig dazu kommen, dass Sie Ihr Verhalten ändern. Nehmen wir an, Sie wollen abnehmen und schreiben deshalb (ehrlich) alles auf, was Sie zu sich nehmen: Bald werden Sie erkennen, was *Aufschreiben hilft bewusst machen* Sie lieber bleiben lassen sollten. Wenn Sie weniger Geld ausgeben möchten, schreiben Sie ebenfalls detailliert alles auf, was Sie kaufen. Sie werden feststellen, dass Sie viel Unnützes gekauft haben. Indem wir Verhaltensweisen aufzeichnen, machen wir sie uns stärker bewusst.

Unsere Kinder haben normalerweise keine große Lust, über ihre Aktivitäten Protokoll zu führen, aber wenn sie wissen, dass es eine Tabelle gibt, die von den Eltern überprüft wird, dann werden sie etwas nachdenklicher – ein Merkmal emotionaler Intelligenz – und weniger impulsiv.

Soziale Motivation ergibt sich meistens ganz natürlich und hilft dem Kind, innere Motivation zu entwickeln. Wenn Kinder sich gut verhalten, bekommen sie positives Feedback von den Menschen in ihrer Umgebung. So geht es nun einmal zu in der Welt: Sei nett, und die Leute werden nett zu dir sein.

Materielle Motivation ist am weitesten von dem entfernt, was wir anstreben. Kinder, die auf diese Weise motiviert werden, tun Dinge nicht, weil sie sich gut dabei fühlen oder anderen einen Gefallen tun wollen, sondern weil sie etwas dafür bekommen. Geben Sie ihnen nichts mehr, dann werden die Kinder das, wofür sie belohnt worden waren, nicht mehr tun – was immer es auch gewesen sein mag. Wenn wir möchten, dass unsere Kinder gutes Benehmen verinnerlichen und es ihnen in Fleisch und Blut übergeht, dann werden wir das nicht durch materielle Belohnung erreichen. Leute, die ihren Job gekündigt haben, tun das – wie eine Studie gezeigt hat – häufig nicht wegen des Geldes, sondern weil sie keine persönliche Erfüllung oder Anerkennung fanden.

Wenn Sie Kindern mit innerer Motivation einen äußeren Anreiz geben, nehmen Sie ihnen dadurch ihre innere Motivation. Wenn ein Kind Ihnen gern in der Küche hilft (manche Kinder tun das wirklich) und Sie bezahlen es auf einmal, dann zerstören Sie dadurch seine innere Befriedigung, Ihnen zu helfen. Hören Sie plötzlich damit auf, das Kind zu bezahlen, dann verringern Sie seine Motivation, Ihnen zu helfen.

Äußere Anreize zerstören innere Motivation

Andererseits können materielle Belohnungen unter bestimmten Umständen nützlich sein. Nehmen wir z.B. ein Kind, das wegen einer nicht erkannten Lernschwäche große Probleme in der Schule hatte. Dieser Junge wollte keine Schulaufgaben machen, weil sie für ihn Frustration und Misserfolg bedeuteten. Er konnte Schulaufgaben nicht mit Stolz und Leistung in Verbindung bringen. Alle Versuche der Eltern, das Erledigen der Schulaufgaben erfolgsorientiert zu gestalten und entsprechendes Verhalten zu loben, schlugen fehl und es kam immer wieder zu Auseinandersetzungen nach dem Motto »Ich bin lieber böse als dumm«. Um den Jungen zum Arbeiten zu bewegen, durfte er nicht länger im Mittelpunkt stehen, sondern die Aufmerksamkeit musste auf eine äußere Belohnung gelenkt werden. Er würde die Schulaufgaben also nicht um seiner selbst oder der elterlichen Anerkennung willen erledigen, sondern um einen Preis dafür zu erhalten, weil Erfolg oder Misserfolg nicht an sein Selbstwertgefühl, sondern an eine äußere Belohnung geknüpft war. Als Belohnung sollte etwas gewählt werden, was er sich wirklich wünschte. Nachdem er sich seinen Preis verdient hatte, konnten wir ihm allmählich begreiflich machen, dass er die Schulaufgaben wirklich bewältigen konnte. Dadurch kam es zu einer Veränderung seiner Selbstwahrnehmung, indem er sich nicht mehr als Versager, sondern als einen kompetenten Menschen sah, der etwas erreichen konnte. Auf dieser Grundlage konnten sich Selbstrespekt und innere Motivation entwickeln.

Materielle Belohnung nur für den Anfang…

Materielle Belohnung kann auch angewendet werden, wenn Sie relativ sicher sein können, dass sich innere Motivation einstellt, nachdem das angemessene Verhalten erreicht worden ist. Deshalb können Belohnungen beispielsweise beim Toilettentraining sinnvoll sein. Wenn das Kind einen bestimmten Entwicklungsstand erreicht hat, ist er oder sie stolz darauf, ein »großer Junge« bzw. »großes Mädchen« zu sein und positive Aufmerksamkeit von anderen zu bekommen. Materielle Belohnungen können auch dazu dienen, zaghaften Kindern »über den Berg« zu helfen. Einem schüchternen oder gehemmten Kind können Sie etwas als Ansporn geben, damit es z. B. bei einer Gruppenaktivität mitmacht, weil Sie wissen, dass es nach anfänglicher Überwindung großen Spaß daran haben wird. Wenn Sie ihm die Belohnung nicht mehr geben, wird es dann aus eigenem Antrieb mitmachen. Beim Einsatz materieller Belohnungen sollten Sie darauf achten, dass sie langsam reduziert werden, sobald das Kind Erfolg verspürt und Selbstachtung gewinnt. Sie sollten stets daran denken, dass sie niemals als erste Maßnahme eingesetzt werden, sondern als letzter Ausweg gelten sollten.

… und langsam reduzieren

Merke! Streben Sie als Ziel für Ihre Kinder die innere Motivation an. Wenn Kinder aus eigenem Antrieb etwas tun, weil sie sich dadurch gut fühlen und auf ihre Leistungen stolz sind, dann wird nichts sie davon abhalten. Sie werden es tun, weil sie es tun wollen.

Das hat Folgen…

Was immer wir tun, alles hat Folgen, manche sind positiv, andere negativ, manche vorhersehbar, andere unvorhersehbar. Es ist wichtig, dass Kinder etwas über die Folgen ihrer Handlungen lernen. Indem Sie das Prinzip »Alles hat Folgen« anwenden, helfen Eltern ihren Kindern, die Konsequenzen ihrer Handlungen vorherzusehen und Verantwortung dafür zu übernehmen.

Befehle und Drohungen, wie z. B. »Wenn du das nicht machst, passiert was«, rufen automatisch »Opposition« hervor. Werden wir eingeschüchtert oder herumkommandiert, ist unsere natürliche Reaktion, nein zu sagen. Droht die Mutter, »Wenn du nicht sofort dein Zimmer aufräumst, bekommst du Stubenarrest«, dann fängt das Kind häufig reflexartig an zu schreien, Einwände zu machen oder sich zu weigern. Sie können das Kind natürlich zwingen, sein Zimmer aufzuräumen, aber möchten Sie wirklich, dass es auf diese Weise geschieht? Sollten Sie diese rhetorische Frage gerade mit »Ja« beantwortet haben, lesen Sie bitte noch einmal das erste Kapitel!

Wenn wir unseren Kindern – ohne ihnen zu drohen – die Folgen ihrer Handlungen vor Augen führen, dann sind wir auf Seiten der Kinder, nicht gegen sie. Wir warnen sie vor den Dingen, die passieren könnten, wenn sie sich in bestimmter Weise verhalten, es steht ihnen jedoch frei, es dennoch zu tun. Eltern erinnern z. B. ihre Kinder daran, dass sie nicht rechtzeitig zum Fernsehen fertig sein werden, wenn sie mit den Schularbeiten herumtrödeln oder sie schlampig machen und wiederholen müssen.

Die Folgen klarmachen, ohne zu drohen

Es sind nicht die Eltern, die dem Kind etwas beibringen, indem sie es bestrafen, sondern es sind die Folgen seiner Handlung, die dem Kind eine Lektion erteilen. Machtkämpfe und Kontrollprobleme sind dabei überflüssig. Die Eltern sind auf Seiten der Kinder und helfen ihnen, negative Folgen im Leben zu vermeiden. Aufgabe der Eltern ist es, vor den Konsequenzen zu warnen, nicht den Kindern etwas anzudrohen.

Das bedeutet jedoch nicht, dass das Kind alles tun kann, was es möchte. Wenn seine Sicherheit gefährdet ist oder wenn es in illegale Dinge verwickelt ist, müssen die Eltern einschreiten. Das wird jedoch eher selten notwendig sein.

Eltern sollten ihren Kindern die möglichen Folgen ihrer Handlungen sachlich erläutern. Das Kind sollte wählen können, ob es weitermachen und die Konsequenzen tragen möchte oder nicht. Wenn die Eltern – das wissen wir aufgrund unserer Erfahrung mit emotionaler Intelligenz – ihre Kinder voller Zorn vor den möglichen Folgen ihres Handelns warnen, dann werden diese sich vor allem auf die Wut von Vater oder Mutter konzentrieren, anstatt auf die Konsequenzen. Das hat zur Folge, dass der wichtigste Teil der Lektion verloren geht.

Weitermachen und die Konsequenzen tragen?

Die Konsequenzen können Sie in Form von »Wenn, dann«-Botschaften schildern:

- »Wenn du den Teller leer isst, dann kannst du einen Nachtisch bekommen.«
- »Wenn du den Mantel anziehst, dann wirst du es warm haben.«
- »Wenn du sehr lange brauchst, um dich für das Bett fertig zu machen, dann werden wir keine Zeit mehr für Gute-Nacht-Geschichten haben.«
- »Wenn du nicht vorsichtig fährst, dann wirst du den Wagen nicht bekommen.«

Bei manchen Dingen können wir nicht sicher sein, ob die »Konsequenzen« wirklich eintreten werden, daher empfehlen wir für diese Fälle »wenn – dann vielleicht«:

- »Wenn du das Spielzeug mitnimmst, dann verlierst du es vielleicht und bist traurig.«
- »Wenn du nicht lernst, dann schreibst du vielleicht eine schlechte Arbeit.«
- »Wenn du dich nicht sofort mit einer netten Karte bedankst, dann wirst du in Zukunft vielleicht nicht mehr so großzügig beschenkt werden.«
- »Wenn du das Rezept durchliest, dann wird das Gericht vielleicht leichter zuzubereiten sein und besser gelingen.«
- »Wenn du deine Freunde anschreist und nicht mit ihnen teilst,

dann möchten sie vielleicht nicht mehr zu dir kommen und mit dir spielen.«

Entscheidet sich das Kind für das unangemessene Verhalten mit seinen negativen Folgen, dann können die Eltern ihm zur Seite stehen, anstatt wütend zu werden. »Ich kann mir vorstellen, dass du dich ärgerst, weil du deine Lieblingsfernsehsendung nicht anschauen kannst. Ich habe mir gedacht, dass das passieren könnte und dich deshalb gewarnt. Wie willst du es das nächste Mal machen? Vielleicht kannst du dann mit den Hausaufgaben fertig sein, bevor die Fernsehsendung beginnt.«

Wie wir schon weiter oben ausgeführt haben, sollten Eltern ihren Kindern gefährliche Unternehmungen mit potentiell bedrohlichen Folgen nicht gestatten. »Liebling, wenn du auf der stark befahrenen Straße spielst, dann wirst du vielleicht von einem Auto angefahren, und das würde dir sehr weh tun«, wäre keine angemessene Methode. Dann sollten Sie lieber schreien: »Komm sofort runter von der Straße, da kommen Autos!« In diesem Fall und in anderen potentiell gefährlichen Situationen müssen Sie rasch eingreifen, um eine Gefahr abzuwenden.

Trotzdem: Bei Gefahr rasch eingreifen!

Abkühlen

»Abkühlen« ist unsere Variante von »Auszeit«, einer Standardbestrafung, von der die meisten Eltern zumindest schon gehört und die sie vielleicht sogar angewendet haben. Die meisten Eltern benutzen die Auszeit jedoch nicht optimal – vor allem deshalb, weil die richtige Anwendung viel schwieriger ist, als es aussieht. Sie funktioniert auch nur, wenn sie korrekt angewendet wird. Abkühlen wurde von uns entwickelt, um Selbstkontrolle innerhalb der Familie – für Eltern und Kinder – zu fördern. Wir verstehen es nicht als Bestrafung.

Stellen Sie sich Abkühlen als Ersatz für Schreien vor. Üben Sie zunächst, »abkühlen« zu sagen, anstatt zu schreien. Das wird Ihnen helfen, sich Ihren Kindern gegenüber unter Kontrolle zu haben. Eltern schreien ihre Kinder aus zweierlei Gründen an:

Ein Ersatz für Schreien

1. Die Kinder tun etwas Verbotenes (Regelverletzung).
2. Sie hören nicht zu (Nichtbefolgen einer Anweisung).

Bei einer Regelverletzung muss unverzüglich gehandelt werden:

keine Diskussion, keine Debatte, keine Warnung, kein Verhandeln, nur Abkühlen. Handelt es sich um das Nichtbefolgen einer Anweisung, so wiederholen Sie sie einmal, dann: »Abkühlen.« Vermeiden Sie es, Regeln oder Anweisungen mehrfach zu wiederholen, weil Sie bei jeder Wiederholung wahrscheinlich etwas wütender werden, um schließlich endgültig die Kontrolle zu verlieren. Es ist nicht »cool«, Ihrem Kind »Kühl dich ab« ins Gesicht zu schreien.

Abkühlen nützt Eltern und Kindern

Die unten beschriebene Methode zeigt, wie Kinder Selbstkontrolle lernen können. Emotional intelligente Erziehung geht davon aus, dass Sie Ihre Kinder nicht beruhigen können, sondern dass die Kinder dies selbst tun müssen. Natürlich können wir etwas dazu beitragen. Kinder brauchen zunächst einmal Zeit, um zu lernen, sich zu beruhigen, und außerdem benötigen sie einen Anreiz dafür. Abkühlen, wie unten beschrieben, nützt Eltern und Kindern.

Mein liebes Kind,

es ist ein Privileg, mit anderen Menschen zusammen zu sein. Du spielst mit anderen Kindern, ihr schaut zusammen Fernsehsendungen an, du sprichst mit anderen, ihr teilt euch das Spielzeug. Um mit anderen zusammen zu sein, musst du ein gewisses Maß an Respekt zeigen und einige Grundregeln befolgen. Wenn du dich in Gesellschaft anderer nicht vernünftig benehmen kannst, wirst du das Privileg verlieren, mit anderen zusammen zu sein, und du wirst all die Dinge nicht tun können, die man in Gesellschaft anderer tun kann. Um zu lernen, mit anderen auszukommen, hast du Gelegenheit, dich von deinem unangemessenen Benehmen abzukühlen. Während du allein an deinem Abkühlungsort bist, kannst du darüber nachdenken, was du getan hast, und dich beruhigen. Nachdem du dich abgekühlt hast, kannst du zurück zu den anderen gehen. Hoffentlich kommst du jetzt mit ihnen aus und kannst mit ihnen weiterspielen. Wenn du dich jedoch wieder genauso schlecht benimmst, dann müssen wir annehmen, dass du noch mehr Abkühlen brauchst. Und du kannst so lange und so oft Abkühlen betreiben, bis du dich wieder unter Kontrolle hast und mit anderen zusammen spielen und Spaß haben kannst. Dann brauchst du kein Abkühlen mehr. Wenn du übrigens versuchen solltest, aus deinem Abkühlungsort wegzulaufen, oder wenn du nicht tust, was ich dir sage, dann teilst du mir damit mit, dass du wirklich sehr viel Selbstkontrolle lernen musst. Das ist in Ordnung! In diesem Fall werde ich dich tragen oder festhalten, bis du in der Lage bist, dich hinzusetzen und dich selbst abzukühlen. Ich werde deine Selbstkontrolle sein, bis du selbst genug davon besitzt.

Abkühlen eignet sich für Kinder zwischen zwei und zwölf Jahren. Es führt zu einer dramatischen Verringerung von problematischem Verhalten, indem dem Kind keine Aufmerksamkeit mehr geschenkt wird, wenn es sich schlecht benimmt. Die Worte »Kühl dich ab« sollten heilig sein. Wenn Sie sie sagen, müssen Sie sie wirklich meinen. Sobald Sie »Kühl dich ab« gesagt haben, darf nichts anderes geschehen, bis sich das Kind an seinen Abkühlungsort begeben hat. *Für Kinder zwischen zwei und zwölf Jahren*

Am Anfang müssen Sie die notwendigen Opfer bringen, um Abkühlen korrekt anzuwenden. Seien Sie auch einmal bereit, zu spät zur Arbeit zu kommen, wenn Sie Abkühlen praktizieren wollen. Ist dies nicht der Fall, sollten Sie eine andere Technik anwenden. Wenn Sie sich einmal die Zeit dafür genommen haben, Ihrem Kind beizubringen, wie es sich beruhigen kann, werden Sie feststellen, dass es eine sehr wirksame Methode ist, die letztlich weniger Zeit beansprucht als nörgeln, schreien und Auseinandersetzungen.

Abkühlen sollte mit möglichst wenigen Worten praktiziert werden. Erinnern Sie das Kind nicht an die Regel vor dem Abkühlen und wiederholen Sie die Anordnung nicht immer wieder. Wenn Sie das Kind zum Abkühlen schicken, dürfen Sie maximal zehn Worte sagen. Es ist wichtig, sich nicht auf ein Gespräch mit dem Kind einzulassen, denn Sprechen bedeutet Aufmerksamkeit schenken, und Abkühlen beruht ja gerade darauf, Aufmerksamkeit zu entziehen. Wenn ein Kind etwas Unrechtes getan hat und diszipliniert werden soll, wird es sowieso nicht auf Sie hören. Verzichten Sie also auf lange Reden, und ersparen Sie sich so Ärger. Möchte Ihr Kind wissen, warum es zum Abkühlen geschickt wird, so erklären Sie es ihm später. Möchte Ihr Sohn Ihnen erläutern, warum er dazu berechtigt war, seine Schwester zu schlagen, sagen Sie ihm, er dürfe sich nach dem Abkühlen verteidigen. Wenn Sie jetzt denken, ›Das *Möglichst wenig Worte machen* ist ja alles gut und schön, aber mein Kind würde dabei nicht mitmachen, es lässt sich nirgendwohin schicken‹, dann lesen Sie weiter. Wir werden Ihnen erläutern, welche Möglichkeiten es gibt.

Wie Abkühlen und Auszeit funktionieren

Eltern halten Auszeit und Abkühlen normalerweise für eine Bestrafung, aber das sind sie nicht. Es handelt sich um Erziehungsmethoden.

Gehen Sie beim Abkühlen wie folgt vor:

Wichtig: feste Regeln!

1. Erklären Sie dem Kind, welche Verhaltensweisen Sie von ihm erwarten und welche zu unterlassen sind. Erläutern Sie ihm, was Abkühlen bedeutet und wann es zum Abkühlen geschickt werden wird.

2. Richten Sie einen Abkühlungsort ein. Wählen Sie einen sicheren, langweiligen Ort. Er sollte leicht zugänglich sein, und Sie sollten ihn im Auge behalten können, wenn sich das Kind dort abregt. Ein Stuhl in einem wenig benutzten Raum oder eine Stufe auf der Treppe eignen sich gut dafür. Verwenden Sie dafür nicht das Bad, das Fernsehzimmer, die Küche oder das Kinderzimmer.

3. Schicken Sie das Kind zum Abkühlen, wenn es Regeln verletzt und Richtlinien nicht eingehalten hat. Schicken Sie es sofort zum Abkühlungsort, wenn es eine Familienregel verletzt hat. Wenn es einer Anweisung nicht nachkommt, dann wiederholen Sie sie einmal, sprechen eine Warnung aus und bringen das Kind dann zum Abkühlungsort, wenn es nicht gehorcht.

4. Wenn das Kind eine Regel verletzt oder einen Befehl nicht befolgt hat, teilen Sie ihm in maximal zehn Worten mit, sich zum Abkühlen an den vereinbarten Ort zu setzen. Bleiben Sie ruhig und sachlich. Stellen Sie eine Stoppuhr auf zwei bis zehn Minuten, je nach dem Alter des Kindes. Wenn das Signal ertönt, darf das Kind den Abkühlungsort verlassen. Wenn das Kind dort Lärm macht oder vorzeitig herauskommt, starten Sie die Stoppuhr wieder. Lassen Sie das Kind während der Abkühlungszeit nicht die Toilette benutzen. Fallen Sie nicht auf diesen Trick herein; es kann so lange aushalten.

5. Weigert sich ein Vorschulkind, den Abkühlungsort aufzusuchen, muss es eventuell festgehalten werden, bis die Zeit ver-

strichen ist. Weigert sich ein Schulkind, dann fügen Sie für jede Weigerung jeweils eine Minute hinzu (bis zu fünf zusätzliche Minuten). Weigert sich das Kind dann immer noch, so streichen Sie bis zu fünf Privilegien, z. B. fernsehen, ausgehen, Nachtisch. Setzt das Kind seine Verweigerungstaktik fort, bringen Sie es in sein Zimmer, wo es so lange bleiben muss, bis es bereit ist, sich zum Abkühlen zu begeben – die Zeit im Zimmer zählt nicht als Abkühlungszeit. Achten Sie darauf, dem Kind keine zusätzliche Aufmerksamkeit für seine Verweigerungshaltung zu schenken. Fassen Sie sich so kurz wie möglich (s. o.). Diskussionen oder Erklärungen sollten *nach* dem Abkühlen stattfinden.

Keine zusätzliche Aufmerksamkeit schenken!

6. Nach dem Abkühlen lassen Sie das Kind seine ursprüngliche Aktivität aufnehmen. Zeigt es ein angemessenes Verhalten, dann loben Sie es. Benimmt es sich erneut schlecht, wiederholen Sie die Abkühlungsprozedur.
7. Nach dem Abkühlen sollten Sie umgehend auf angemessenes Verhalten achten und Ihr Kind dafür loben.

Ein Wort zum Abschluss

In Familien, die sich um emotional intelligente Erziehung bemühen, wird oft gelobt. Es werden Ziele und Prioritäten gesetzt. Drohungen werden selten ausgesprochen, und die Kinder lernen aus ihren Erfahrungen. Das bedeutet jedoch nicht, dass alles akzeptiert wird. Wenn Kinder sich unangemessen benehmen und ihr Verhalten außer Kontrolle gerät, dann müssen sie Selbstdisziplin lernen, indem sie Gelegenheit bekommen, sich abzuregen. Verhaltensweisen, die die Eltern ermutigen bzw. unterbinden möchten, können in Tabellen festgehalten und die Kinder auf diese Weise darauf aufmerksam gemacht werden. Durch Feedback verhelfen Sie ihren Kindern zu größerer Selbsterkenntnis und schließlich zu besserer Selbstdisziplin und Selbstkontrolle.

Wie Kinder Impulskontrolle, Selbstbeherrschung und soziale Kompetenz lernen

Dave (bietet eine Zigarette an): »Möchtest du eine?«
Mark: »Nööh.«
Dave: »Warum nicht?«
Mark zuckt mit den Schultern.
Dave: »Feigling.«
Mark: »Halt den Mund.«
Dave: »Du rauchst nicht?«
Mark zuckt wieder mit den Schultern.
Dave: »Versuch's doch mal. Ist doch nichts dabei.«
(Mark schaut gequält.)
Dave: »Komm schon.« (Gibt ihm eine Zigarette und zündet sie an.)
Mark hustet.
Dave (lacht): »Feigling.«
(Mark raucht weiter.)

Wahrscheinlich fürchten sich alle Eltern davor, dass ihre Kinder in eine Situation wie Mark oder Dave kommen. Wie können Kinder lernen, mit ihren starken Gefühlen effektiv umzugehen, Selbstkontrolle in stressvollen Situationen zu üben und sich souverän mit anderen auseinander zu setzen? Ist das wirklich wichtig, fragen Sie sich vielleicht. Ja, denn Untersuchungen haben gezeigt, dass diese Fähigkeiten entscheidend sind für den Erfolg in der Schule, in der eigenen Familie, mit Freunden und im Berufsleben.

Wenn sich Kinder ihrer Gefühle nicht bewusst sind

Sind sich die Kinder ihrer Gefühle nicht bewusst, wird es ihnen schwer fallen, impulsive Handlungen und Entscheidungen zu kontrollieren, und sie werden nicht in der Lage sein, klar und deutlich auszudrücken, was sie wirklich meinen. Nehmen wir als Beispiel die oben geschilderte Szene. Wenn Freunde Ihres Jungen rauchen, dann hat er widersprüchliche Gefühle. Er fühlt sich vielleicht unsicher und möchte Teil der Gruppe sein, vielleicht hat er Angst, Ärger zu bekommen, wenn er raucht, und vielleicht reizt es ihn, etwas wie die Erwachsenen zu tun. Eltern hoffen vielleicht, dass bei ihren Kindern die Angst Oberhand gewinnen wird, es ist jedoch wahrscheinlicher, dass Jugendliche vor allem von Gefühler der Unsicherheit geleitet werden. Wenn Kinder gelernt haben, diese Gefühle zu erkennen, dann werden sie begreifen, dass es nicht klug ist, etwas für sie Schädliches zu tun, nur um mit ihrer Unsicherheit fertig zu werden.

Emotionale Kontrolle und Selbstbeherrschung

Selbstbeherrschung spielt in solchen Situationen ebenfalls eine Rolle. Kinder müssen in der Lage sein, mit ihrer Unsicherheit, Furcht und Anspannung konstruktiv umzugehen. Rauchen mag eine Möglichkeit sein, um Emotionen zu bewältigen, aber wir möchten, dass unsere Kinder andere Strategien kennen, um mit starken Gefühlen zurechtzukommen. Außerdem müssen Kinder in der Lage sein, klar und deutlich nein zu sagen. Schließlich möchten wir erreichen, dass unsere Kinder kritisch denken können, damit sie in solchen Situationen – für sich persönlich – gute Entscheidungen treffen können und sich nicht einfach der Gruppenmeinung unterordnen.

Die emotionale Kontrolle, die Selbstbeherrschung und die sozialen Fähigkeiten, die in diesem Kapitel vorgestellt werden, sind wichtige Voraussetzungen für die im nächsten Kapitel dargestellten Denkleistungen. Wenn Kinder lernen, ihre Gefühle zu identifizieren, nicht impulsiv auf Stress zu reagieren und effektiv mit anderen zu kommunizieren, dann werden sie bessere Chancen haben, sich in sozialen Konfliktsituationen wohlüberlegt und verantwortungsbewusst zu verhalten. Diese Fähigkeiten können gelehrt und gelernt werden.

Die wichtigsten Prinzipien der emotionalen Intelligenz, die in diesem Kapitel besprochen werden

► 1. Erkenne deine eigenen Gefühle und die Gefühle anderer.
2. Zeige Empathie und verstehe die Sichtweisen anderer.
► 3. Kontrolliere Emotionen und Impulse und gehe positiv damit um.
4. Sei positiv ziel- und planorientiert.
► 5. Zeige soziale Kompetenz im Umgang mit anderen.

Erkenne deine Gefühle

Unsere Gefühle sind Signale, die uns wissen lassen, wann wir Probleme haben. Es ist sehr wichtig, dass Kinder lernen, ihre Gefühle zu erkennen, aber das ist oft schon für Erwachsene schwierig genug, geschweige denn für Kinder. Manche Kinder scheinen »Getriebeprobleme« zu haben: Sie haben nur einen Gang und eine Geschwindigkeit. Sie sind entweder ein- oder ausgeschaltet und besitzen keine dazwischen liegenden Reaktionsbereiche. Beispielsweise sind manche Kinder entweder »gut« oder »schlecht«. Wenn jemand sie stört, schalten sie von »gut« auf »wütend«, ohne sich der dazwischen liegenden Palette von Emotionen – verärgert, gereizt, aufgebracht, verletzt, ungehalten, zornig usw.– bewusst zu sein.

Kinder brauchen mehr »Gefühls-vokabular«

Kinder brauchen ein größeres »Gefühlsvokabular«. Mit nur einigen Veränderungen Ihrer täglichen Routine können Sie Ihren Kindern helfen, in unterschiedlichen Situationen zu Hause, in der Schule und mit ihren Freunden besser zurechtzukommen. Das lässt sich ohne größere Schwierigkeiten bewerkstelligen. Wenn die Familie beim Abendessen über Politik diskutiert, lernen Kinder etwas über Politik. Wenn sich die Familie über Gefühle unterhält, lernen die Kinder ihre Gefühle zu identifizieren und auszudrücken. Wenn Eltern ihre Kinder fragen, wie ihr Tag war, sollten sie auch fragen, wie sich die Kinder dabei *gefühlt* haben. Sie können ihre Kinder fragen, wie sie sich bei einem bestimmten Ereignis gefühlt haben und wie sich andere Personen, die daran beteiligt waren, gefühlt haben mögen. Wenn Eltern über ihre Tageserlebnisse berichten, sollten sie – um ein Vorbild zu sein – auch ihre Gefühle beschreiben. Durch solche kleinen Maßnahmen lernen die Kinder, ihre Gefühle zu erkennen, sie auszudrücken und Empathie für die Gefühle anderer zu entwickeln. Es ist erstaunlich, wie selten in Familien über Gefühle gesprochen wird.

Theater der Gefühle

»Theater der Gefühle« ist ein Familienspiel, das den Teilnehmern hilft, ihre Gefühle besser zu erkennen. Bei diesem Spiel werden verschiedene Gefühle auf Kärtchen geschrieben oder Sie schneiden aus Zeitschriften Bilder heraus, die unterschiedliche Gesichtsausdrücke zeigen, das ist besonders geeignet für jüngere Kinder. Die Karten werden in einen Hut oder eine Papiertüte gelegt. Jeder Spielteilnehmer zieht eine Karte und stellt – ohne zu sprechen – dar, was darauf steht oder abgebildet ist, während die anderen Familienmitglieder das dargestellte Gefühl raten müssen. Dabei lernen sowohl Darsteller als auch Zuschauer, Worte, Gesichtsmerkmale und andere nonverbale Zeichen eines Gefühls zu identifizieren.

Ganz ähnlich funktioniert ein Spiel, das man als »Gefühlsrückblick« (»Flashback«) bezeichnen kann. Dabei werden dieselben Karten oder Bilder wie oben verwendet. Ein Spielteilnehmer zieht eine Karte und teilt den anderen mit, wie er das betreffende Gefühl einmal erlebt hat. Zur Veranschaulichung können folgende Fragen gestellt werden:

Gefühle im Rückblick …

- Wer war bei dir?
- Was hast du getan?
- Wann war das?
- Wo warst du?
- Woran hast du gemerkt, was du fühlst?
- Warum hast du deiner Meinung nach dieses Gefühl gehabt?

Die anderen Familienmitglieder können dann von Situationen erzählen, in denen sie sich ebenso gefühlt haben. Wir können daraus dreierlei lernen:

1. Die Familienmitglieder tauschen Gefühlserlebnisse untereinander aus, und zwar in dem Bewusstsein, dass es in Ordnung ist, diese Gefühle zu haben, weil sie normal sind.

… und was man daraus lernen kann

2. Die Eltern können ihre eigenen Reaktionen beispielhaft darstellen, damit die Kinder lernen, wie sie ihre eigenen Gefühle besser identifizieren können.

3. Man kann dadurch Empathie lernen, d. h. die Gefühle und Sorgen anderer besser verstehen und sich in sie hineinversetzen, und die Kommunikation unter den Familienmitgliedern verbessert sich.

Maggie (9) zog z. B. eine Karte, auf der »Angst« stand. Als Antwort auf die oben aufgeführten Fragen sagte sie:

- Wo: »Ich war allein.«
- Was: »Ich versuchte einzuschlafen.«
- Wann: »Nachts.«
- Wo: »In meinem Bett.«

- Woran: »Ich hatte Kopfschmerzen, mein Bauch tat weh, und ich weinte.«
- Warum: »Ich weiß nicht, ich hatte nur Angst. Ich wollte nicht allein sein.«

Der Vater berichtete dann von einem Erlebnis, als er eines Nachts im Bett lag und Angst hatte. Die Mutter erzählte von einem ähnlichen Erlebnis, und Maggies jüngere Schwester erzählte eine Monstergeschichte, über die sich die ganze Familie amüsierte.

Gefühle im Fernsehen

Durch Fernsehsendungen übernehmen Kinder passiv Wertvorstellungen oder das Fehlen von Werten. Unserer Ansicht nach ist es wichtig, dass wir unseren Kindern beibringen, als aktive Fernsehzuschauer alle Sendungen kritisch zu betrachten.

Selbst in Familiensendungen gehen die Darsteller recht rauh miteinander um, und die bezahlten Zuschauer im Studio, die darüber auf Kommando lachen, sollen die Fernsehzuschauer ebenfalls zum Lachen bringen. Kinder lernen daraus, dass es in Ordnung ist, über die Nöte anderer zu lachen. Nehmen wir an, Sie schauen sich zusammen mit Ihrem Kind eine Fernsehsendung an und fragen: »Der Junge hat seinen Bruder gerade einen Idioten genannt. Wie hat der sich wohl dabei gefühlt?« Auf diese Weise lernen Kinder, Gefühle zu erkennen, emotionale Folgen bei anderen vorherzusehen und selbstständig zu denken. »Nun, wenn der Bruder sich dabei schlecht fühlt, warum haben dann alle gelacht?«, können Sie weiter fragen. Dadurch wird Ihr Kind angeregt, kritisch zu denken, anstatt einfach mit der Menge über die unglückliche Lage eines anderen zu lachen. Ein weiterer Vorteil, wenn die Familie auf diese Weise zusammen fernsieht, ist, dass die Kinder vielleicht weniger Gefallen daran finden und weniger Sendungen anschauen. Vielleicht schalten sie den Fernseher aus und praktizieren soziale Kompetenz in der realen Welt, indem sie mit anderen Kindern spielen!

Falsche Emotionen aufdecken

Bilder sagen mehr als tausend Worte

Kunstprojekte sind eine weitere Möglichkeit, um das emotionale Vokabular von Kindern zu verbessern. Sie können beispielsweise Bilder aus Zeitschriften ausschneiden und eine »Gefühls-Collage«

basteln oder Bilder malen, die Gefühle (z.B. Begeisterung) darstellen. Auch Computer können verwendet werden, um Kindern mit Hilfe von Zeichen- oder Geschichten-Erzähl-Programmen emotionale Intelligenz beizubringen.

Schaufensterbummel und Leute beobachten

Machen Sie gemeinsam einen Schaufensterbummel. Ermutigen Sie Ihre Kinder, alles genau anzuschauen: was sich im Schaufenster befindet, was dort sein könnte, warum die Dinge so angeordnet sind, welche Farben verwendet wurden usw. Dann lassen Sie sie einige Leute beobachten und bestimmte Dinge über sie erraten: den Gesichtsausdruck, wie sie sich bewegen, ihre Stimme, ihre Kleidung. Können die Kinder erraten, was diese Leute fühlen, wohin sie gehen, wie lange sie einkaufen waren? Besonders aufschlussreich ist die Beobachtung von Interaktionen zwischen anderen Eltern und Kindern. *Auf Interaktionen* Was geht zwischen ihnen vor? Wie sieht das Kind aus und/oder wie *achten* klingt es? Gibt es Ähnlichkeiten mit unserer Familie?

Farbassoziationen

Beginnen Sie mit einem körperlichen Merkmal, und assoziieren Sie es mit einer Farbe. Jemand sagt z.B. »groß«, und ein anderer muss dann sagen, an welche Farbe er dabei denkt. Oder es werden Farbassoziationen für Eigenschaften wie heiß, kalt, fett, dick, winzig, kurvenreich gesucht. Nennen Sie Ihrem Kind dann Wörter, die Gefühle ausdrücken (glücklich, ärgerlich, aufgeregt, traurig), und fragen es, welche Farben ihm dazu in den Sinn kommen. Sie können mit jeder beliebigen Kategorie von Wörtern beginnen, wie z.B. Formen, Bäume, Blumen oder Personen. Wenn Sie an einem alten Haus oder einem Baum vorbeifahren, fragen Sie was für Gefühle ausgelöst werden.

Ruhig bleiben

Hatten Sie jemals eine Auseinandersetzung mit jemandem und *So macht es eher* man sagte Ihnen, Sie sollten sich beruhigen? War das nicht hilf- *aggressiv, …* reich? Haben Sie sich nicht dafür bedankt, dass man Sie darauf aufmerksam machte, außer Kontrolle zu geraten? Nein? Das wundert uns nicht. Ob Sie es nun glauben oder nicht, auch Kinder schätzen es nicht, wenn man ihnen sagt, sie sollen sich beruhigen. Der Grund dafür ist, dass *Sie* andere nicht beruhigen können, sie müssen sich selbst beruhigen. Zum Beispiel:

Jenny (14) kommt gerade zurück von einem Besuch bei ihrem Vater): »Ich hasse ihn, ich werde nicht mehr hingehen.«
Mutter: »Was hat er dir getan?«
Jenny: Du denkst immer, er hat etwas getan. Warum beschuldigst du ihn immer? Ich hasse es, wenn du das tust!«
Mutter: »Nun beruhige dich. Ich hab überhaupt nichts gesagt. Was ist denn passiert? Erzähl es mir!
Jenny (stürmt aus dem Zimmer): »Nein. Es ist nichts. Lass mich allein.«

In dieser Szene ist die Mutter verständlicherweise verärgert. Statt einen Dialog mit ihrer Tochter zu führen, hat sie den Konflikt verstärkt, und es kommt zu einer Auseinandersetzung zwischen Mutter und Tochter, zwischen Vater und Tochter und wahrscheinlich auch zwischen Mutter und Vater.
Ein anderes Beispiel:

Tom (9): »Sue ist ein Idiot. Sie ist so gemein.«
Mutter: »Liebling, was ist los?«
Tom (schluchzt): »Sie ist schuld.«
Mutter: »In Ordnung. Ich versteh, dass du richtig wütend bist über etwas, was mit deiner Schwester passiert ist. Bevor wir darüber sprechen, wollen wir beide tief Luft holen … komm schon, wir machen es zusammen … das ist gut, jetzt langsam ausatmen … wie geht's jetzt? Wir machen es noch mal … In Ordnung, kannst du mir jetzt erzählen, was passiert ist?«
Tom (ruhiger und beherrschter): »Ich hasse sie.«
Mutter: »Ich weiß, du bist wirklich wütend. Kannst du jetzt darüber sprechen?«
Tom: »In Ordnung.«

… und so kann es funktionieren In diesem Fall hat die Mutter gemerkt, dass Tom wütend war und noch nicht konstruktiv über das Problem sprechen konnte. Deshalb musste ihm zunächst geholfen werden, zu sich selbst zu fin-

den. Anstatt Tom nur zu sagen, er solle sich beruhigen, machte die Mutter eine Beruhigungsübung mit ihm. Die Atemübung half auch der Mutter, in dieser Situation ruhig zu bleiben.

Drei Ziele und vier Schritte

Nachdem wir gelernt haben, unsere Gefühle zu erkennen, geht es als Nächstes darum, außer Kontrolle geratene Gefühle zu beherrschen. Ruhig bleiben bedeutet, dass Eltern und Kinder innehalten und nachdenken, bevor sie etwas tun, und weniger impulsiv handeln. Es hat folgende Ziele:
1. problematische Situationen aufzeigen, in denen Selbstkontrolle angewendet werden kann, um sich zu beruhigen, bevor man reagiert;
2. den Kindern zeigen, wie man durch Atem- und Entspannungsübungen in problematischen Situationen ruhig bleiben und sich beherrschen kann;
3. Atem- und Entspannungsübungen praktizieren.

Ruhig bleiben wird Ihnen helfen, Probleme zu lösen und Zeiten zu überstehen, in denen Sie gestresst sind und unter Druck stehen. Prägen Sie sich die folgenden vier Schritte ein:

Vier Schritte gegen Stress

1. Sagen Sie zu sich, »Halt«, und blicken Sie um sich.
2. Sagen Sie zu sich: »Ruhig bleiben.«
3. Atmen Sie tief durch die Nase ein und zählen Sie bis fünf, halten Sie den Atem, während Sie bis zwei zählen, und atmen Sie dann durch den Mund aus, während Sie bis fünf zählen.
4. Wiederholen Sie diese Schritte, bis Sie ruhig geworden sind.

Ruhig bleiben sollte gelehrt, praktiziert und geübt werden, bevor Sie außer Kontrolle geraten sind und sich abregen müssen. Haben Familien diese Übung in weniger belastenden Situationen praktiziert, so werden sie sie eher anwenden, wenn es wirklich notwendig wird.

Wie beginne ich?

Die beste Zeit, um mit dem Ruhigbleiben zu beginnen, sind Situationen wie die zwischen Tom und seiner Mutter (s. o.). Es ist im Interesse des Kindes, sich zu beruhigen, damit er oder sie erzählen kann, was los ist. Später kann die Situation als Denkanstoß verwendet werden: »Erinnerst du dich daran, als du so wütend warst und wir zusammen tief Luft geholt haben, damit du dich beruhigen und mir erzählen konntest, was passiert war? Ich finde, das ist auch in anderen Situationen nützlich, wenn ich genervt oder verärgert bin.« Eltern können dann einige Beispiele nennen, idealerweise Ereignisse, die die Kinder miterlebt haben, z. B. als die Morgenzeitung ins Blumenbeet »geliefert« wurde oder als Vater sehr viel zu tun hatte und unter starkem Termindruck stand. Bei dieser Gelegenheit können die Eltern den Kindern erklären, woran man sieht, dass jemand gestresst ist.

Der günstigste Moment

Emotionale Kennzeichen

Kinder müssen verstehen, dass unser Körper uns signalisiert, wenn wir dabei sind, die Beherrschung zu verlieren. Diese Signale sind Zeichen dafür, dass wir uns genervt oder gestresst fühlen. Wir bezeichnen sie als emotionale Kennzeichen. Genau wie Fingerabdrücke sind sie individuell unverwechselbar. Manche Menschen bekommen Kopfschmerzen, einen nervösen Magen, einen steifen Hals oder feuchte Hände; manche bekommen alle vier Symptome. Andere bekommen einen trockenen Mund, Herzklopfen, ein rotes Gesicht oder Hautjucken. Wenn sich Eltern in einer stressigen oder schwierigen Situation befinden, können sie sagen, wie sie sich fühlen und welches ihre emotionalen Kennzeichen sind. Sie können ihre Kinder einfach mit einbeziehen: »Ihr habt gerade gehört, dass mein Körper mir Kopfschmerzen hinter dem linken Auge und Bauchschmerzen schickt, wenn ich Ärger habe und gestresst bin. Wie lässt denn euer Körper euch wissen, wann ihr wütend seid?«

Individuell und unverwechselbar

Die Kinder schildern dann beispielsweise Situationen, in denen sie wütend waren und welche emotionalen Kennzeichen sie dabei hatten. Wir nennen solche Ereignisse »Trigger-Situationen«. Emotionale Kennzeichen sind hilfreich, weil sie uns warnen, dass wir uns in einer stressgeladenen Situation befinden und unsere Emotionen kontrollieren müssen, um ruhig zu bleiben. Eltern können diese Gelegenheit nutzen, um mit ihren Kindern darüber zu sprechen, was es bedeutet, seine Gefühle zu kontrollieren.

Trigger-Situationen

Tipp! Fragen Sie Ihre Kinder, wie sie Selbstbeherrschung ausdrücken oder was sie tun, um ihre Gefühle zu kontrollieren.

Erklären Sie den Kindern bei dieser Gelegenheit, dass jeder Mensch irgendwann einmal in Konfliktsituationen gerät, die gelöst werden müssen. Das können Schulprobleme sein oder Schwierigkeiten mit Klassenkameraden, Lehrern, Eltern oder Freunden. »Manchmal versuchen wir vorschnell ein Problem anzugehen. Die Atemübungen, die du gemacht hast, helfen Eltern und Kindern, während eines Konfliktes ruhig und beherrscht zu bleiben. Indem wir erst denken, bevor wir handeln, können wir Probleme besser bewältigen.« Erklären Sie Ihren Kindern schließlich, dass sie in einer schwierigen Trigger-Situation, oder wenn sie ihre emotionalen Kennzeichen spüren, die Methode des Ruhigbleibens anwenden sollen, bevor sie das Problem zu lösen versuchen.

Nach dieser Einführung können die einzelnen Schritte praktiziert werden. Bringen Sie zur Erinnerung ein oder zwei Ruhigbleiben-Poster an einer deutlich sichtbaren Stelle in der Wohnung an.

Ruhig bleiben führt zur Selbstkontrolle in vier Stadien:

Selbstkontrolle in vier Stadien

1. Die Schritte des Ruhigbleibens laut wiederholen, wobei die Eltern jeden einzelnen Schritt ankündigen.
2. Die Schritte des Ruhigbleibens leise vor sich hinsagen und die einzelnen Schritte nach Aufforderung durchführen.
3. Leise und spontane Wiederholung von Ruhigbleiben durch das Kind (und die Eltern).
4. Die Technik des Ruhigbleibens anwenden, wenn Trigger-Situationen eintreten oder erwartet werden.

Es folgen einige Beispiele für Übungen in allen vier Stadien:

1. Die Schritte des Ruhigbleibens werden von der ganzen Familie laut vorgelesen. Dann lassen Sie die ganze Familie auf der Stelle laufen oder sich anderweitig körperlich betätigen. Nach ein oder zwei Minuten sagen Sie: »Jetzt üben wir alle Ruhigbleiben. Sag ›Halt‹ … sag ›Ruhig bleiben‹ … atme tief durch die Nase ein und zähle bis fünf, halte den Atem an und zähle bis zwei, atme durch den Mund aus, während du bis fünf zählst. Fühlst du dich schon ruhiger?« Wiederholen Sie das Ganze so oft wie notwendig.
2. Fangen Sie wieder an, sich sportlich zu betätigen (s. o.). Erklären Sie den Kindern: »Wenn ich ›Jetzt‹ sage, praktiziert ihr selbst Ruhigbleiben, um euch zu beruhigen. Sagt leise ›Ruhig bleiben‹. Schaut auf das Poster, wenn ihr die Schritte vergesst.«

Übungen

3. Im dritten Stadium – wenn die Kinder zu toben beginnen – sagen Sie ihnen, sie sollen Ruhigbleiben leise praktizieren. Ver-

einbaren Sie mit ihnen Signale oder Hinweise, mit deren Hilfe sie Ihnen melden können, wenn sie ruhig sind.

4. Es ist wichtig, dass die Erwachsenen weiterhin die Kinder auffordern, Ruhigbleiben zu praktizieren, wenn sie wütend sind oder außer Kontrolle geraten. Die Methode kann auch vor Klassenarbeiten oder anderen angstauslösenden Trigger-Situationen angewendet werden. Die Beruhigungsmethode eignet sich für ältere Kinder in schwierigen Situationen, wie in der Tanzstunde, beim Vorstellungsgespräch, wenn Gleichaltrige sie zu gefährlichen Aktionen verleiten möchten (peer pressure) usw.

Ruhigbleiben kann – abgesehen von den oben beschriebenen Postern – durch verschiedene Aktivitäten verinnerlicht werden. Lassen Sie die Kinder eine Liste von Situationen zusammenstellen, in denen Ruhigbleiben nützlich sein könnte. Lassen Sie sie aufschreiben, wann es notwendig gewesen wäre, die Methode anzuwenden. Bereiten Sie Ihre Kinder auf schwierige Situationen vor, indem Sie mit ihnen Ruhigbleiben üben.

Stimmen Sie Ihre Kinder ein Manche Kinder, vor allem ältere, sträuben sich vielleicht gegen diese Methode. Sie kooperieren eventuell besser, wenn Sie sagen, es handle sich um eine Übung, die von Sportpsychologen und Trainern zur Verbesserung sportlicher oder künstlerischer Leistungen entwickelt wurde. Machen Sie sie darauf aufmerksam, dass Sportler vor einem Wettkampf tief Luft holen oder andere stressreduzierende Übungen machen, und weisen Sie auf die Parallelen zum Ruhigbleiben hin. Ermutigen Sie Ihre Kinder, diese Methode zur Verbesserung ihrer sozialen und akademischen »Leistungen« anzuwenden. Vielleicht können Sie den Sportlehrer oder Trainer Ihrer Kinder dazu bewegen, die Methode der ganzen Klasse oder der ganzen Mannschaft beizubringen.

Ruhigbleiben ist noch effektiver, wenn auch Eltern die Methode anwenden, Listen von Trigger-Situationen erstellen und in ihrem Verhalten zeigen, dass Selbstbeherrschung nicht nur die Kinder angeht.

Tipp! Zeigen Sie Ihren Kindern, dass Selbstbeherrschung auch Erwachsene angeht.

Tipps für eine selbstbewußte Kommunikation (BEST)

Soziale und emotionale Intelligenz ist eine komplexe Angelegenheit. Es gibt keine »Wundertechnik«, die jedes Problem löst. Emotionale Intelligenz entwickelt sich aus vielen unterschiedlichen, ineinander verwobenen Schichten. Einen weiteren Bestandteil dieser komplizierten Mischung stellen wir Ihnen jetzt vor: Abgesehen von den zuvor besprochenen Fähigkeiten – Gefühlswahrnehmung und Selbstbeherrschung – müssen Kinder in der Lage sein, *selbstbewusst zu kommunizieren*. Sie müssen lernen, zwischen passiven, aggressiven und selbstbewussten Verhaltensweisen zu unterscheiden.

Für Kinder ein Muss

Selbstbewusste Kommunikation lässt sich unter dem Akronym »BEST« zusammenfassen. Es steht für folgende Begriffe:
- **B** (*B*ody posture = Körperhaltung): aufrecht stehen; selbstsicher, aber nicht arrogant auftreten.
- **E** (*E*ye contact = Blickkontakt): dem Gegenüber angemessen in die Augen schauen; kulturelle Unterschiede beachten.
- **S** (*S*peech = Sprache): angemessen sprechen; sagen, was man wirklich meint, ohne zu beleidigen; keine Herabsetzungen oder Demütigungen.
- **T** (*T*one of voice = Stimmlage): mit ruhiger Stimme sprechen und weder flüstern noch schreien.

BEST ist eine Kommunikationsmethode, mit der man lernen kann, selbstbewusst zu sein und von anderen besser verstanden und respektiert zu werden.

Ein Weg zu mehr Verständnis und Respekt

Eltern können ihren Kindern erklären, dass es drei verschiedene Möglichkeiten gibt, mit anderen zu kommunizieren, und zwar
1. als aggressiver Schreihals,
2. als passiver Gesichtsloser oder
3. als selbstbewusstes Ich.

Der Schreihals ist aggressiv, frech und rechthaberisch. Er kümmert sich nicht um die Gefühle anderer Menschen und setzt seinen Willen durch, indem er sie einschüchtert. Eltern können gemeinsam mit ihren Kindern überlegen, was passiert, wenn er so aggressiv vorgeht. Er bekommt vielleicht, was er möchte, aber die anderen werden ihn nicht mögen, und dadurch wird es ihm langfristig schwer fallen, sich durchzusetzen. Fragen Sie Ihr Kind: »Wenn du mich anbrüllst, werde ich dann tun, was du möchtest?« – Wir hoffen, Sie tun es nicht.

Der Gesichtslose ist duldsam und passiv. Die Wünsche anderer scheinen ihm wichtiger zu sein als seine eigenen. Er tritt für nichts ein. Er versucht nicht wirklich zu bekommen, was er möchte. Der Gesichtslose lässt andere auf sich herumtrampeln. Obwohl er Konflikte vermeidet, erreicht er eigentlich nie, was er möchte.

Ein Mensch mit selbstbewusstem »Ich« weiß, was er will, und scheut sich nicht, darum zu bitten. Er berücksichtigt jedoch die Gefühle und Rechte anderer. Er sagt, was er fühlt, aber auf eine Art und Weise, dass die anderen ihm zuhören. Er weiß, dass er nicht immer alles bekommen kann, was er möchte, aber er weiß auch, dass es am sinnvollsten ist, mit anderen zusammenzuarbeiten.

Weder aufdring-
lich noch gesichts-
los, sondern »Ich«

Die BEST-Methode hilft Kindern, als selbstbewusstes Ich, statt als Schreihals oder Gesichtsloser, zu handeln. Ältere Kinder finden die BEST-Regeln nützlich, können jedoch mit »Schreihals«, »Gesichtsloser« und »Ich« wenig anfangen. Sie können indessen Beispiele für zu viel oder zu wenig BEST-Verhalten nennen. Vielleicht macht es ihnen Spaß, Bekannte oder Fernsehdarsteller entsprechend zu kategorisieren. Ein positives Vorbild kann das Kind an die Bedeutung des selbstbewussten Ich erinnern. Die BEST-Regeln können bei häufigen Alltagsproblemen angewendet werden, wie z.B. beim Sprechen mit Freunden, bei Verabredungen und Vorstellungsgesprächen, bei einem Schulwechsel usw. Im Folgenden werden zwei weitere BEST-Aktivitäten vorgestellt.

Hollywood-BEST

Damit unsere Kinder von Filmen und Videos, die sie anschauen, positiv beeinflusst werden, sollen sie uns erzählen, wie die Schauspieler bestimmte Gefühle ausgedrückt haben. Wir nehmen BEST als Richtlinie und fragen nach Körpersprache, Augenkontakt, Sprache und Tonfall der Darsteller. Außerdem können wir andere Familienmitglieder fragen, ob sie den gleichen Eindruck hatten. Versuchen die Schauspieler mit Gewalt vorzugehen, ist es nützlich, wenn die Kinder sich überlegen, wie die Darsteller BEST anwenden könnten, um zum Ziel zu kommen, ohne sich als »Schreihälse« aufzuführen.

Familien-BEST

Verwandte kommen zu Besuch oder Sie wollen Verwandte besuchen und denken mit Schrecken an die schwierige Begrüßungszeremonie, d. h. alle angemessen zu begrüßen, ohne jemanden zu beleidigen. Üben Sie vorher BEST mit der Familie, dann wird es keine Probleme geben. Wenn Großvater hereinkommt, halte dich gerade, aber nicht zu gerade, schau ihm nicht direkt in die Augen, sondern halte den Blick etwas gesenkt, und achte darauf, dass deine Stimme ruhig, aber nicht zu leise klingt. Wenn Sheila dann das Neugeborene bringt, gelten wieder andere BEST-Regeln usw.

Problemskizzen

Mit Hilfe von Problemskizzen können Kinder über Lösungsmöglichkeiten nachdenken, bevor sie mit den Eltern darüber sprechen. Je nach dem Alter der Kinder und ihren Lese- und Schreibfähigkeiten können sie gemalt oder aufgeschrieben werden. Sie können die Antworten der Kinder auf Tonband aufnehmen oder den Computer benutzen.

Malen oder aufschreiben

Möglichkeiten der Anwendung

1. Stört es Sie, dass Ihr Kind ständig herumjammert? Dann lassen Sie es eine Problemskizze anfertigen – möglichst in aller Stille. Seien Sie konsequent und Sie werden feststellen, dass Ihr Kind allmählich damit aufhört und andere Möglichkeiten sucht, um mit Problemen, Frustrationen oder Enttäuschungen umzugehen.
2. In einer Familie kamen die Kinder immer einige Stunden vor den Eltern nach Hause, gerieten regelmäßig in Streit und riefen die Mutter im Büro an. Glücklicherweise war ein Faxgerät in der Wohnung vorhanden. Die Kinder wurden angewiesen, eine Problemskizze anzufertigen und sie der Mutter zu faxen, bevor sie anriefen. Die Kinder lernten auf diese Weise, sich Problemlösungen zu überlegen, und riefen sehr viel seltener an.

   Problemlösung per Fax
3. Auch in stressgeladenen Situationen außerhalb der Familie können die Kinder eine Problemskizze anfertigen und später mit den Eltern darüber sprechen.

Beispiel für eine Problemskizze

Die folgende Problemskizze wurde von einem Jungen angefertigt, der sich über seine Schwester ärgerte, und mit beiden diskutierte, um die Konflikte zwischen ihnen zu lösen. Bei jedem neuen Konflikt mussten sie zuerst eine Problemskizze anfertigen, bevor sie sich bei der Mutter über die/den andere(n) beschweren durften.

So kann es aussehen

Problemskizze

Name: *Tim*   Datum: *Montag*

Wo warst du? *Zu Hause*

Was geschah?
Sie hat sich lustig über mich gemacht, und ich wurde so wütend, dass ich sie getreten habe.

Wer war noch daran beteiligt? *Niemand*

Was hast du getan? *Ich habe sie getreten.*

Was hat die andere Person getan?
Sich lustig über mich gemacht.

Wie hast du dich gefühlt?
Wie hat sich die andere Person gefühlt? *Wütend*

Wie hast du dich deiner Meinung nach verhalten?
1 schlecht; 2 nicht so gut; 3 okay; 4 gut; 5 sehr gut

Wie ärgerlich warst du?
1 wütend; 2 wirklich verärgert; 3 ziemlich verärgert, aber o.k.; 4 ein wenig verärgert; 5 überhaupt nicht verärgert

Welche anderen Möglichkeiten hättest du gehabt, um darauf zu reagieren?
Es meiner Mutter erzählen, sie fester treten, sie festhalten.

Gibt es etwas, das du jetzt tun kannst, um das Problem zu lösen oder in Zukunft zu verhindern?
Nein, nichts

Das war eine sehr nützliche Problemskizze. Zunächst einmal konnte der aktuelle Konflikt beendet werden. Die Mutter musste nicht mühsam danach suchen, wer was wem und warum angetan hat, sondern die Problemskizze lieferte ihr wenigstens einige Aspekte der Geschichte. Außerdem benötigte der Junge ein paar Minuten zum Aufschreiben, wurde dadurch ruhiger und war eher bereit, über das Problem zu sprechen. Diese Problemskizze verdeutlicht uns auch, wieviel emotionale Intelligenz der Junge besitzt. Er ist sich seiner Gefühle bewusst, kann das Problem benennen und mitteilen, was er getan hat, um es zu lösen. Er kann sich jedoch noch nicht richtig selbst einschätzen und denkt, er habe sich »sehr gut« verhalten, worüber man anderer Ansicht sein kann. Außerdem fällt es ihm schwer, effektive Problemlösungen zu entwickeln. Sein aggressiver Lösungsversuch (fester treten) wird das Problem sicher nicht lösen, sondern verschlimmern. Er braucht Hilfe und muss erst noch lernen, Problemlösungen zu finden. Am aufschlussreichsten ist wahrscheinlich seine letzte Antwort. Auf die Frage, was er jetzt tun könne, sagte er: »Nichts.« Das weist auf Gefühle wie Sinnlosigkeit und Hoffnungslosigkeit hin. Es gibt nichts, was er tun kann, um das Problem zu lösen oder zu verhindern, warum soll er sich also bemühen? Das bedeutet, dass der Junge keine Strafe braucht, sondern elterliche Unterstützung und Ermutigung. Wenn Sie eine Problemskizze Ihres Kindes lesen, werden Sie es besser verstehen und ihm dann helfen können, die notwendigen Fähigkeiten zu entwickeln.

Ein Maß für emotionale Intelligenz

Problemskizze

Name: Datum:

Wo ereignete sich das Problem?
☐ im Bus / ☐ im Flur / ☐ auf dem Spielplatz
☐ zu Hause / ☐ im Hof / ☐ in der Wohnung eines Freundes /
☐ in der Schule / ☐ beim Mittagessen / ☐ in meinem Zimmer /
Andere:

Was geschah?
☐ Jemand hat mich geärgert.   ☐ Ich bin frustriert.
☐ Jemand hat mich gehänselt.   ☐ Ich habe es verloren.
☐ Jemand hat mich geschlagen. ☐ Jemand hat mich verflucht.
☐ Jemand hat mir weh getan.   ☐ Jemand hat mich beschimpft.
☐ Jemand hat mich getreten.   Andere:

Wer war derjenige?

Ich fühlte mich:
☐ schlecht   ☐ wütend   ☐ angemacht
☐ zornig   ☐ zufrieden   ☐ gemein
☐ glücklich   ☐ verschüchtert ☐ in Rage
☐ traurig   ☐ aufgebracht   ☐ schäbig
☐ verletzt   ☐ verärgert   ☐ heruntergeputzt
☐ ängstlich   ☐ belästigt
☐ verlegen   ☐ besorgt   Andere:

Daraufhin habe ich/bin ich:
☐ sie geschlagen. ☐ es einem   ☐ weggelaufen.
                 Erwachsenen erzählt.
☐ ihnen weh getan. ☐ Gesichter   ☐ nach den BEST-
                 geschnitten.   Regeln mit ihnen
                                  gesprochen.
☐ sie ignoriert.   ☐ Ruhigbleiben
                 angewendet.
☐ sie beschimpft. ☐ weggegangen.
☐ sie belästigt.   ☐ nicht mit ihnen Andere:
                 gespielt.

Was ich gut fand an dem, was ich getan habe:

Was ich nicht gut fand an dem, was ich getan habe:

Was ich das nächste Mal tun würde:

Problemskizze

- Wo warst du?
- Was geschah?
- Wer war noch daran beteiligt?
- Was hast du getan?
- Was hat die andere Person getan?
- Wie hast du dich gefühlt? Wie hat sich die andere Person gefühlt?
- Wie hast du dich deiner Meinung nach verhalten?
  1 schlecht; 2 nicht so gut; 3 okay; 4 gut; 5 sehr gut
- Wie ärgerlich warst du?
  1 wütend; 2 wirklich verärgert; 3 ziemlich verärgert, aber o.k.;
  4 ein wenig verärgert; 5 überhaupt nicht verärgert
- Welche anderen Möglichkeiten hättest du gehabt, um darauf zu reagieren?
- Gibt es etwas, das du jetzt tun kannst, um das Problem zu lösen oder in Zukunft zu vermeiden?

Ruhigbleiben in Aktion – ein Vater-Tochter-Beispiel

Meine Tochter ist mit anderen Kindern im Alter von fünf bis siebzehn Jahren in einer Theatergruppe. Über einen Zeitraum von vier Monaten haben die Kinder verschiedene Musicals einstudiert und vor den Eltern, in Schulen und vor verschiedenen Gemeindegruppen aufgeführt. Meine Tochter hat gelernt, ihre Emotionen unter Kontrolle zu halten und arbeitet sehr effektiv mit Personen verschiedenen Alters in dieser Theatergruppe zusammen. Sie lernte dabei die ganze Skala von Emotionen kennen. Es ist jedesmal sehr nervenaufreibend für sie, vor dem Beginn eines jeden Schulhalbjahres ein kleines Stück auswendig zu lernen und vor dem Direktor und den Mitschülern zur Probe vorzusprechen. Mit Hilfe der Technik des Ruhigbleibens kann sie ihre Angst bekämpfen, ruhig die Bühne betreten und sich auf ihre Aufgabe konzentrieren. Sie weiß, dass diese kurze Sprechprobe darüber entscheiden wird, ob bzw. welche Rolle sie in der kommenden Saison spielen darf.

Aus dem Umfeld des Autors

Aber das ist erst der Anfang. Der Konkurrenzkampf um die Rollenbesetzung führt zu Neid und Eifersucht unter den Kindern. Im Kampf um die Hauptrollen müssen sie lernen, mit starken Emotionen umzugehen. Meine Tochter hatte Glück und erhielt Hauptrollen; sie musste deshalb mit den Reaktionen der anderen Kinder fertig werden.

Ein Wort zum Abschluss

In diesem Kapitel haben wir einige äußerst wirksame und praktische Techniken emotional intelligenter Erziehung vorgestellt: »Ruhigbleiben«, »Emotionale Kennzeichen«, »BEST« und »Problemskizzen«. Damit können Eltern ihren Kindern helfen, Gefühle zu erkennen und besser zu beherrschen. Problemskizzen wurden von Tausenden von Eltern und Kindern benutzt, um ihre Bemühungen um Selbstdisziplin aufzuschreiben und zu verbessern. Im folgenden Kapitel werden Strategien zur Problemlösung und Entscheidungsfindung beschrieben.

»FIG-TESPN« und selbst-verantwortliches Handeln

Die wichtigsten Prinzipien der emotionalen Intelligenz, die in diesem Kapitel besprochen werden

▶ 1. Erkenne deine eigenen Gefühle und die Gefühle anderer.
2. Zeige Empathie und verstehe die Sichtweisen anderer.
3. Kontrolliere Emotionen und Impulse und gehe positiv damit um.
▶ 4. Sei positiv ziel- und planorientiert.
▶ 5. Zeige soziale Kompetenz im Umgang mit anderen.

Wir möchten Ihnen zunächst anhand eines Beispiels verdeutlichen, wie FIG-TESPN funktioniert, bevor wir den Begriff genauer erläutern.

Eine Familie kam zu uns zur Therapie, weil ihr 15jähriger Sohn einem engen Freund der Familie Geld gestohlen hatte. Den Eltern war es peinlich, sie waren empört und sorgten sich um ihren Sohn. Zunächst stritt er alles ab. Als er mit Beweisen konfrontiert wurde, gab er den Diebstahl beiläufig zu, ohne Reue zu zeigen. Die Eltern wurden noch wütender, und der Konflikt eskalierte.

Haben wir ein Monster großgezogen?!
Was war hier geschehen? Hatten die Eltern völlig versagt und einen Soziopathen großgezogen, der kein Gefühl für richtig oder falsch und keinerlei Schuldgefühl hatte? Eltern denken in solchen Fällen häufig, sie hätten total versagt, ihrem Kind keine Werte vermittelt und einen Serienkiller aufgezogen.

Sie müssen Vertrauen zu Ihren Fähigkeiten als Eltern haben. Wenn Ihr Kind etwas Falsches tut, mag es auch noch so ungeheuerlich sein, dann beruht das normalerweise nicht auf einer schweren psychischen Störung, die eine jahrelange Therapie und stationäre Behandlung erforderlich macht. Sie sollten es vielmehr als einen »Fehler« betrachten.

Als in dem obigen Beispiel der Konflikt zwischen Eltern und

Kind eskalierte, wurde der Sohn immer defensiver, und die Eltern wurden immer offensiver. Es musste ein Weg gefunden werden, damit Eltern und Kind das Problem diskutieren konnten. Die Eltern mussten ihre eigenen Gefühle wahrnehmen und entscheiden, was sie tun sollten, und ihr Sohn musste sich ebenfalls seiner Gefühle bewusst werden und entscheiden, was er tun sollte. Die Aufgabe des Therapeuten bestand in diesem Fall nur darin, die Familie durch diesen Prozess zu begleiten. Durch den Kauf dieses Buches bekommen Sie die Therapie praktisch frei Haus geliefert.

FIG-TESPN ist ein Akronym für Problemlösung, Entscheidungsfindung und Aktionsplanung. Es handelt sich dabei um einen Prozess, nicht um ein Patentrezept. Sie können in der Mitte beginnen, sich bis zum Schluss durcharbeiten und dann von vorn beginnen. Sie können den Prozess aber auch Schritt für Schritt nachvollziehen. Wir werden Ihnen eine Kurzfassung vorstellen, die Sie anwenden können, wenn Sie nur wenig Zeit haben, und eine erweiterte Version, die auf schwierige Lebensentscheidungen zugeschnitten ist.

Problemlösung, Entscheidungsfindung, Aktionsplanung

Wenn Sie als Erwachsener FIG-TESPN benutzen, können Sie seine Bedeutung jederzeit aus dem Gedächtnis abrufen. Wollen Sie diese Strategie jedoch Ihren Kindern beibringen, empfehlen wir Ihnen, FIG-TESPN zu personalisieren. Erzählen Sie Ihrem Kind, FIG-TESPN ist wie Jiminy Cricket aus dem Walt-Disney-Zeichentrickfilm »Pinocchio« oder wie ein Trainer: »Jiminy flüsterte Pinocchio ins Ohr, aber Pinocchio musste selbst entscheiden, was er tun würde. Ein Trainer sagt dir, wie du spielen sollst, aber auf dem Spielfeld musst du selbst entscheiden und das Spiel spielen. FIG-TESPN zeigt dir, wie du das Spiel des Lebens erfolgreich spielen kannst.«

Wir wollen FIG-TESPN jetzt im Einzelnen betrachten. Das Akronym steht für Folgendes:

1. **F**eelings cue me to thoughtful action.
2. **I** have a problem.
3. **G**oal gives me a guide.
4. **T**hink of things I can do.
5. **E**nvision outcomes.
6. **S**elect my best solution.
7. **P**lan the procedure, anticipate pitfalls, practice, and pursue it.
8. **N**otice what happened, and now what?

Also:
1. Gefühle sind mein Leitfaden für wohlüberlegtes Handeln.
2. Ich habe ein Problem.
3. Ich lasse mich von einem Ziel leiten.
4. Ich überlege mir, was ich tun kann.
5. Ich stelle mir die Folgen vor.
6. Ich wähle die beste Lösung.
7. Ich plane den Prozess, sehe Fallstricke vorher, übe und verfolge das Ziel.
8. Ich überprüfe das Geschehene, und was nun?

Gefühle sind mein Leitfaden für wohlüberlegtes Handeln

Gefühle sind der erste Schritt auf dem Weg zu einer Problemlösung, weil sie uns spüren lassen, dass etwas getan werden muss. Wenn wir uns nicht schlecht fühlen würden, hätten wir kein Problem. Wenn Kinder sich schlecht fühlen, dann können sie sich nicht davon befreien, sind entweder nicht in der Lage, etwas zu tun, oder reagieren unangemessen. Durch FIG-TESPN lernen sie, *Gefühle als* diese Gefühle nicht als Endergebnis eines unangenehmen Ereignis- *Beginn des* ses, sondern als Beginn eines Auswegs zu sehen. Sie können es mit *Auswegs* körperlichem Schmerz vergleichen. Wenn wir uns schneiden und keinen Schmerz verspürten, dann würden wir vielleicht nicht darauf achten und könnten verbluten. Die Schmerzen der Schnittwunde lassen uns wissen, dass es ein Problem gibt und dass wir etwas dagegen tun müssen. Ignorieren wir das Problem, dann wird es wahrscheinlich nur schlimmer. Unangenehme Gefühle haben eine ähnliche Wirkung.

Es ist wichtig, Gefühle zu erkennen und zu identifizieren. Kindergefühle haben Ein-Aus-Schalter, keine Dimmer. Kinder fühlen sich entweder gut oder schlecht, glücklich oder traurig, satt oder ausgehungert. Es ist jedoch wichtig, dass sie das ganze Gefühlsspektrum zwischen den Extremen kennen- und unterscheiden lernen. Kinder machen z.B. oft keinen Unterschied zwischen Enttäuschung und Wut. Indem sie lernen, unterschiedliche Gefühle zu benennen, werden Kinder differenzierter reagieren und handeln.

Ich habe ein Problem

Ein Problem zu haben bedeutet nicht, dass das Kind schuld daran ist, sondern dass es dafür verantwortlich ist, das Problem zu lösen. Es ist zwecklos, ein Kind zu einem Schuldeingeständnis zu veranlassen. Es soll verstehen lernen, dass es derjenige ist, der wütend ist und deshalb für die Lösung des Problems verantwortlich ist. Das Kind kann endlos argumentieren, warum es nicht seine Schuld war, aber dadurch wird das Problem nicht gelöst. Kinder projizieren Schuld häufig nach außen und damit auch die Verantwortung für die Problemlösung. Dadurch ist das Kind nicht in der Lage, an dem Problem zu arbeiten, weil es sich darauf konzentriert, was andere tun sollen. Es soll jedoch keine Schuld zugewiesen werden, sondern wir möchten erreichen, dass das Kind das Problem in Worte kleidet und damit den ersten Schritt zu seiner Lösung tut. Probleme können nur mit dem Verstand gelöst werden. Wenn Kinder Probleme verbalisieren, zügeln sie gleichzeitig ihre Impulse. Wer denkt und spricht, wird wahrscheinlich vom impulsiven Handeln abgehalten.

Schuld nach außen projizieren verhindert Problemlösungen

   Es ist oft schwierig, das eigentliche Problem zu identifizieren und aus verschiedenen anderen, gleichzeitig vorhandenen Problemen oder Gefühlen herauszufinden und wirksame Problemlösungen zu entwickeln. Betrachten wir dazu folgende Situation:

   Zwei Brüder hatten einen Streit. Die Mutter möchte wissen, was das Problem war. »John ist ein dämlicher Kerl«, sagt einer der Jungen. Versucht der Junge daraufhin Lösungsmöglichkeiten zu finden, um das Problem zu bewältigen, so erkennt er vielleicht, dass – ganz gleich, was er tut – John dadurch nicht weniger dämlich wird. Viele dieser Lösungen würden außerdem darauf beruhen, dass John eine Menge Dinge tun und sich ändern müsste – und das wäre wahrscheinlich eher reines Wunschdenken als eine realistische Problemlösung. An dieser Stelle können Sie dem Jungen helfen, das Problem so umzuformulieren, dass darin »ich« vorkommt, wie z. B.: »Ich mag es nicht, wenn John mich ständig hänselt« oder »Wenn John mich hänselt, fühle ich mich gekränkt« (oder wütend usw.).

Probleme umformulieren

Merke! Wenn Kinder Probleme verbalisieren, zügeln sie gleichzeitig ihre Impulse und können dadurch von impulsiven Handlungen abgehalten werden.

Ich lasse mich von einem Ziel leiten

Einer der wichtigsten Punkte von FIG-TESPN ist das Ziel, von dem sich ein Mensch leiten läßt. Viele Kinder wissen heute nicht, wonach sie streben sollen, es fehlt ihnen an Motivation. Viele Eltern machen sich Sorgen, weil ihre Kinder ihre Zeit schlecht nutzen – was die schulischen Dinge und die Freizeit angeht. Wir vergessen oft, dass »Ziele setzen« eine Fähigkeit ist, die Kindern beigebracht werden kann. Wird sie beherrscht und angewendet, so erweist sie sich als wirksames Antistressprogramm.

»Ziele setzen« als Antistress-programm

Wenn wir z. B. viel zu tun haben und uns etwas überfordert fühlen, machen viele von uns eine Liste. Was bedeutet das? Es handelt sich um eine zielsetzende Aktivität, die unsere nächsten Schritte bestimmen wird. Haben wir erst einmal eine Liste erstellt, fühlen wir uns besser, wir sind erleichtert. Dieses Gefühl ist so stark ausgeprägt, dass viele von uns erst einmal eine Pause machen, nachdem wir eine Liste angefertigt haben, obwohl wir noch nichts von den anliegenden Dingen erledigt haben. Ein Ziel ist etwas, das wir anstreben. Es lässt sich auch als umgekehrtes Problem definieren: Das Problem ist, dass ich meine Hausaufgaben verspätet abgegeben habe; mein Ziel ist es, die Hausaufgaben rechtzeitig abzugeben. Ohne Ziele wissen wir nicht, in welche Richtung wir gehen sollen.

Kinder müssen begreifen, dass Ziele die Richtschnur unserer Handlungen sind, um zu erreichen, was wir wollen. Außerdem müssen Kinder lernen, sich vernünftige und erreichbare Ziele zu setzen. Das wird im Laufe der Zeit geschehen, wenn sie fleißig FIG-TESPN üben. Darüber hinaus ist es notwendig, Unterziele zu identifizieren und ihnen Prioritäten zuzuordnen. Nehmen wir an, das Ziel lautet, beliebt zu sein. Unterziele könnten sein, mit Freunden auszugehen, cool zu sein, gute Noten zu bekommen, einen guten Job zu haben und viel Geld zu verdienen – das kann einen auch bei anderen beliebt machen. Diese Unterziele können auch im Widerspruch zueinander stehen. Sind sich Kinder der Ziele bewusst, können sie lernen, Belohnung aufzuschieben.

Unterziele

In einem früheren Kapitel hatten wir über ein Familienmotto gesprochen, das die Werte und Ziele einer Familie beinhaltet. Falls Sie es noch nicht gewählt haben, dann wäre jetzt ein guter Zeitpunkt dafür.

Ich überlege mir, was ich tun kann

Gäbe es doch nur einen Zauberstab, mit dem Eltern ihre Kinder zum Denken bewegen könnten! Im jetzigen Stadium haben wir nur ein bescheidenes Ziel: Unser Kind soll sich möglichst viele verschiedene Dinge überlegen, ohne sie als gut oder schlecht zu bewerten. FIG-TESPN bedeutet – und das ist sein großer Vorteil –, einen sehr komplexen Prozess in konkrete, übersichtliche Teile aufzuspalten, die direkt gelehrt und angewendet werden können. Wie oft haben Sie rhetorisch gefragt: »Warum denkst du nicht, bevor du etwas tust?« FIG-TESPN zeigt Ihrem Kind, wie es das bewerkstelligen kann.

Wenn wir unsere Kinder lehren, immer erst zu denken, bevor sie handeln, lernen sie dadurch gleichzeitig Impulskontrolle. Wir möchten unsere Kinder auch kreatives, expansives Denken lehren. Das geschieht durch kritikfreies Brainstorming. Es ist wichtig, dass weder Eltern noch Kinder vorgebrachte Gedanken zensieren, weil dadurch kreatives Denken zerstört würde. Manchmal hilft uns ein lächerlicher Vorschlag, eine gute Lösung zu finden. Denken Sie immer daran: Das Leben ist sehr kompliziert, und es gibt nur selten eine einzige richtige Antwort auf ein Problem.

Eine effiziente Impulskontrolle

Ich stelle mir die Folgen vor

Wir müssen unseren Kindern beibringen, über die möglichen Folgen nachzudenken, bevor sie etwas tun. Dazu ist es notwendig, zu fragen, zu erklären und zu üben. Nehmen Sie frühere Handlungen als Beispiel und sprechen Sie darüber oder nehmen Sie FIG-TESPN zum Anlass, über Konsequenzen zu diskutieren. Loben Sie Ihre Kinder, wenn sie eine gute Wahl getroffen haben.

Nachdem das Kind darüber nachgedacht hat, was es tun kann, um das Problem zu lösen, muss es sich im Geist vorstellen, was geschehen würde, wenn es seine Ideen in die Tat umsetzt. Es hilft, wenn Kinder sich die Folgen ausmalen können. Sie können ein Spiel daraus machen, indem Sie eine Handlung vorschlagen, und das Kind denkt über die Konsequenz nach. Die Handlung ist z. B. »Spielzeug teilen«, die Folge ist …, die Handlung ist »mit dem Bruder streiten«, die Folge ist … Dabei ist es notwendig, dass sich das

Kind möglichst verschiedene Folgen ausmalt. Die Eltern müssen oft weitere potentielle Folgen aufzeigen, die das Kind nicht vorhersehen kann.

Ich wähle die beste Lösung

Lassen Sie sich nicht ablenken!

Wenn Sie so weit gekommen sind, hat Ihr Kind wahrscheinlich vergessen, worum es eigentlich geht. Vielleicht wissen Sie es selbst auch nicht mehr. Sie sollten sich das ursprüngliche Problem und Ziel wieder in Erinnerung rufen. Kinder lassen sich leicht ablenken und sind Experten darin, ihre Eltern abzulenken, vor allem, wenn über ihre Probleme gesprochen wird. Kommentare, die nicht zum Thema passen, sollten ignoriert werden, vor allem, wenn sie provozieren sollen. Vielleicht müssen einige frühere Schritte überdacht werden. Wenn eine Lösung formuliert wird, können verschiedene Optionen kombiniert werden. Hat sich Ihr Kind beispielsweise zum Ziel gesetzt, eine Prüfung zu bestehen, dann kann die Lösung darin liegen, einen Studienplan zu entwerfen, mit einem Freund zusammen zu lernen, eine Aufstellung aller zu lernenden Kapitel zu machen usw.

Ich plane den Prozess, sehe Fallstricke vorher, übe und verfolge das Ziel

Würden Kinder – oder Erwachsene – allein diesen Schritt des Prozesses beherrschen, hätten sie bereits hohe soziale Kompetenz erlangt. Planen geschieht nicht so natürlich wie impulsives Verhalten aufgrund von Emotionen. Diese Fähigkeiten können jedoch erworben werden, wie wir in den vorangegangenen Kapiteln ausgeführt haben.

Planen erhöht die Chancen auf Erfolg

Planen bedeutet, eine größere Chance zu haben, etwas zu erreichen. Wenn ein Kind beispielsweise jemanden bei sich übernachten lassen möchte, kann es entweder einfach einige Freunde anrufen und zum Übernachten einladen, oder es kann planen, wer kommen wird, wann die Freunde kommen, was sie zusammen tun, wo sie schlafen und wie sie ihre Eltern darum bitten werden. Zur

Verdeutlichung können Eltern ihren Kindern »Erwachsenenbeispiele« nennen, z. B. den Kauf eines neuen Autos (das Erstbeste kaufen oder planen?) bzw. eine Ferienreise (einfach drauflosfahren oder vorher planen?).

Wenn wir uns vorstellen, welche Fallstricke oder Hindernisse den Plan gefährden können, lassen sich Frustration und Misserfolg verhindern. Impulsivem Handeln kann dadurch ebenfalls vorgebeugt werden.

Diese Fähigkeiten müssen praktiziert werden. Rollenspiele sind dazu gut geeignet. Kinder können vielleicht ihre Pläne ankündigen, aber dann wissen sie möglicherweise nicht, wie sie sie in die Tat umsetzen sollen, oder sie tun es nicht richtig. Wenn sie das Ganze jedoch in einem Rollenspiel üben, können die Eltern außerdem sehen, welche anderen Fähigkeiten, wie z. B. selbstbewusste Kommunikation oder Selbstbeherrschung, ihnen fehlen.

Training durch Rollenspiele

Das Ziel verfolgen bedeutet, dass sich das Kind vor den anderen verpflichtet, etwas Bestimmtes zu tun. Es sollte genau sagen, wann es die Sache erledigen wird. Wichtig ist die Verpflichtung. Ohne diese Zusage ist es weniger wahrscheinlich, dass das Kind die Sache wirklich in Angriff nimmt.

Ich überprüfe das Geschehene, und was nun?

Eltern sollen zusammen mit ihrem Kind genau überprüfen, was geschehen ist, als der Plan verwirklicht wurde. Das Kind erkennt dadurch, dass die Eltern seine Probleme ernst nehmen, und es wird außerdem ermutigt, selbst ein Urteil darüber abzugeben. Was hält das Kind jetzt von der Situation? Hat der Plan funktioniert? Gab es unvorhergesehene Hindernisse? War das Ziel wirklich das, was es gewollt hatte?

Kinder müssen außerdem lernen, dass ihre Pläne nicht immer von Erfolg gekrönt sein können, auch wenn sie sich noch so sehr darum bemüht haben. Als Erwachsene wissen wir, dass es im Leben nun einmal so zugeht. Die soziale Dynamik ist so kompliziert, dass eine perfekte Lösung nicht immer erreicht werden kann. Wir können lediglich unser Bestes tun. Wenn Kinder das verstehen,

Mit Enttäuschungen umgehen

werden sie weniger enttäuscht sein. Vielleicht muss das Problem neu überdacht werden. Versuchen Sie es noch einmal mit FIG-TESPN, wobei das Ergebnis des ursprünglichen FIG-TESPN das zu lösende Problem darstellt. Beginnen Sie mit den Gefühlen, die Sie verspüren, weil das Problem noch nicht gelöst ist.

FIG-TESPN bei alltäglichen Familienproblemen

Familienprobleme können durch FIG-TESPN in dreierlei Hinsicht angegangen werden. Zum einen kann FIG-TESPN von den Eltern zur Problemlösung angewendet werden. Sie fahren beispielsweise im Auto und hören, wie Ihre Kinder sich auf dem Rücksitz streiten. In diesem Fall können Sie einen FIG-TESPN-Schnelltest machen:

F Wütend, müde.

I Die Kinder streiten.

G Ich möchte, dass sie sich vertragen.

T Am Straßenrand anhalten zur »Auszeit«.

E – zu gefährlich
  – schreien
  – sich schlecht fühlen
  – drohen, etwas wegzunehmen
  – fragen, was das Problem ist
  – Geschrei hören

S Ich frage, was das Problem ist.

P Ruhig bleiben. Ich bitte mit ruhiger Stimme, dass jedes Kind seine Meinung sagt.

N Wenn das nicht funktioniert, drohe ich, dass es keinen Nachtisch geben wird, und nehme das Geschrei in Kauf.

Tipps für Eltern, damit Kinder verantwortungsbewusstes Entscheiden und Handeln lernen

Die zweite Anwendung besteht darin, die Kinder durch den FIG-TESPN-Prozess zu führen, sie zu ermutigen, wohlüberlegt zu handeln, ohne FIG-TESPN buchstabengetreu anzuwenden. Sie können die wesentlichen Aspekte auch spontaner und flexibler anwenden. Wir werden Ihnen eine Reihe von Beispielfragen nennen, die Sie bei jedem Schritt stellen können. Die Fragen können auf jeder Stufe beginnen – je nach den Erfordernissen der aktuellen Situation. Manchmal möchten Sie vielleicht mit »I« anfangen, um das Problem kennenzulernen, bevor über Gefühle gesprochen wird. Bei einer anderen Gelegenheit diskutieren Sie mit Ihrem Kind vielleicht darüber, was es getan hat, um das Problem zu lösen (»S«- und »P«-Phase). Von da aus arbeiten Sie sich dann durch zu den Gefühlen, zum Problem, zum Ziel und zu anderen möglichen Optionen (»T«-Phase). Sie sollten das Ganze als einen Prozess und nicht als strenge Abfolge verstehen. Denken Sie dabei an die Leitprinzipien. Geduld und Ausdauer sind besonders wichtig, wenn ein Kind antwortet: »Ich weiß nicht.«

Ein Prozess und keine strenge Abfolge

Allgemeine Hinweise

Beginnen Sie langsam und geduldig. Überprüfen Sie, wie Ihr Kind damit umgeht, viel denken zu müssen und viele Fragen zu beantworten. Bei manchen Kindern, die an solche Denkprozesse nicht gewöhnt sind, kommt es zu geistiger Ermüdung. Führen Sie sie allmählich durch alle Stufen oder konzentrieren Sie sich auf Abschnitte, die für eine bestimmte Situation besonders wichtig sind.

Hinweise nach Fragen

F. Achten Sie darauf, dass die Kinder Gefühls-Wörter benutzen, statt das Problem oder ihre Handlungen nur zu beschreiben. Sie müssen ihnen vielleicht dabei helfen, indem Sie emotionale Aspekte ansprechen: »Hast du dich nervös gefühlt? Hast du deine emotionalen Kennzeichen im Bauch gespürt? Bist du ganz rot im Gesicht geworden?« Das mag schwierig sein, aber es ist wichtig, dass Ihr Kind das lernt.

Auf Details achten **I.** Achten Sie auf Einzelheiten und bemühen Sie sich, die Reihenfolge der Ereignisse und Handlungen zu verstehen: Wer tat was und wann?

G. Die Kinder sollen sich auf ihr Ziel konzentrieren. Achten Sie darauf, das Ziel nicht selbst zu bestimmen. Es fällt Kindern oft schwer, den Unterschied zu erkennen zwischen einem Ziel und dem, was man tun kann, um dieses Ziel zu erreichen.

T. Wenn Ihre Kinder verschiedene Optionen nennen, fragen Sie sie, was sie schon ausprobiert haben. Dadurch fühlen sich die Kinder ermutigt, die Situation selbstständig zu beurteilen. Schlagen Sie dann ein Brainstorming vor, wobei die Kinder so viele Optionen wie möglich nennen sollen. Üben Sie keinerlei Kritik, auch wenn es Ihnen schwer fällt, hören Sie nur zu und ermuntern Sie sie, weitere Ideen zu präsentieren – je mehr, desto besser.

Jede Option **E.** Überprüfen Sie jede Option; manchmal ist es sinnvoll, sie auf-
prüfen zuschreiben, um den Überblick zu behalten. Ermutigen Sie die Kinder, sich potentielle Folgen möglichst realistisch auszumalen. Schreiben Sie sie auf, wenn Sie möchten.

S. Lassen Sie die Kinder die beste Lösung auswählen, mit der das Ziel erreicht werden kann. Erinnern Sie die Kinder an das Ziel.

P. Überprüfen Sie noch einmal wer, was, wo und wie. Jedes Detail ist wichtig, um einen wohlüberlegten Plan zu entwickeln und ihn erfolgreich in die Tat umzusetzen. Überlegen Sie, welche Probleme bei der Ausführung des Plans auftreten können und wie das Kind damit umgehen kann. Durch Rollenspiele können Kinder die sozialen Fähigkeiten erlernen, die notwendig sind, um eine gute Idee in die Tat umzusetzen. Das Kind soll sich verpflichten, den Plan
Auf Fehlschläge auszuprobieren. Bereiten Sie es auf mögliche Fehlschläge und
vorbereiten Frustrationen vor, die auf dem Weg zur Erreichung des Ziels auftreten können. Lassen Sie sie darüber nachdenken, was sie in einem

solchen Fall tun würden, einschließlich FIG-TESPN wiederholen. Da dies beträchtliche kognitive Fähigkeiten erfordert, ist es für jüngere Kinder ungeeignet.

N. Überprüfen Sie zusammen mit Ihrem Kind, was von dem Plan verwirklicht wurde. Seien Sie nicht entmutigt, wenn er nicht in die Tat umgesetzt wurde. Diese Rückschau ist sehr wichtig: Sie ermutigen dadurch die Kinder, nach Problemlösungen zu suchen, helfen ihnen, den Plan den Erfordernissen anzupassen, und lassen sie spüren, wie sehr sie Ihnen am Herzen liegen.

Erfahrungen eines Vaters mit FIG-TESPN

Einer der Autoren dieses Buches kombinierte FIG-TESPN mit der Technik des Ruhigbleibens und bewältigte dadurch eine schwierige Situation mit seiner Tochter. Diese Geschichte ist ein gutes Beispiel für die Wirkungsweise dieser beiden Techniken.

Meine neunjährige Tochter nimmt seit einigen Jahren in den Sommermonaten an einem dreiwöchigen Tagesfreizeitlager teil. Als krönender Abschluss wird jedesmal ein von den Teilnehmern einstudiertes Theaterstück oder ein Sketch vor den Eltern aufgeführt. Meine Tochter war immer sehr engagiert und hatte Gelegenheit, an der Choreografie mitzuwirken und einige Musikstücke auszuwählen, die in der Produktion verwendet wurden. Dieses Jahr hing ihr Herz an einem Sketch, der mit Musik aus dem Broadway-Musical »Annie« aufgeführt werden sollte. Sie erfuhr jedoch im Ferienlager, dass einige andere Kinder einen Sketch zum Spielfilm »Space Jam« bevorzugten. Meine Tochter war wütend, als sie an diesem Tag nach Hause kam, und es ergab sich folgende Diskussion:

Vater: »Wie war es heute im Ferienlager?«

Tochter: »Ich möchte lieber nicht darüber sprechen.«

Vater: »Na, komm schon. Wie war's denn heute?«

Tochter: »Nun, es war nicht gut.«

Vater: »Was meinst du damit?«

Tochter: »Die anderen Kinder konnten sich nicht entscheiden, welcher Sketch gespielt werden sollte; und ich wollte die Musik aus ›Annie‹ verwenden, aber niemand sonst war dafür, außer einem Mädchen in meiner Gruppe. Deshalb stimmten sie ab, und die

Aus dem Fundus des Autors

meisten Kinder wollten Songs und Musik aus ›Space Jam‹ benutzen, und das ist wirklich schrecklich. Ich kann diese Musik überhaupt nicht leiden.«

Vater: »Wie hast du dich gefühlt, als das passiert ist?« (Wir wollen herausfinden, wie sie sich fühlt.)

Tochter: »Ich war wütend und aufgebracht.«

Vater: »War das alles, was du gefühlt hast?«

Tochter: »Nun, ich war auch noch sehr frustriert und enttäuscht. Ich hatte mich so lange darauf gefreut.«

Vater: »Ich glaube, es ist schwer, wenn man so sehr mit etwas gerechnet hat, und es klappt dann nicht. Was wirst du jetzt machen?«

Tochter: »Ich denke, ich werde nicht mitmachen bei der Show!«

Vater: »Komm, wir wollen uns die Situation einmal anders betrachten.«

Tochter: »Was meinst du?«

Vater: »Könntest du mir vielleicht in deinen Worten sagen, was deiner Meinung nach das Problem ist?« (Wir wollen das Problem definieren.)

Tochter: »Nun, die anderen Kinder möchten nicht die Musik aus ›Annie‹ verwenden, die ich vorgeschlagen habe. Das ist das Problem und ich bin wütend.«

Vater: »Ist das alles?«

Tochter: »Ich hatte mich wirklich so gefreut, die Musik aus ›Annie‹ zu verwenden; dann hätte ich nämlich die Hauptrolle bekommen können und hätte mein Lieblingslied gesungen ›The Sun Will Come Out Tomorrow‹.«

Vater: »Oh, du wolltest also eine Rolle bekommen?«

Tochter: »Ich wollte das Lied singen und eine Hauptrolle in der Show spielen.« (Jetzt kommen wir zum Kern des Problems.)

Vater: »Das ist ganz in Ordnung. Aber manchmal müssen andere Kinder die Gelegenheit bekommen, eine Hauptrolle in dem Stück zu spielen. Nun, jetzt wissen wir, was das Problem ist. Lass uns jetzt einige Ziele für dich finden – selbst wenn du nicht in der Show sein willst.«

Tochter: »Was meinst du?«

Vater: »Nun, selbst wenn du keine Hauptrolle in der Show bekommst, gibt es etwas anderes in der Show, was dich interessieren würde?«

Tochter: »Weißt du, darauf wäre ich nicht gekommen! Ich denke, ich möchte, dass die Bühne in Ordnung ist und dass das Tanzen gut aussieht.«

Vater: »Jetzt haben wir es! Lass uns jetzt überlegen, was du tun könntest. Komm, wir machen ein Brainstorming.« (So viele Ideen wie möglich ausdenken.)

Tochter: »Okay! Ich könnte unseren Leiter fragen, ob ich beim Malen des Bühnenbildes mithelfen kann, bei der Choreografie mitmachen, oder vielleicht sogar bei der Regie mithelfen kann.«

Vater: »Sehr schön! Du hast ja wirklich gute Ideen! Jetzt wollen wir uns einige davon genauer anschauen. Was wird deiner Meinung nach passieren, wenn du beim Bühnenbild mithilfst?«

Tochter: »Wenn ich beim Bühnenbild mitmache, könnten die anderen Kinder sehen, wie gut ich malen kann, und es würde sie freuen, weil ich mithelfe.«

Vater: »Großartig. Was ist mit der Choreografie?«

Tochter: »Nun, ich hatte viele Tanzstunden, und ich denke, die Kinder und der Leiter würden es gut finden, wenn ich mithelfe, die Bewegungsabläufe der verschiedenen Tänze mitzubestimmen.«

Vater: »Wie ist es mit der Regie?«

Tochter: »Nun… Ich bin mir nicht sicher.«

Vater: »Was meinst du?«

Tochter: »Ich glaube, es würde mir Spaß machen, dem Regisseur zu helfen, aber ich fürchte, die anderen Kinder würden nicht auf mich hören.«

Vater: »Ich verstehe, was du meinst. Nun, was ist deiner Ansicht nach die beste Lösung für dich?«

Tochter: »Ich denke, ich würde gern bei der Choreografie helfen. Auf diese Weise wäre ich an der Show beteiligt und könnte den anderen Kindern helfen.«

Vater: »Klingt gut, aber wie wirst du es den anderen Kindern und den Betreuern sagen?«

Tochter: »Vielleicht könnte ich morgen meinem Betreuer sagen, dass ich gern mithelfen möchte.«

Vater: »Wann ist deiner Meinung nach der beste Zeitpunkt, um es ihm mitzuteilen?«

Tochter: »Vielleicht könntest du mich im Ferienlager absetzen, bevor die anderen da sind. Dann könnte ich mit ihm sprechen. Weißt du, ich werde vielleicht etwas aufgeregt sein!«

Vater: »Denk daran, du kannst vor dem Gespräch unsere Ruhig-bleiben-Methode anwenden, die ich dir beigebracht habe.«

Tochter: »Das ist eine gute Idee, Papi, vielleicht übe ich Ruhigblei-ben jetzt schon einmal und probe gleichzeitig, was ich morgen sagen werde.«

Vater: »Das ist wirklich eine gute Idee! «

Tochter: »Jetzt bin ich ruhiger. Ich werde meinen Betreuer morgen höflich fragen, ob ich bei der Choreografie mithelfen darf.«

Vater: »Wie fühlst du dich nun?«

Tochter: »Ich fühle mich wirklich besser, wenn ich an das Ferien-lager denke.«

Vater: »Sehr gut! Morgen kannst du deinen Plan ausprobieren und dann werden wir sehen, was dabei herauskommt.«

Tochter: »Danke, Papa!«

Ich konnte meiner Tochter helfen, dieses Problem zu bewältigen, indem ich einfache Fragen gestellt und FIG-TESPN verwendet habe. Je mehr Eltern ihre Kinder ermutigen, FIG-TESPN anzuwen-den, umso wahrscheinlicher ist es, dass die Kinder die Schritte ver-innerlichen und sie spontan anwenden, wenn sie älter sind.

Methodisches Erlernen von FIG-TESPN

Als Drittes kann FIG-TESPN auch nach einem Plan methodisch er-lernt werden. Erklären Sie, was FIG-TESPN ist, indem Sie es mit Ji-miny Cricket aus Pinocchio oder einem Trainer vergleichen. Gehen Sie dann jeden einzelnen Begriff des Akronyms mit dem Kind zu-sammen durch.

Nachdem Sie auf diese Weise FIG-TESPN vorgestellt haben, se-hen Sie sich zusammen mit Ihrem Kind ein Video oder eine Fern-sehshow an, und diskutieren Sie anhand von FIG-TESPN, wie die Darsteller Probleme lösen. Sie können jeweils einen bestimmten Buchstaben aus FIG-TESPN herausgreifen und z. B. versuchen, so *Möglichst viele* viele »Ziele« wie möglich herauszufinden. Zur Vertiefung können *Ziele herausfinden* Sie über kurz- und langfristige Ziele und das Problem widersprüch-licher Ziele sprechen.

Weitere Anwendungen von FIG-TESPN in der Familie

Sie können FIG-TESPN – methodisch oder nebenher – bei folgenden Gelegenheiten anwenden:

- aktuelle Ereignisse beim Abendessen diskutieren,
- Familienaktivitäten wie z. B. einen Urlaub planen,
- Familienentscheidungen treffen,
- Familienkonflikte lösen,
- über hartnäckige Probleme sprechen,
- auf eine Krise reagieren.

Diskussion aktueller Ereignisse

Das Verständnis von Kindern für aktuelle Ereignisse – aus Zeitungen, Zeitschriften, Fernsehen oder Radio – wird durch gezielte Diskussionen auf der Grundlage von FIG-TESPN gefördert. Auch in der Schule sind solche Diskussionen sehr nützlich.

In jeder Geschichte gibt es normalerweise verschiedene Personen, die Entscheidungen über kritische Ereignisse treffen müssen. Wer sind diese Leute oder Gruppen? Was für Ziele haben sie? Was könnten sie tun? Wie könnten sich unterschiedliche Optionen auswirken? Werden sie ihre Ziele erreichen? Und was ist mit ihren Kindern? Was für Gefühle haben sie in Bezug auf das Problem? Gibt es Dinge, die sie vielleicht tun möchten?

Indem Sie Ihren Kinder solche Fragen stellen, bringen Sie ihnen aktuelle Ereignisse nahe und bewirken möglicherweise, dass sie sich für eine Sache engagieren. Wir konnten das viele Male beobachten. So erlebten wir beispielsweise, wie – inspiriert durch FIG-TESPN – eine Gruppe von Teenagern ein Teen-Center plante. Eine Gruppe von Mittelschülern entwickelte ein Sammel- und Recycling-System für Plastik. Andere Teenager schlossen sich zusammen und begleiteten Senioren bei Einkäufen und Behördengängen und erledigten für sie Gartenarbeiten und andere Hilfsdienste. Sie werden angenehm überrascht sein, wie Ihre Kinder durch FIG-TESPN wachsamer, aufmerksamer und aktiver in Bezug auf aktuelle Ereignisse werden.

Engagement wecken

135

Planung von Familienereignissen

Ist eine Party geplant? Wie ist es mit den Ferien? Keine Panik – versuchen Sie es mit FIG-TESPN. Veranstalten Sie ein Brainstorming mit der ganzen Familie und sammeln Sie möglichst viele Vorschläge. Bevor Sie sich entscheiden, sollten Sie Ihr Gehirn etwas trainieren. Was könnte beispielsweise die folgende Abbildung bedeuten?

\ \ \ \ \ / / / / / \ \ \ \ \ / / / /

Alle Familienmitglieder sollen sich das Bild anschauen, dann die Augen schließen und spontan sagen, was es darstellen könnte. Geben Sie sich zwei Minuten Zeit und lassen Sie ein Familienmitglied die Ideen aufschreiben. Beachten Sie die Regeln für Brainstorming: keine Urteile, keine Kritik, nichts ist dumm, nichts ist falsch.

Tun Sie das Gleiche mit der folgenden Abbildung:

œ œ œ œ

Oder versuchen Sie es mit dieser Abbildung:

Nehmen Sie dann einen Haushaltsgegenstand – z. B. einen Löffel, einen Schwamm, eine Bratpfanne, ein Kissen – und lassen Sie der Reihe nach alle Familienmitglieder sagen, wofür dieser Gegenstand – abweichend von seiner eigentlichen Bestimmung – benutzt werden kann. Eine Bratpfanne könnte beispielsweise als Helm, als Tennisschläger, als Behausung für einen Frosch, als Staubsauger etc. verwendet werden. Sie verstehen, wie es gemeint ist. Jeder kann sagen, was ihm gerade in den Sinn kommt.

Mehr Kreativität   Durch diese Übung werden die Teilnehmer zum Denken angeregt und sie werden kreativer. Wenn Sie dann mit der Planung einer Familienangelegenheit (Party, Urlaub usw.) beginnen, werden Sie auch kreativer sein und neue Ideen entwickeln können.

Familienentscheidungen treffen

Vielen Familien fällt es schwer, eine Wahl zu treffen, sich zu entscheiden. FIG-TESPN liefert uns dazu wichtige Leitfragen: Was ist unser Ziel? Welche Ideen helfen uns, dieses Ziel zu erreichen? Welche davon können wir mit Hilfe eines Plans erreichen? Dann die letzte Frage: Möchten wir wirklich dieses Ziel erreichen? Lautet die Antwort ja, dann wird uns FIG-TESPN zu einer Entscheidung verhelfen. Lautet die Antwort nein, dann kann uns FIG-TESPN nicht helfen. Nur wir selbst können entscheiden, was unsere Ziele sind.

Konflikte unter Geschwistern

Die Kinder schreien, schubsen und schlagen sich vielleicht. Wir haben also einen Konflikt. FIG-TESPN – genau wie Jiminy Cricket – ist immer zur Stelle, um die Angelegenheit mit emotionaler Intelligenz zu regeln. FIG-TESPN zeigt uns, was Menschen fühlen und denken. Zuerst müssen die Streithähne getrennt werden. Sie möch-

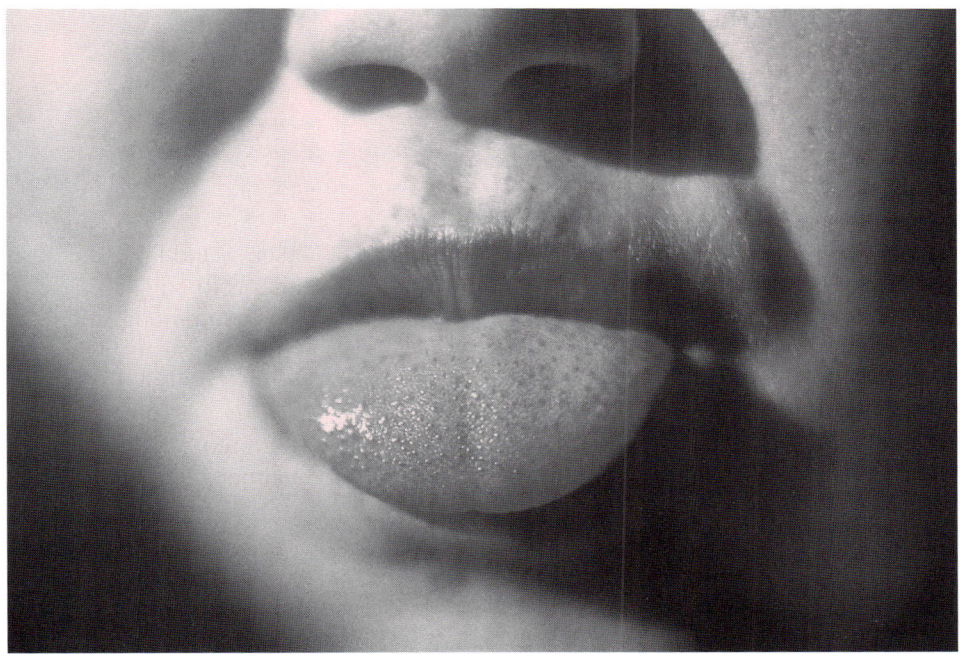

ten sicher herausbekommen, was passiert ist, aber seien Sie nicht zu verbissen: Es kann sehr schwierig sein, in solchen Situationen die Wahrheit herauszufinden. Fragen Sie Ihre ältere Tochter, was sie von ihrer Schwester wollte. Wollte sie spielen? Etwas bekommen? Weshalb gerieten sie aneinander? Stellen Sie dann der jüngeren Tochter dieselbe Art von Fragen. Fragen Sie die ältere Tochter als Nächstes, ob der Konflikt ihr geholfen hat, ihr Ziel zu erreichen. – Sie verwenden hier sowohl FIG-TESPN als auch die Leitprinzipien.

Die Wahrheit kann schwer zu finden sein

Hilfe bei Erziehung und Karriereplanung

Auf dem Gebiet der Erziehung und Karriereplanung sind die beiden letzten Punkte von FIG-TESPN von besonderer Bedeutung, und zwar »Ich plane den Prozess, sehe Fallstricke vorher, übe und verfolge das Ziel« und »Ich überprüfe das Geschehene, und was nun?«

Es klafft eine große Lücke zwischen einer guten Idee und deren verantwortungsvoller Umsetzung in die Tat:

»Ich werde lernen und gute Noten bekommen.«

»Großartig. Ich freue mich, das zu hören! Sag mir doch, wann du damit anfangen willst?«

»Oh, später.«

»Wann ist deine Klassenarbeit?«

»Übermorgen.«

»Wo willst du denn lernen?«

»In der Bibliothek, denke ich. Morgen nach der Schule werde ich hingehen.«

»Komm, wir schauen uns mal deinen Terminplan an. Morgen nach der Schule hast du dein Club-Treffen. Kannst du das ausfallen lassen?«

»Nein, sonst wird mir der Kurs nicht angerechnet.«

»Was bedeutet das für deinen Lernplan?«

»O je, ich glaube, ich werde heute lernen müssen.«

Hier musste die Mutter ihrem Kind helfen, einen Weg zu finden, um die gute Idee in die Tat umzusetzen. Wir Erwachsenen wissen, wie es in der Welt zugeht und wie Dinge realisiert werden können. Kinder müssen das erst lernen. Indem wir ihnen helfen, jede Einzelheit zu überdenken und zu berücksichtigen, vermitteln wir ihnen unsere Erfahrung und sehen, wie sie allmählich ihre eigenen Fähigkeiten entwickeln. Dass Ihre Kinder auf diesem Gebiet Fort-

So erkennen Sie Fortschritte

schritte gemacht haben, können Sie daran sehen, dass die Kinder sich selbst kritisieren und – bevor Sie etwas sagen – erkennen, dass sie ihren Plan modifizieren müssen. Um verantwortungsbewusst handeln zu können, müssen sie sorgfältig planen und jederzeit auf Hindernisse vorbereitet sein.

Im Hinblick auf die Karriereplanung kann man sich mit FIG-TESPN beispielsweise auf ein Vorstellungsgespräch vorbereiten. Was wirst du sagen? Wie wirst du es sagen? Was wirst du sagen, wenn du gefragt wirst, warum du den Job haben möchtest, was du in fünf Jahren erreichen willst usw.? Mit Hilfe von Rollenspielen können sich Jugendliche gut darauf vorbereiten, was sie antworten werden; sie können sich auf ihre BEST-Fähigkeiten konzentrieren und die Technik des Ruhigbleibens vor und während des Vorstellungsgesprächs anwenden. Mit »Überprüfe, wie es gelaufen ist« kann man das Gespräch analysieren: Was passierte? Was lief am besten? Was hätte besser sein können? Geschah etwas Unerwartetes? Was kann ich tun, wenn so etwas wieder passiert? Was für Lehren ziehe ich daraus für mein nächstes Vorstellungsgespräch?

Hartnäckige Familienkonflikte

Um hartnäckige Konfliktmuster aufzulösen, können Eltern oder Kinder ein Familientreffen einberufen. Veranstalten Sie ein solches Treffen zum ersten Mal, sollten Sie vor, während und nach dem Treffen das Ruhigbleiben praktizieren. Erwähnen Sie Inspektor Colombo, der sich leicht verwirrt gibt, so als ob er nicht genau wüsste, wie er das Problem ansprechen soll – Probleme wie z. B. Hausarbeiten nicht erledigen, schreien und schlagen, Verunglimpfungen, zu wenig Familienzeit, schlechte schulische Leistungen; ein unaufgeräumtes Zimmer, Streit und andere Feindseligkeiten unter Familienmitgliedern, uneinige oder inkonsequente geschiedene Eltern. »Ich möchte, dass wir uns alle am Sonntagabend gegen acht Uhr zusammensetzen und über das Problem sprechen.« Benutzen Sie bei der Zusammenkunft den Familien-Problemlösungsbogen, den sie am Ende des Kapitels finden. Er enthält eine Reihe von Punkten, die auf FIG-TESPN beruhen, und ermutigt jeden Teilnehmer, eigene Ideen beizusteuern. Sind alle Ideen auf dem Tisch, kann FIG-TESPN angewendet werden, um das Problem in Worte zu kleiden, ein Ziel zu vereinbaren und viele Ideen zu entwickeln.

Der Familien-Problemlösungsbogen

Auf eine Krise reagieren

In einer Krisensituation kann FIG-TESPN verwendet werden, um die Dinge abzuklären und alle Beteiligten zu verantwortlichem Handeln zu bewegen. Folgende Krisen könnten sich ereignen: Ein Kind wird mitten in der Nacht krank, ein Fahrradunfall, eine handgreifliche Auseinandersetzung, ein Streit mit dem Ehepartner, das Mathebuch wurde am Tag vor einer Matheklassenarbeit in der Schule vergessen usw. Mit Hilfe von FIG-TESPN können Sie Ihre *Gefühle erkennen* Gefühle erkennen und in Krisensituationen rasch und angemessen *und in Krisen an-* handeln. Es folgen einige Hauptelemente von FIG-TESPN, die an-*gemessen handeln* gewendet werden können, wenn die Krise es nicht erlaubt, den ganzen Prozess durchzuarbeiten, oder wenn jemand einen »FIT« (s. u.; wir lieben Akronyme) hat.

Gefühle erkennen und in Krisen angemessen handeln

F. Gefühle sind dein Leitfaden für wohlüberlegtes Handeln. Erkenne deine Gefühle und die Gefühle anderer. Praktiziere Ruhigbleiben und ermutige andere dazu.

I. Ich habe ein Problem und brauche ein Ziel. Finde heraus, was geschieht und was am dringendsten getan werden muss.

T. Überlege dir, welche Dinge zu tun sind. Nenne rasch die wichtigsten Optionen und überlege, welche davon am ehesten durchgeführt werden können und wie das bewerkstelligt werden kann. Führe deinen Plan aus, beobachte, was passiert, und sorge dafür, dass das Problem gelöst wird.

Wichtiger Bestandteil emotional intelligenter Erziehung

FIG-TESPN ist ein wichtiger Bestandteil emotional intelligenter Erziehung, weil Eltern dadurch erkennen, dass wir im Falle einer Krise zur emotionalen Entgleisung neigen. Wenn es dazu kommt, ist es sehr unwahrscheinlich, dass wir verantwortungsbewusst handeln. Emotional intelligente Eltern bereiten sich deshalb auf eine Krise vor. Sie befestigen z. B. Kärtchen mit FIT-Krisenbewältigungsschritten am Kühlschrank, im Auto, in der Nähe des Telefons usw. Schon ein Blick auf das Kärtchen wirkt emotional stabilisierend. Wir wissen, wenn wir das Gelernte anwenden, können wir die Krise besser bewältigen, als wenn wir in Panik geraten oder uns von unseren Gefühlen übermannen lassen.

Ein Wort zum Abschluss

FIG-TESPN ist ein wirksamer Bestandteil emotional intelligenter Erziehung. Natürlich werden wir es in der Praxis nicht ständig verwenden. Es kommt darauf an, Wege zu finden, um die Fähigkeiten, die FIG-TESPN vermittelt, innerhalb der Familie anzuwenden, und zwar auf eine Weise, die unseren speziellen Bedürfnissen entgegenkommt. Im nächsten Kapitel werden wir Ihnen zeigen, wie Eltern FIG-TESPN ganz natürlich anwenden und ihren Kindern beibringen, wohlüberlegt und verantwortungsbewusst zu handeln. Das geschieht durch Gespräche zwischen Eltern und Kindern. Sie werden Dialoge über alltägliche Probleme lesen. Wir werden die wichtigsten Punkte hervorheben und kommentieren, so dass Sie die zugrunde liegenden Muster erkennen und selbst leicht anwenden können. Wählen Sie die Beispiele, die sich am besten für Ihre Familie eignen, und probieren Sie dann einige andere aus.

Familien-Problemlösungsbogen

Datum:

F) Wir *fühlen*:

I) Wir *spezifizieren* unser Familienproblem folgendermaßen:

G) Das *Ziel* unserer Familie ist:

T) Wir wollen uns viele verschiedene Dinge überlegen, die wir tun können:

E) Wir wollen uns die *Folgen* vorstellen:

S) Wir wollen die beste Lösung für unsere Familie *wählen*:

P) Wir wollen den Prozess *planen*, Fallstricke vorhersehen, üben und das Ziel verfolgen.

N) Wir überprüfen das Geschehene und überlegen, was jetzt getan werden muss:

Fragen im Sinne von FIG-TESPN

Wenn Sie Ihre Kinder zu dieser Art von Denkweise ermutigen möchten:	Stelle Fragen wie diese:
F Gefühle sind mein Leitfaden für wohlüberlegtes Handeln.	Wie fühlst du dich? Was fühlst du noch? Ich merke, du scheinst _____. Wie fühlt sich _____ deiner Meinung nach?
I Ich habe ein Problem.	Ich möchte genau wissen, was passiert ist. Was geschah vorher? Was hast du gemacht? Was hat _____ gemacht? Was passierte danach? Was hast du dann getan?
G Ich lasse mich von einem Ziel leiten.	Was möchtest du? Was ist dein Ziel?
T Ich denke an Dinge, die ich tun kann.	Was hast du versucht zu tun? An was hast du gedacht? Was könntest du deiner Meinung nach sonst noch tun?
E Ich stelle mir die Folgen vor, kurz- und langfristige, für die Kinder und für die anderen.	Male dir aus, was geschehen könnte, wenn du _____. Schließe die Augen und versuche dir vorzustellen, dass du das tust, was du gesagt hast. Was siehst du? Wann? Was passiert später? Welchen Einfluss könnte es auf dich haben? Welche Auswirkungen auf andere Personen? Was könnte sonst noch passieren? Was könnte passieren, wenn du _____? Du dachtest an _____ und _____ als Möglichkeiten. Wie steht es mit _____ oder _____?
S Ich wähle die beste Lösung.	Von all den Lösungen, über die du nachgedacht hast, erscheint dir welche am besten? Welche wird dich zum Ziel führen?
P Ich plane den Prozess, sehe Fallstricke vorher, übe und verfolge das Ziel.	Wie würdest du es tun? Welchen Plan hast du? Zeige mir, was du tun wirst. Vielleicht können wir es zusammen üben, bevor du es versuchst. Was ist, wenn die Dinge nicht so klappen, wie du gewollt hast? Was würdest du dann tun? Was könntest du sonst noch versuchen? Was ist, wenn _____ passiert? Wie würdest du damit umgehen?
N Ich nehme wahr, was geschehen ist, und überlege, was ich dann tun werde.	Okay, denk darüber nach und versuche es. Wann werden wir darüber sprechen, was passiert ist?

Eltern-Kind-Gespräche über wichtige Erziehungsprobleme

In einem Punkt stimmen alle Eltern ungeachtet ihres Berufs oder ihrer Herkunft überein: Sie möchten, dass ihre Kinder eine gute Ausbildung bekommen. Bis zum Schulabschluss werden Eltern und Kinder mit vielen Risiken und Wahlmöglichkeiten konfrontiert. Während dieser Zeit müssen Eltern gut mit ihren Kindern kommunizieren, was oft recht schwierig ist. Gute Kommunikation erfordert zuhören, fragen, manchmal die eigene Meinung zurückhalten, um zu erfahren, was unsere Kinder sagen, und darauf achten, dass wir nicht automatisch Lösungen wählen, die zu unserer Zeit richtig waren.

Voraussetzungen einer guten Kommunikation

Wir müssen mit unseren Kindern so sprechen, dass wir unsere Kommunikationskanäle immer offen halten. Unstimmigkeiten können überbrückt werden, wenn Kommunikation noch möglich ist. Bisher haben wir emotional intelligente Erziehungsprinzipien in kleinen Teilstücken dargestellt. In vielen Situationen müssen wir sie jedoch zusammenfügen.

Im Folgenden finden Sie Beispiele von Eltern-Kind-Gesprächen, die auf tatsächlichen Begebenheiten beruhen, mit denen wir in Schulen, bei unserer klinischen Arbeit und in unseren eigenen Familien konfrontiert wurden. Sie werden sehen, wie sehr sich die Eltern bemühen, zuzuhören, den Standpunkt der Kinder zu erfahren, und versuchen, nicht zu dominierend zu sein und den Kindern ihre Vorstellungen aufzuzwingen. Sicher werden Sie manchmal von Ihrer Meinung nicht abrücken wollen, aber Sie sollten sie Ihren Kindern erst präsentieren, wenn Sie vorher gut zugehört haben. Das wird einen Einfluss darauf haben, was und wie Sie es sagen.

In jedem Fall gut zuhören!

Die Beispiele in diesem Kapitel haben mit schulischen Problemen zu tun:

* die Schule wechseln und sich an neue Klassenkameraden gewöhnen,
* Reaktion auf Leistungsbeurteilungen,
* Hausaufgaben in den Familienalltag integrieren,
* Berufswahl.

Kickball-Krise in der Grundschule

Während der Grundschuljahre lernen Kinder, wie man Freunde gewinnt und behält, wie man teilt, wie man reagiert, wenn man sich nicht durchsetzen kann, und viele andere wichtige soziale und emotionale Fähigkeiten. Wir wollen jetzt sehen, wie die siebenjährige Aramas und ihre Mutter Ellen eine typische Situation bewältigen:

Aramas: »Ich hasse sie. Ich hasse sie alle!«

Ellen: »Warte eine Sekunde. Du scheinst wirklich wütend zu sein. Was ist passiert?«

Aramas: »Daniel und Tim und Adam … und Scott und Rebecca auch. Alle außer Danny.«

Ellen: »Was ist mit ihnen?«

Aramas: »Sie rufen alle zusammen, um Kickball zu spielen, und dabei sind sie nicht so gut.«

Ellen: »Du hasst sie, weil sie nicht so gut sind? Oder ist noch etwas anderes passiert?«

Herausfinden, um was es wirklich geht

Aramas: »Stefanie und ich und Danny und Michelle, wir standen so herum. Sie kamen rüber und riefen alle zusammen, um Kickball zu spielen. Aber uns nicht.«

Ellen: »Es klingt, als ob du richtig wütend darüber warst.«

Aramas: »Ich hasse sie.«

Ellen: »Wirklich? Aber weißt du, ich bin mir nicht ganz sicher, wo das Problem ist.«

Aramas: »Sie haben gespielt und wir nicht. Es gibt immer nur ein Spiel.«

Ellen: »Was möchtest du denn erreichen?«

Aramas: »Ich möchte Kickball spielen und Spaß haben!«

Ellen: »Das kann ich gut verstehen. Hast du eine Idee, was du tun könntest, damit du das nächste Mal spielen kannst?«

Aramas: »Ich könnte vielleicht Adam verprügeln, wenn er mir in die Quere kommt.«

Ellen: »Nun, das ist eine Möglichkeit. Was könntest du sonst noch tun, um spielen zu können?«

Aramas: »Ich weiß nicht.«

Ellen: »Komm schon. Ich weiß, du hast gute Ideen, selbst wenn du wütend bist. Würde es dir helfen, wenn du erst einmal Ruhigbleiben übst?«

Aramas (antwortet nicht sofort, aber beginnt langsamer zu atmen): »Ich könnte Adam sagen, dass er nicht mehr mein Freund ist.«

Alternativen erarbeiten

Ellen: »Ich würde gern wissen, was du sonst noch tun könntest, damit du wieder spielen kannst. Das ist es doch, was du möchtest, nicht wahr?«

Aramas: »Ich denke ja. Vielleicht könnte ich alle meine guten Freunde zusammenrufen und das Spiel morgen mit ihnen beginnen, und die anderen würde ich nicht mitmachen lassen.«

Ellen: »Irgendwelche anderen Ideen?«

Aramas: »Vielleicht könnte ich dem Lehrer sagen, dass Adam nicht fair ist.«

Ellen: »Das könntest du natürlich tun. Ich hab noch eine andere Idee, was du machen könntest.«

Aramas: »Was?«

Ellen: »Du könntest Adam und vor allem Tim und Daniel fragen, warum du nicht ausgewählt wurdest. Ich erinnere mich, als ich in der Schule war, da gab es eine Zeit, als einige Kinder ein Spiel begannen und sie brauchten nur vier oder fünf Leute, und sie fragten meine Freunde, aber nicht mich. Ich war wirklich wütend auf meine Freunde, die mitspielen durften. Aber dann sprach ich mit ihnen und fand heraus, dass sie mich nicht ausgeschlossen hatten. Sie waren von jemand anderem gefragt worden.«

Aramas: »Was hast du getan?«

Wahre Ursachen aufdecken

Ellen: »Ich hatte kein FIG-TESPN, um mir zu helfen. Und du kennst Oma Myra, sie wollte den Rektor rufen und großen Ärger machen. Nun, ich traf einen der Jungen später am Nachmittag auf der Straße. Ich fragte ihn, was passiert sei. Er hörte mich nicht richtig, aber er sagte, wenn ich morgen Kickball spielen möchte, dann müsste ich genau zu Beginn der Pause am Zaun sein. Ich fand erst später heraus, was geschehen war, aber ich wusste, dass ich nicht ausgeschlossen worden war.«

Aramas: »Das ist cool.«

Ellen: »Hör mal, ich muss Sara abholen. Komm mit mir, wir können im Auto weiterreden.«

Diese Unterhaltung geht noch weiter, aber wir können bereits erkennen, wie viel Geduld die Mutter braucht, wenn ihre kleine Tochter über eine Begebenheit aus der Schule berichtet. Wenn Eltern aufmerksam zuhören, immer wieder nachfragen und ihrerseits das Ruhigbleiben praktizieren, erfahren sie schließlich genug, um das Kind zu verantwortungsbewusstem Denken zu bewegen. In dem obigen Beispiel konnte möglicherweise eine tätliche Auseinandersetzung vermieden werden, indem die Mutter das Ziel des Kindes in den Vordergrund rückte. Bei jüngeren Kindern ist es oft hilfreich, eine Geschichte aus der eigenen Kindheit zu erzählen, vielleicht ein bisschen auf die Situation des Kindes und sein Alter zugeschnitten. Dadurch sieht das Kind sein Problem aus einer anderen Perspektive. Wenn Sie Ihr Kind dazu bringen, Gefühle zu verbalisieren, Ziele im Auge zu behalten, vor einer Entscheidung immer mehrere Möglichkeiten zu überprüfen und ihm von Ihren eigenen Erfahrungen mit Freundschaften in der Grundschule berichten, dann helfen Sie ihm, emotionale Intelligenz zu entwickeln.

Was Ihr Kind lernen sollte

Gefühle zeigen

Indem wir Kinder ermutigen, ihre Gefühle auszudrücken, zeigen wir ihnen, dass wir empfänglich sind für die Signale, die sie aussenden, und dass es positiv ist, über Gefühle zu sprechen. Familien aus anderen Kulturkreisen sehen das möglicherweise ganz anders. Daniel Golemans Buch »Emotionale Intelligenz« hat jedoch gezeigt, dass Gefühle ein Teil von uns sind. Sie können nicht unterdrückt, ignoriert oder missachtet werden. Unsere Gefühle beeinflussen unsere Handlungen. Werden sie vernachlässigt, können wir

Authentizität ist gefragt

nicht sicher sein, wie sie unser Denken, Sagen und Tun beeinflussen. Alle Eltern wissen, dass wir manchmal Dinge sagen, die nicht übereinstimmen mit dem, was wir tief in unserem Herzen fühlen. Das ist menschlich. Geschieht es jedoch ständig, dann könnte es – so lehrt uns die Theorie der emotionalen Intelligenz – zu Problemen führen, manchmal erst Jahre später, wenn die Kinder sich nicht mehr unter der Obhut der Eltern befinden.

Tipp! Zeigen Sie Ihren Kindern, dass Sie für ihre Signale empfänglich sind, indem Sie sie ermutigen, ihre Gefühle auszudrücken. Vermitteln Sie ihnen, dass es positiv ist, über Gefühle zu sprechen.

Sollten Sie einer Kultur angehören, in der es unüblich ist, Gefühle auszudrücken, raten wir Ihnen, nicht sofort ins Gegenteil zu verfallen und extrem gefühlsbetont zu agieren, sondern behutsam vorzugehen. Manchmal fällt es einem der beiden Elternteile leichter, und dann sollte der Gefühlsbetontere damit beginnen, mehr Emotionen zu zeigen, während der/die andere beobachtet und sich allmählich daran gewöhnt. Alle Eltern können sich jedoch sofort bemühen, emotionale Probleme bei ihren Kindern besser zu erkennen. Achten Sie dabei auf folgende Zeichen:
- Emotionale Kennzeichen, die sie zeigen,
- Worte, die sie sagen, und
- Veränderungen in ihrer Routine – Änderungen in ihren Schlaf- oder Essgewohnheiten.

So können Sie Gefühlsäußerungen hervorrufen

- »Wie fühlst du dich? Ich meine, wie fühlst du dich *wirklich*?«
- »Du scheinst (unglücklich, verärgert, besorgt usw.) zu sein.«
- »Wenn ich traurig bin, dann möchte ich manchmal auch nichts essen.«
- »Was ist denn nur los? Ich würde es wirklich gern wissen.«
- »Es scheint dich etwas zu bekümmern. Du benimmst dich anders als sonst. Ich würde gern mit dir darüber sprechen.«
- »Wenn ich sehe (beschreiben Sie, wie sich das Kind verhält), weiß ich, dass etwas nicht in Ordnung ist. Manchmal bedeutet

das (sagen Sie, was Ihrer Meinung nach die Ursache sein könnte), aber ich bin mir nicht sicher. Habe ich recht oder handelt es sich um etwas anderes?«

Diese Beispiele und viele andere können verwendet werden, um Kinder zu Gefühlsäußerungen zu bewegen: Weigert sich Ihr Kind, drängen Sie es nicht zu sehr. Wenn es sich um ein ernstes Problem handelt, wird es bei einem zweiten Versuch noch vorhanden sein. Lassen Sie Ihr Kind nur wissen, dass es mit Ihnen sprechen kann, wenn es möchte. Manchmal müssen Sie gar nicht viel sagen, sondern es einfach nur umarmen oder streicheln. Es gibt keine bessere Möglichkeit, um zu sagen: »Ich bin für dich da, du bedeutest mir viel.«

Nicht zu Gefühls-äußerungen drängen

Akzeptieren Sie, was Sie hören

Beachten Sie, dass wir nicht von »Zustimmung« gesprochen haben. Als Eltern wissen wir, dass wir manchmal nicht einmal richtig verstehen, was wir hören. Es ist wichtig, dass Sie die Gefühle Ihrer Kinder nicht als richtig oder falsch bewerten. Sehr jungen Kindern fällt es noch schwer, ihre Gefühle in Worten auszudrücken. Sie müssen ihnen dabei helfen. Auf keinen Fall wollen wir, dass sie uns erst ihre Gefühle anvertrauen und sich dann aufgrund unserer Reaktion verraten oder gedemütigt fühlen. Lesen Sie dazu folgendes Beispiel:

Tom: »John, was ist los?«
John: »Nichts.«
Tom: »Komm schon, mein Junge, ich möchte es gern wissen. Du hast mittags nichts gegessen, das ist doch sonst nicht deine Art.«
John: »Nun, es ist Gary. Ich glaube, er mag mich nicht mehr, und ich mache mir deshalb Sorgen.«
Tom: »Das ist das Lächerlichste, was ich je gehört habe. Wie kannst du dir nur Sorgen wegen Gary machen. Natürlich mag er dich.«
John: »Ich muss jetzt zusammenpacken. ›Wiedersehen.‹«

Wie wäre es gewesen, wenn Tom Johns Gefühle akzeptiert und ihn gelobt hätte, weil er sie ihm mitgeteilt hat?

Tom: »Ich verstehe, warum du deshalb beunruhigt bist. Danke, dass du es mir erzählt hast. Ich habe mir Sorgen gemacht, dass du irgendeine neue verrückte Diät machst.«

John: »Nein, Papa, es ist keine Diät.«

Tom: »Was ist denn zwischen dir und Gary vorgefallen?«

John: »Eigentlich nichts. (Tom wartet, ohne etwas zu sagen.) Nun, er ruft jetzt Chris viel öfter an und Rick und er lädt mich nicht mehr zu sich nach Hause ein, wie er es sonst gemacht hat. Ich habe gesehen, wie er mit den beiden neulich zu Mittag gegessen hat.«

Tom: »Du hast gesehen, wie alle drei zusammen zu Mittag gegessen haben? Wie hast du dich denn da gefühlt?«

John: »Ich habe plötzlich starke Schmerzen hinter dem linken Augapfel bekommen und fühlte mich gleichzeitig wütend und besorgt. Und weißt du, was sonst noch mit Gary passierte?… «

Als Tom Johns Gefühle akzeptierte und zeigte, dass er sie respektierte, wurde John mitteilsamer. Auf diese Weise können Eltern oft mehr Informationen bekommen, als sie erwartet hatten. Gespräche wie diese sind manchmal eine gute Gelegenheit, um das Prinzip der »Emotionalen Kennzeichen« einzuführen, wenn Sie es nicht schon getan haben. Für John war der Schmerz hinter dem linken Auge ein Zeichen dafür, dass er sich nicht gut fühlte.

Mit dem Wechsel auf die Mittelschule fertig werden

Eines der schwierigsten Probleme für ein Kind ist der Wechsel auf eine neue Schule. Da sind so viele neue Dinge, an die man sich gewöhnen muss. Das Kind muss Entscheidungen treffen und Probleme lösen können. Die neue Schule ist oft viel größer. Das Kind muss sich zurechtfinden. Da sind ältere Kinder und manche sind viel größer, die könnten es necken oder verspotten. Da sind viel mehr Lehrer als früher, mehr Hausaufgaben…

Wir wollen über Glenna (12) berichten. Sie wird in zwei Wochen an der Peter-Guzzardi-Mittelschule anfangen und den Bus nehmen müssen; das ist neu für sie. Vorher ging sie in die Marcil-Grundschule. Ihr Bruder (17) ist an der East Central High School. Ihre jüngere Schwester (9) ist immer noch in der Marcil-Grundschule. Ihre Eltern, Walter und Darlene, sind beide 40 Jahre alt.

Darlene hat einen solchen Schulwechsel schon mit ihrem Sohn Michael durchgemacht. Aber das war anders, weil Michael groß für sein Alter war und außerdem aktiv Sport trieb. Er kannte deshalb ältere Kinder, war selbstbewusst und der Schulwechsel war kein besonderes Problem.

Glenna: »Ich habe starke Kopfschmerzen und der Bauch tut auch weh.«

Mutter: »O je! Beides auf einmal! Wann hat das denn angefangen?«

Glenna: »Ich weiß nicht. Es ist nicht so, als ob ich krank bin.«

Mutter: »Das sind vielleicht so ähnliche Kopfschmerzen, wie Papa sie hat, wenn er sich Sorgen macht, und wie die Bauchschmerzen, die dein Bruder vor einem wichtigen großen Spiel hat.«

Maßnahmen definieren und planen

Glenna: »Ja.«

Mutter: »Was könnte dir denn Sorgen machen?«

Glenna: »Ich glaube, ich habe irgendwie Angst vor der Schule.«

Mutter: »Was meinst du damit?«

Glenna: »Die Schule fängt bald an und ich glaube nicht, dass es mir dort gefallen wird.«

Mutter: »Du fürchtest dich also und bist vielleicht etwas nervös, weil du nicht weißt, ob dir die neue Schule und all die Veränderungen gefallen werden.«

Glenna: »Ja.«

Mutter: »Wie hättest du es denn gern? Was soll geschehen, damit du dich besser fühlst?«

Glenna: »Weil ich nicht ständig die Schule schwänzen kann, denke ich, ich möchte keine Angst mehr haben.«

Mutter: »Was könntest du denn tun, damit du dich weniger fürchtest und dich besser fühlst?«

Glenna: »Ich weiß nicht.«

Mutter: »Denk einen Augenblick nach. Du bist sicher nicht die erste und einzige Person, die auf eine neue Schule gehen muss und sich so fühlt.«

Glenna: »Ich weiß nicht, Mama! Oh, ich glaube, Linda fing letztes Jahr in Guzzardi an, ich könnte mit ihr sprechen.«

Mutter (nickt)

Glenna: »Ich könnte so tun, als ob ich nicht wirklich in eine neue Schule gehe.«

Mutter: »Du könntest es versuchen…«

Glenna: »Vielleicht könnte ich mich mit anderen treffen und mit ihnen zusammen gehen. Ellen und Patrice nehmen denselben Bus und ich glaube, auch sie machen sich deshalb Sorgen. Ich könnte sie anrufen, wenn sie aus dem Ferienlager zurückkommen.«

Mutter: »Was könnte dir denn am besten helfen?«

Glenna: »Ignorieren funktioniert bei mir nie.«

Mutter: »Irgendwelche andere Ideen?«

Glenna: »Ich mag Linda nicht so sehr. Vielleicht spreche ich mit Ellen oder Patrice.«

Mutter: »Wann siehst du sie denn wieder?«

Glenna: »Ich werde gleich einen von ihnen anrufen. Sie werden beide nach dem Wochenende zu Hause sein.«

Mutter: »Bei wem wirst du es zuerst versuchen und wann ist eine gute Zeit dafür?«

Glenna: »Uhh… Ich denke Ellen, weil ich sie besser leiden kann. Aber ich kann sie erst nach 11 Uhr morgens anrufen, weil sie gern lange schläft!«

Nach dem Telefonat können Mutter oder Vater mit Glenna sprechen, um sich zu vergewissern, dass sie sich besser fühlt. Sollte dies nicht der Fall sein, können sie sich erkundigen, was passiert ist, und wieder FIG-TESPN anwenden. Sie können auch nach Büchern suchen, die für Kinder in Glennas Situation geschrieben wurden. Mit Hilfe von FIG-TESPN ist es Darlene jedenfalls gelungen, sich mit Glenna über ihr Problem zu unterhalten, und sie hat ihr geholfen, sich nicht als Versager zu fühlen.

Kindliche Autonomie fördern   Darlene hat jedoch nicht versucht, Glennas Probleme für sie zu lösen. Indem sie ihr Fragen aus dem Arbeitsbogen – basierend auf FIG-TESPN – gestellt hat, förderte sie Glennas Entscheidungs- und Problemlösungsfähigkeit. Sie hat Glenna geholfen:

1. auf Anzeichen unterschiedlicher *Gefühle* zu achten,
2. das Problem zu *definieren* (»Was bekümmert dich?«),
3. sich für ein *Ziel* zu entscheiden (»Wie könnten die Dinge denn besser sein? Was sollte geschehen?«),
4. sich mehrere Lösungen *auszudenken,*
5. sich für jede Lösung alle Dinge *auszumalen,* die als nächstes passieren könnten,

6. die beste *Lösung* zu wählen (»Was wäre für dich am besten?«),
7. das weitere Vorgehen konkret zu *planen* (»Bei wem wirst du es zuerst versuchen und wann ist eine gute Zeit dafür?«),
8. den Plan in die Tat umzusetzen und zu *beobachten*, was geschieht, um es bei späteren Problemlösungen und Entscheidungen zu verwenden.

Schlechte Leistungen in der Mittelschule

Harold und Cici James haben einen Sohn, der Probleme in der Schule hat. Harold arbeitet bei der Stadtreinigung und Cici halbtags bei einem Optiker. Ihr Sohn Franklin (11) hat Schulprobleme. Ihre jüngeren Kinder Aisha, Linda und Shawn gehen gern zur Schule und haben bis jetzt keine Schwierigkeiten. Franklins Probleme sind neu für die Eltern. Cicis Schwester Ramona ist ebenfalls anwesend und sagt ihre Meinung.

Cici: »Ich verstehe es nicht. Wir arbeiten mit ihm, er arbeitet. Und er fällt vielleicht in drei Fächern durch. Ich weiß nicht, was ich sagen soll.«

Harold: »Erinnerst du dich an deine Schulzeit?«

Ramona: »Ich erinnere mich an nichts. Der Junge wird jedenfalls große Probleme bekommen. Wartet nur, bis er abends ausgeht, sich auf der Straße herumtreibt…«

Harold: »Ramona, das bringt uns nicht weiter.«

Cici: »Nun, es könnte aber so kommen. Wenn ihm die Schule egal ist, fängt er vielleicht an, mit seinen Freunden herumzuhängen.«

Harold: »In Ordnung, wir sind wütend. Jeder von uns hat es auf seine Weise zum Ausdruck gebracht. Was möchten wir denn für Franklin?«

Cici: »Nun, wir möchten, dass er sich wieder fängt und gut in der Schule mitkommt.«

Ramona: »Er wird sein Leben ruinieren und wir labern nur herum.«

Harold: »Glaubst du, Franklin möchte seine Zukunft ruinieren?«

Ramona: »Nein, natürlich nicht, aber…«

Harold: »Dann sollten wir ihn fragen, was er darüber denkt, und mit ihm über die Angelegenheit sprechen.«

Achten Sie darauf, wie Harold im folgenden Beispiel mit Franklin spricht.

Harold: »Franklin, ich bin sehr verärgert über diese Noten. Aber es sind deine Noten und ich möchte wissen, wie du dich fühlst.«

Franklin: »Ich bin nicht überrascht. Ich wusste, dass es so kommen würde.«

Harold: »Nun, jetzt sind sie da. Fühlst du dich stolz oder wütend oder nervös oder was?«

Franklin: »Ich bin nervös und wütend.«

Harold: »Okay, wir wollen das Ganze gemeinsam durchgehen. Weswegen bis du nervös?«

Franklin: »Ich bin nervös, weil ich gehört habe, wie ihr alle über mich gesprochen habt, und ich weiß nicht, was ihr tun werdet.«

Harold: »Worüber bist du wütend?«

Franklin: »Ich bin wütend, weil meine Noten schlechter geworden sind, und ich kann sie nicht besser machen.«

Harold: »Du kannst nicht? Was meinst du?«

Franklin: »Ich meine, ich hab gelernt, ich hab's versucht, aber es funktioniert einfach nicht mehr so wie früher.«

Harold: »Nun, wenn alles so laufen könnte, wie du es möchtest, was sollte dann geschehen?«

Franklin: »Ich würde wieder gute Noten bekommen. Und…«

Harold: »Was noch?«

Franklin: »Alle wären wieder stolz auf mich, weil ich in einer Mannschaft oder einer Gruppe mitmache. Ich würde auch gern für die Schülerzeitung schreiben, aber ich kann es nicht, weil meine Noten so schlecht sind.«

Harold: »Nun, mein Junge, das wird jetzt etwas kompliziert. Komm, wir nehmen ein Stück Papier, schreiben deine Ziele auf und machen einige Pläne, wie du deine Noten verbessern kannst, welcher Mannschaft oder welchem Club du dich anschließen könntest und wie du vielleicht sogar für die Schülerzeitung arbeiten könntest. Eins nach dem andern…«

Es wird von der Familie abhängen, welche Prioritäten gesetzt werden. Werden sie sich auf die akademischen Leistungen konzentrieren? Werden sie Franklin helfen, für die Schülerzeitung zu schreiben? Ganz gleich, was geschehen wird, das Wichtigste ist, dass die

Familie Franklin eine Chance gab, über seine Gefühle zu sprechen. Vielleicht braucht er in Zukunft spezielle Hilfe (z. B. Nachhilfestunden), um den gestiegenen Anforderungen gerecht zu werden. Je eher das geschieht, desto wahrscheinlicher ist es, dass der Junge wieder Hoffnung schöpfen kann. Ohne Hoffnung ist das Lernen wie Bergsteigen mit Halbschuhen – rutschig und gefährlich.

Kindern eine Chance geben, über Gefühle zu sprechen

Hausaufgaben

In den meisten Familien bringen Hausaufgaben Probleme und sind eine große Herausforderung für eine emotional intelligente Erziehung. Die meisten Kinder machen nicht gern Hausaufgaben, vor allem, wenn sie es mit Dingen vergleichen, wie z. B. mit Freunden telefonieren, Botschaften über das Internet austauschen, fernsehen, Musik hören, Sport treiben usw. Es ist schwierig, Kindern die langfristigen Vorteile guter Arbeitsgewohnheiten (Hausaufgaben machen, um bessere Noten zu bekommen, die Texte besser lernen oder in die Schule gehen usw.) zu »verkaufen«, vor allem, wenn etwas Angenehmeres sofort möglich ist. Erwarten Sie übrigens nicht, dass Ihr Kind in den Fächern, in denen es gut ist, bereitwilliger Schulaufgaben macht als in solchen, in denen es schwach ist. In beiden Fällen – wenn auch aus unterschiedlichen Gründen – sträuben sich die Kinder eventuell gegen die Hausaufgaben, zum einen aufgrund von übermäßigem Selbstvertrauen oder aus Langeweile, zum anderen aufgrund von mangelndem Selbstbewusstsein oder Frustration.

Eine Herausforderung für emotional intelligente Erziehung

Wenn Kinder ihre Hausaufgaben machen, können Sie das ganze Repertoire negativer kindlicher Gefühle beobachten. Helfen Sie Ihrem Kind, die Gefühle mit Worten auszudrücken und dann zu sagen, was das Problem ist. Danach können Sie sich mit der Lösung des Problems beschäftigen und zusammen einen Plan machen, und zwar mit weniger emotionalen Ausbrüchen Ihrerseits oder des Kindes.

Hausaufgabenstress bewältigen

Probleme mit den Hausaufgaben lassen sich gut mit der Hausaufgabentabelle lösen. Sehen Sie, wie sich im folgenden Beispiel Luz mit ihrem Sohn Ozzie um eine Problemlösung bemüht.

Die Hausaufgabentabelle

Luz: »Ozzie, was hast du in die Hausaufgabentabelle eingetragen?«

Ozzie: »Ich habe in der Küche gearbeitet, und ich war wütend, weil ich das Spiel im Fernsehen anschauen will und stattdessen so viel lesen muss und weil es so lange dauert.«

Luz: »Es gibt also zwei Probleme, nicht wahr? Du wirst das Spiel verpassen und die Hausaufgaben dauern so lange.«

Ozzie: »Ja. Darf ich das Spiel anschauen, Mamilein?«

Luz: »Liebling, du musst erst deine Aufgaben machen. Aber wenn du gut vorankommst, darfst du den Anfang anschauen, dann die Hausaufgaben beenden und danach das Ende anschauen.«

Ozzie: »Aber ich werde nicht fertig damit. Schau! Schau nur, was ich alles tun muss.«

Luz: »Ich wundere mich, was sich die Lehrerin dabei gedacht hat, dir heute so viel für morgen aufzugeben. Ich könnte sie anrufen und fragen.«

Ozzie: »Oh, ich habe die Aufgabe am Montag bekommen.«

Luz: »Aha. Dann hast du also noch ein Problem: Wenn du umfangreiche Hausaufgaben bis zum letzten Tag verschiebst, dann verpasst du Dinge, die dir Spaß machen, und musst härter, länger und unter Druck arbeiten.«

Ozzie: »Ich schätze, ja.«

Luz: »Wann ist denn die beste Zeit, um so ein langes Stück zu lesen?«

Ozzie: »Darüber habe ich noch nicht nachgedacht. Ich denke am Abend oder am Wochenende, nicht am Nachmittag. Da ist Siestazeit oder Zeit für leichtes Zeug wie Mathe.«

Luz: »Wie fühlst du dich jetzt?«

Ozzie: »Ich bin ein bisschen wütend auf mich. Aber können wir später reden? Ich muss all das Zeug lesen und jetzt ist meine beste Zeit dafür…«

Konzentrieren auf ein Ziel

Durch eine Hausaufgabentabelle können Kinder lernen, sich auf ein Ziel zu konzentrieren. Stress wird gemindert und es gibt weniger Auseinandersetzungen zwischen Eltern und Kindern wegen der Hausaufgaben. Außerdem lernen die Kinder, zwischen ihren besten und schlechtesten Zeiten für verschiedene Arten von Schulaufgaben zu unterscheiden, und können dadurch ihren Tagesablauf besser planen.

Kindern helfen, sich optimal zu organisieren, damit sie mehr leisten können

Hausarbeiten erfordern ein gewisses Maß an Vorbereitung. Manche Kinder sind recht unorganisiert. Hausaufgaben gehen verloren, Dinge werden in letzter Minute erledigt, und wenn sie sie endlich in Angriff nehmen, fehlt ihnen oft das dafür benötigte Buch oder der Arbeitsbogen, und was sie schließlich produzieren, ist häufig von sehr schlechter Qualität. Es ist nur natürlich, dass sich Eltern darüber wundern, warum das so ist, und sich fragen, was man dagegen tun kann.

Eltern und Lehrer wissen, dass viele – vielleicht die meisten – Schüler nicht »ihr Bestes tun« und ihre Fähigkeiten nicht voll ausschöpfen. Vor allem in den Jahren der Mittelschule kann man Kindern helfen, mehr zu leisten, indem man ihnen beibringt, besser organisiert zu sein, zuzuhören, sich zu konzentrieren und ihre Energie zu bündeln, so dass sie ihre Hausaufgaben effizienter und ohne Zeitverlust erledigen können. Um Erfolg in der Schule, bei der Arbeit, beim Sport und in vielen anderen Bereichen des Lebens zu haben, müssen wir unsere Talente gezielt einsetzen. Sie können Ihren Kindern helfen, ein gewisses Organisationstalent zu entwickeln. Lesen Sie dazu die folgenden Beispiele.

Energien bündeln, Talente gezielt einsetzen

Schaffen Sie ein gutes Lernumfeld

Wo machen Ihre Kinder die Hausaufgaben? Viele Kinder arbeiten am besten, wenn sie viel Platz haben (ohne Ablenkung durch Spielzeug, Zeitschriften, Buntstifte, Gameboys, Telefon), bei guter Beleuchtung und ohne ständige Unterbrechungen. Manche Kinder brauchen vielleicht einen ruhigen Platz. Andere Kinder trödeln nur herum, wenn sie in ihrem Zimmer verschwinden, um zu lernen. Eltern sollten ihre Kinder immer im Auge behalten, wenn sie in ihrem Zimmer »lernen«. Manche Kinder arbeiten besser in einem öffentlichen Raum, wie z. B. in der Schule oder in der Bibliothek.

Buch führen über anstehende Aufgaben

Über die anstehenden Aufgaben Buch zu führen ist leichter gesagt als getan, aber es ist wichtig, dabei konsequent zu sein. Um besser organisiert zu sein, müssen Kinder zunächst einmal wissen, was sie zu tun haben, welche Hilfsmittel sie dazu benötigen und zu welchem Termin die Arbeit erledigt sein muss. Oft ist es notwendig, die Verpflichtungen aufzuschreiben und den Plan regelmäßig zusammen mit den Eltern zu überprüfen. Wenn Ihr Kind Erinnerungshilfen benötigt, können Sie regelmäßige Kontrollzeiten vereinbaren, zu denen das Kind sich per Telefon oder Internet bei Freunden erkundigt, ob es etwas vergessen hat. In einigen Fällen werden Sie vielleicht die Schule bitten müssen, jeden Tag eine unterzeichnete Aufgabenliste zu schicken, oder zusammen mit dem zuständigen Lehrer oder Schulpsychologen ein System entwickeln, das für Sie und Ihre Kinder funktioniert.

Einen Plan erstellen, Kontrollzeiten vereinbaren

Auf die richtige Reihenfolge achten

Kinder haben oft mehrere Aufgaben pro Tag zu erledigen und außerdem ein oder zwei Langzeitprojekte oder eine bevorstehende Klassenarbeit, die ebenfalls integriert werden müssen. Selbst uns Erwachsenen fällt es schwer, unsere Verpflichtungen in den Griff zu bekommen, deshalb sollten wir unseren Kindern helfen, Fähigkeiten auf diesem Gebiet zu entwickeln. Es gibt keine leichten Antworten. Viel wird von Ihrer täglichen Familienroutine abhängen, z.B. was Ihre Kinder nach der Schule tun, wann sie zu Bett gehen usw. Deshalb ist es umso wichtiger, dass Sie Ihren Kindern helfen, ihre Termine nach dem Motto »Wann ist was zu tun?« zu planen. Die folgenden Fragebeispiele können Ihnen dabei helfen:

- Was musst du bis morgen erledigen?
- Was musst du bis zum Ende der Woche erledigen?
- Stehen irgendwelche wichtigen Klassenarbeiten an? Wann?
- Sind Berichte zu schreiben? Wann ist der Abgabetermin?

Viele Familien finden es hilfreich, diese Informationen aufzuschreiben, um dann die tägliche Routine und den Langzeitkalender zu überprüfen. Mit Hilfe eines Computerprogramms für die Zeitplanung können die Informationen ebenfalls geordnet werden.

Mit der Familienroutine abstimmen

Der nächste Schritt kann – in Abstimmung mit den Bedürfnissen der Kinder – mehr oder weniger direkt sein: »Okay. Wie sieht dein Plan aus, um alles zu erledigen? Was wirst du heute Abend tun? Was wirst du zuerst tun?« Oder: »Ich glaube, du fängst am besten mit … an und tust dann … Weil wir am Wochenende viel unterwegs sein werden, wirst du dir während der Woche Zeit für das Leseprojekt nehmen müssen. Wie wäre es nach der Schule am Donnerstag?«

Tipp! Seien Sie vor allem geduldig!

Diese Gespräche variieren natürlich je nach dem Alter der Kinder. Die Eltern sehen wahrscheinlich viele Möglichkeiten, wie ihre Kinder den Tagesablauf besser planen können, sie sollten jedoch behutsam vorgehen. Alte Gewohnheiten lassen sich nur schwer ändern. Probieren Sie verschiedene Möglichkeiten aus und seien Sie vor allem geduldig!

Behutsam vorgehen

Sei stolz auf deine Arbeit!

Hausarbeiten werden meistens so rasch wie möglich erledigt und sehen auch danach aus. Was können Eltern dagegen tun? Kritisieren und drohen. Das wirkt manchmal, ist aber zeitraubend und nicht befriedigend.

Kinder müssen lernen, ihre Arbeiten zu überprüfen, nachdem sie sie erledigt haben. Lassen Sie sich die Hausaufgaben Ihrer Kinder zeigen und fragen Sie sie z. B.:

- »Wie hast du das überprüft?«
- »Woher weißt du, dass dein Lehrer das lesen kann?«
- »Bist du sicher, dass du die richtigen Fragen beantwortet und die Anweisungen befolgt hast? Lass uns mal sehen…«

Hilfe durch Nachbarn oder Verwandte Manchmal hilft es, wenn ein Nachbar oder ein naher Verwandter gelegentlich die Hausaufgaben kontrolliert. Kinder können die Aufgaben auch mit Freunden oder Geschwistern austauschen und untereinander überprüfen. Lassen Sie sich nicht in die Rolle des »Polizisten« drängen, vor allem, wenn Ihr Kind nachlässig und unordentlich ist und sich bei der Überprüfung seiner Arbeit nicht kooperativ zeigt. Helfen Sie Ihrem Kind, dass es stolz auf seine Arbeit sein kann. Die Überprüfung sollte Teil der Arbeit sein. Sehen Sie dazu das folgende Beispiel: Etwa eine Stunde bevor sie zu Bett gehen, zeigen die Kinder Vater oder Mutter die Hausaufgaben für den folgenden Tag. Sie werden nach Sauberkeit und Vollständigkeit überprüft. Die Kinder sollen ihre Arbeit so erledigen, dass sie stolz auf ihre Bemühungen sein können; sie sollen beim Schreiben an den Lehrer denken, der die Aufgaben durchsehen muss – das ist eine Frage des Respekts. Es geht bei der Überprüfung nicht unbedingt um Genauigkeit, auch wenn das vielleicht manchmal notwendig sein kann. Sollte sich ein Problem ergeben, dann ist immer noch genügend Zeit, um es zu beheben.

Geschwister können ihre Hausaufgaben auch gegenseitig überprüfen, die Eltern können eigene Arbeiten bringen, die sie zu erledigen haben, und so ihren Kindern ein Vorbild sein. Manche Familien finden es zu mühsam, dies jeden Tag zu praktizieren, und vereinbaren deshalb, es beispielsweise jeden Sonntag oder jeden Sonntag und Mittwoch zu tun. Eine andere Möglichkeit besteht darin, dass die Kinder einen Bewertungsbogen oder eine Checkliste über alle oder über ausgewählte Aufgaben führen. Manche Eltern

Checkliste oder Bewertungsbogen

warten lieber damit, bis ein Problem auftritt. Unser Rat: Warten Sie nicht zu lange. Es ist schwierig, gute Arbeitsgewohnheiten beizubehalten, noch viel schwieriger ist es, wenn sich erst einmal schlechte Gewohnheiten festgesetzt haben. Eine Checkliste könnte z.B. folgende Fragen enthalten:

---

1. Ich habe die Arbeit überprüft, um zu sehen, ob ich alle Teile der Aufgabe erledigt habe.
- Ja:
- Nein:
- Ich konnte es nicht tun, weil ich nicht genau weiß, wie die Aufgabe lautet:

2. Ich überprüfte meine Arbeit, wo immer ich konnte, und kann dies nachweisen.
- Ich überprüfte sie und zeigte sie:
- Überprüft, wurde nicht gezeigt:

3. Meine Arbeit ist sauber, deutlich und korrekt geschrieben.
- Sauber:
- Rechtschreibung überprüft:
- Korrektur gelesen:

4. Auf einer Skala von eins bis fünf bin ich folgendermaßen stolz auf die abgelieferte Arbeit:
1 = richtig stolz
2 = etwas stolz
3 = ein bisschen stolz
4 = nicht stolz
5 = schäme mich

Hausaufgaben in die Tagesroutine integrieren

Vater: »Phil, es ist 19 Uhr und du hast heute abend noch viel zu tun. Wie sieht dein Plan aus?«

Phil: »Ich weiß nicht. Ich denke, ich werde meine Hausaufgaben machen.«

Vater: »Gute Idee! Welche Aufgaben musst du denn bis morgen erledigen?«

Phil: »O je, Mathe, Naturwissenschaften, Lesen.«

Vater: »Du meine Güte! Wie viel ist das denn für jedes Fach?«

Phil: »Ich weiß nicht.«

Vater: »Wie wäre es, wenn du es mir zeigst?«

Phil: »Ich, ähh, ich möchte nicht.«

Vater: »Okay, es ist schön, zu wissen, dass du nicht möchtest. Aber du musst sie mir zeigen, weil ich wissen muss, was du in der Schule machst. Väter sind nun einmal dazu verpflichtet. Als du geboren wurdest, musste ich Papiere unterzeichnen, die besagten, dass ich jederzeit befragt werden kann, was du in der Schule machst. Ich bin mir nicht sicher, ob ich bestraft werde, wenn ich es nicht weiß, ich will es jedenfalls nicht riskieren.«

Phil: »Papa, hör auf.«

Vater: »Phil, hol deinen Rucksack.«

Hausaufgaben und Hausarbeit Als sie zusammen die Hausaufgaben überprüfen, weiß der Vater, dass jetzt die richtige Zeit ist, um Phil daran zu erinnern, dass er – abgesehen von den Hausaufgaben – noch andere Dinge zu erledigen hat.

Vater: »Musst du heute noch im Haushalt helfen?«

Phil: »Ich weiß nicht.«

Vater: »Es ist Dienstag.«

Phil: »O je. Ich muss mich um den Müll kümmern. Und ich möchte doch um 22 Uhr etwas im Fernsehen anschauen.«

Vater: »Du weißt, du darfst erst fernsehen, wenn alles erledigt ist.«

Phil: »Aber Papa, ich werde mit den Schulaufgaben nicht vor 22 Uhr fertig. Kann nicht jemand anders sich um den Müll kümmern?«

Der Vater hat jetzt mehrere Optionen. Phil plant, von 19 bis 22 Uhr Schulaufgaben zu machen – ein großer Fortschritt. Er kann seinem Sohn vorschlagen, die Fernsehsendung aufzunehmen, der sie dann jedoch nicht vor 23 Uhr anschauen könnte – das ist zu spät und er müsste es deshalb an einem anderen Tag tun. Oder er kann anregen, dass Phil den Beginn der Sendung verpasst und sich um den Müll kümmert – das ist ein Problem, weil es sich um einen Krimi handelt, und da ist der Anfang wichtig. Er kann auch noch eine andere Lösung anbieten und Phil wählen lassen.

Wir können unseren Kindern bei vielen Gelegenheiten demonstrieren, wie wir uns zur Erledigung einer bestimmten Aufgabe zwingen müssen, welche Überlegungen wir anstellen, bevor wir etwas tun – oder nicht tun – und warum wir es tun:

Auch Erwachsene müssen sich manchmal zwingen

- »Ich kann hier sitzen und lesen, *aber* ich werde ein Restaurant anrufen und einen Tisch für uns reservieren, weil ich glaube, dass es uns Spaß machen wird, auszugehen.«
- »Ich kann ausschlafen, *aber* die Garage muss aufgeräumt werden, und wir können den neuen Basketballkorb aufstellen und alle zusammen ein Spiel machen.«

Später wird berichtet, was aus dem Plan geworden ist:
- »Das Restaurant ist bis Anfang nächsten Monat ausgebucht. Ich habe uns für diesen Zeitpunkt einen Tisch reserviert. Wäre ich nicht so faul gewesen, hätten wir vielleicht einige Tage früher einen Tisch bekommen. Ich werde das nächste Mal nicht so nachlässig sein.«
- »Oh, ich habe einen fürchterlichen Muskelkater. Aber war das nicht ein tolles Spiel? Es wäre nicht möglich gewesen, wenn ich nicht die Garage aufgeräumt hätte. Ich darf in Zukunft nicht so lange warten mit dem Aufräumen. Wir mussten sogar einen Ball wegwerfen, weil er unter den Stühlen zerquetscht worden war und das Ventil nicht mehr funktionierte. Übrigens vielen Dank, dass ihr mir geholfen habt, den Korb aufzustellen.«

Pläne verbalisieren, um Ziele zu erreichen

Wenn Ihre Kinder sagen, dass sie etwas tun werden, oder wenn sie mit Hilfe von FIG-TESPN einen Plan entworfen haben, dann sind weitere Schritte notwendig. Bei manchen Kindern dauert es etwas länger, bevor sie Ideen in die Tat umsetzen. Und die meisten Kinder wie auch die meisten Erwachsenen mögen es nicht, wenn man sie zu sehr drängt. Wir raten Ihnen, sanft nachzuhelfen, wie in den folgenden Beispielen.

Nachhelfen – aber sanft!

Erinnern Sie das Kind an das Ziel:
* Was war es, was du wolltest?
* Was ist es, was du zu tun versuchst?
* Was wird geschehen, wenn dein Plan funktioniert?

Seien Sie ermutigend, zuversichtlich und optimistisch:
* Ich kann es gar nicht erwarten zu hören, was daraus wird!
* Ich bin sehr zuversichtlich, dass du es in die Tat umsetzen kannst.
* Vielleicht ist morgen ein besserer Tag.

Finden Sie etwaige Ängste heraus, indem Sie dem Kind helfen, über Konsequenzen nachzudenken:
* Was könnte deiner Ansicht nach falsch laufen?
* Was ist, wenn … falsch läuft? Was wird geschehen?
* Was ist das Schlimmste, das passieren kann? Und was ist das Beste?

Rollenspiele Sanftes Nachhelfen führt manchmal dazu, dass das Kind zögert oder sich unsicher zeigt. In diesem Fall kann ein Rollenspiel hilfreich sein, wie im folgenden Beispiel:

Mutter: »Juan, du bist immer noch hier?«

Juan: »Ja, es ist noch zu früh, um zu gehen.«

Mutter: »Was wirst du denn heute Abend machen?«

Juan: »Ich wollte zu Marianna gehen, um zu sehen, ob wir etwas unternehmen können.«

Mutter: »Klingt gut. Ich kann es gar nicht erwarten, zu hören, wie es laufen wird.«

Juan: »Nun, ich weiß nicht.«

Mutter: »Was meinst du? Was könnte denn falsch laufen?«

Juan: »Weißt du, sie könnte vielleicht denken, ich sei ein Trottel.«

Mutter: »Hmm. Was wirst du denn zu ihr sagen, wenn du sie besuchst?«

Juan: »Ich, ääh, hm, ich werde sagen, ›Hallo, Marianna, wie steht's?‹«

Mutter: »Nun, das ist eine Möglichkeit. Aber vielleicht wäre es eine gute Idee, etwas zu üben. Du klingst noch nicht sehr zuversichtlich.«

Machen Sie konstruktive Vorschläge und ermutigen Sie das Kind. Versuchen Sie es mit Humor. Wenn Ihr Kind die Technik des Ruhigbleibens kennt, ist jetzt eine gute Gelegenheit dazu! Es könnte auch sinnvoll sein, die Rollen zu tauschen.

Machen Sie konstruktive Vorschläge

Als Juan nach Hause kommt, erkundigt sich die Mutter, wie es war, und hilft ihm, sich auf das nächste Mal vorzubereiten:

Juan: »Die schlimmste Nacht meines Lebens!«

Mutter: »Was ist passiert?«

Juan: »Sie sagte, sie möchte mich am Samstag nicht sehen.«

Mutter: »Du hast sie um ein Treffen am Samstag gebeten?«

Juan: »Ja.«

Mutter: »Wie lief es denn, bevor du sie gefragt hast?«

Juan: »Ganz gut.«

Mutter: »Und was geschah, als du sie gefragt hast?«

Juan: »Sie sagte, sie kann nicht, weil sie mit ihrer Familie beschäftigt ist.«

Mutter: »Hast du eigentlich je daran gedacht, dass sie wirklich mit ihrer Familie beschäftigt ist?«

Juan: »Hm, jetzt wo du es sagst – ja, es könnte sein. Aber als sie es sagte, hab ich angenommen, dass sie einfach nicht will.«

Mutter: »Wenn wir von dem ausgehen, was du jetzt glaubst, was möchtest du dann?«

Juan: »Ich möchte sie am Samstag sehen.«

Mutter: »Ist das wirklich das Einzige, was du möchtest – nur am Samstag?«

Juan: »Nein, ich möchte sie wiedersehen.«

Mutter: »Wie kannst du das erreichen?«

Jetzt ist Juan wieder auf dem richtigen Weg, und mit Hilfe von FIGTESPN kann er Ideen entwickeln, sie abwägen und neue Pläne machen.

Schule und Karriere – Wahlmöglichkeiten

Peg: »Noch ein Stück Pizza?«

Charlene: »Gern. Janet, ich habe heute einen Brief von der Schule bekommen. Es geht um die Prüfungen fürs College.«

Janet: »Die Lehrer reden auch ständig darüber.«

Charlene: »So, was hältst du davon?«

Familien-konferenz Charlene Patterson (40), Reisebürokauffrau, unterhält sich mit ihren Töchtern Janet (17) und Peg (10). Charlene lebt getrennt von ihrem Mann, mit dem sie nicht viel Kontakt hat und der sie finanziell nur wenig unterstützt. Eddie, Charlenes Vater, der in der Nähe wohnt und viel Zeit im Haus seiner Tochter verbringt, liest den Brief, während er ein Stück Pizza isst.

Janet: »Ich bin mir nicht sicher.«

Charlene: »Das ist eine schwierige Entscheidung.«

Peg: »Wirst du von zu Hause ausziehen?«

Janet: »Ich bin mir nicht sicher. Jedesmal, wenn ich darüber nachdenke, verwirrt es mich mehr.«

Charlene: »Wenn du dir vorstellst, was du in fünf Jahren tun möchtest, was würde das sein? Nimm dir eine Minute Zeit, schließ die Augen und stell dir vor, wie du aussehen würdest, wo du sein und wie du dich fühlen würdest. Peg, du kannst es auch versuchen.«

Charlene benutzte FIG-TESPN, eine gute Strategie, mit der wir unseren Kindern helfen können, sich aus einer Fülle verwirrender Möglichkeiten für ein Ziel zu entscheiden. Sich die Zukunft auszumalen ist eine Methode, die für Teenager sehr hilfreich ist, auch wenn sie damit zunächst Schwierigkeiten haben. Überprüfen Sie das Bild nach einiger Zeit. Manchmal ist es vage oder widersprüchlich. Das ist häufig ein Zeichen dafür, dass mehr Informationen benötigt werden. Sie können an verschiedene Schulen schreiben, nach Jobs Ausschau halten, mit einem Betreuer sprechen usw. Wenden wir uns jetzt wieder den Pattersons zu:

Janet: »Ich sehe mich in einem Klassenzimmer mit Kindern arbeiten, aber ich sehe auch, wie ich ältere Schüler unterrichte.«

Charlene: »Was müsstest du tun, um irgendeine Art von Lehrerin zu werden?«

Janet: »Ich müsste aufs College gehen, das ist sicher.«

Charlene: »Sonst noch etwas?«

Janet: »Gute Noten, denke ich.«

Peg: »Wenn du meine Lehrerin sein willst, musst du wirklich schlau sein.«

Eddie: »Wenn du Lehrerin werden willst, musst du ein Hauptfach wählen oder dich irgendwie spezialisieren.«

Charlene: »Janet, du hast einige wichtige Punkte gesagt. Wir sollten genauer darüber sprechen – vielleicht nach dem Essen?«

Janet: »Okay, einverstanden.«

FIG-TESPN wird auch bei den zukünftigen Planungen eine wichtige Rolle spielen. Familie Patterson verwendet eine Methode, die emotional ausgewogen ist, so dass Janet und die anderen Familienmitglieder, einschließlich Peg, überlegt und verantwortungsbewusst ihrem Ziel näher kommen.

Überlegt und verantwortungsbewusst dem Ziel näher kommen

Es ist eine schwierige und kostspielige Entscheidung, auf welche Schule die Kinder gehen sollen. Für manche Kinder gibt es eine »beste« Schule, die all ihren Interessen und Fähigkeiten, Lebensgewohnheiten und sogar Wertvorstellungen entspricht. Wahrscheinlicher ist es, dass mehrere Schulen fast gleichwertig sind, vielleicht sind darunter auch einige, die Eltern oder Verwandte besucht haben.

Könnten wir eine Zeitreise zurück in die Vergangenheit machen und Eltern-Kind-Gesprächen zuhören, die stattfanden, als sich Familien früher für eine Schule entscheiden mussten, dann würden wir wahrscheinlich nicht sehr viel emotionale Intelligenz erleben. Manchmal hatten Kinder wirklich geglaubt, die richtige Wahl getroffen zu haben, und erst als sie mit der Wirklichkeit konfrontiert wurden, merkten sie, dass sie sich getäuscht hatten. In vielen Fällen wurde jedoch Druck ausgeübt. Es gibt Hinweise, dass sowohl Eltern als auch Kinder sich zu etwas gezwungen fühlten oder Druck ausübten. Es ist leichter, mit den Schwierigkeiten aller Beteiligten umzugehen, wenn gewisse Bedenken eingestanden werden. So kann ein Vater z. B. sagen: »Das war für mich richtig, und ich habe auch das Gefühl, dass es das Richtige für dich sein wird, aber vielleicht wird es anders laufen.« Und ein Kind sagt vielleicht: »Ich bin mir nicht sicher. Ich bin nicht dagegen und ich muss irgendwo anfangen; vielleicht ist es okay, aber es könnte auch nicht funktionieren.« Solche Eltern-Kind-Gespräche haben den Vorteil, dass sie die Kommunikationskanäle offen lassen.

Ein Wort zum Abschluss

Ausbildung und schulische Belange sind der Kern des Familienlebens während der kritischen formativen Jahre, die wir mit unseren Kindern verbringen, wenn sie dem Kleinkindalter entwachsen sind. Es können Jahre voller Kummer, Spannungen und Streit oder voller Wunder, Wachstum und Anteilnahme sein. Mit Sorgen und Problemen können wir auf jeden Fall rechnen, wir müssen jedoch dafür sorgen, dass sie durch die positiven Aspekte ausgeglichen werden. Es wird viel davon abhängen, ob wir gewillt sind, so mit unseren Kindern zu sprechen, dass sie ihre eigene emotionale Intelligenz benutzen. Dadurch gibt es weniger emotionale Ausbrüche, und die Familienmitglieder werden Gefühle und Ansichten der anderen eher respektieren.

Zugang zu schwer erreich-baren Kindern im Zeitalter von Gewalt, Aids und Drogen

Eltern, die sich mit ihren Kindern in einem erklärten oder nichter-klärten Krieg über Hausaufgaben und andere Pflichten befinden, sollten erkennen, dass sie diesen Krieg nicht gewinnen können.

Kinder haben mehr Energie zum Widerstand Kinder haben mehr Zeit und Energie, um sich uns zu widersetzen, als wir besitzen, um sie zu etwas zu zwingen. Selbst wenn wir ei-nen Kampf gewinnen und unseren Willen durchsetzen, können die Kinder rebellieren, indem sie träge und neurotisch oder rebellisch und vielleicht sogar straffällig werden. Wir können nur gewinnen, indem wir die Kinder für uns gewinnen. Diese Aufgabe ist nicht einfach, aber wir können sie bewältigen.

> »In menschlichen Beziehungen hängen die Ziele von den Mitteln ab, und das Resultat wird von der Vorgehensweise be-stimmt. Persönlichkeit und Charakter können sich nur entwi-ckeln, wenn die Erziehungsmethoden auf Respekt und Sympa-thie beruhen.«
>
> Haim Ginott: Between Parent and Child (Avon, 1969, 84–85, 243)

Manche Kinder sind schwerer zu erreichen als andere. Manche Kinder sind anfangs offen und zugänglich und scheinen im Laufe der Jahre distanzierter zu werden. Andere sind von Geburt an schwer zu gewinnen. In vielen Fällen können schwierige Le-bensumstände, wie z.B. Krankheit, der Tod von Angehörigen, Scheidung, Arbeitslosigkeit oder ein Umzug, Kinder so durchein-ander bringen, dass sie sich nur schwer davon erholen.

In den vorangegangenen Kapiteln haben Sie Methoden kennen-gelernt, mit denen Sie alle Kinder erreichen können. In vielen Fäl-len wirken sie auch bei »schwierigen« Kindern. Wir wissen das aus eigener Beobachtung und wissenschaftlichen Untersuchungen.

Wir wissen aber auch, dass gewisse Kinder dadurch nicht erreicht werden können und in manchen Fällen andere Vorgehensweisen erforderlich sind.

Lebensereignisse können den Zugang zu Kindern erschweren

Wir müssen bereit sein, besondere Schritte zu unternehmen, denn wenn Kinder sich nicht einer Schule, Familie, Religion usw. zugehörig fühlen, besteht ein erhöhtes Risiko, dass sie gewalttätig werden, zu Drogen greifen oder in Kontakt mit HIV und Aids kommen. Kinder müssen in konstruktive Familien oder andere Gemeinschaften eingebunden werden, sonst werden sie zu neidischen Zerstörern mit Rachegelüsten, oder sie schließen sich Gruppen an, in denen sie Anerkennung finden, wie z.B. Jugendbanden oder Sekten. Und wer möchte das schon für sein Kind?

Der korrekte Untertitel für dieses Kapitel könnte lauten: »Nach dem unerreichbaren Stern greifen«. Denn jedes Kind ist in irgendeiner Weise ein Stern, nach dem wir greifen müssen, und wir sollten uns nicht durch aggressive Verhaltensweisen unserer Kinder, die wir nicht billigen können, davon ablenken lassen. Letztlich kann jedoch jedes Kind wiedergewonnen werden oder es lohnt zumindest die Mühe, es zu versuchen. Wenn wir davon überzeugt sind, dann sind wir bereit für die folgenden Erziehungsvorschläge.

Nach dem unerreichbaren Stern greifen

In diesem Kapitel untersuchen wir drei Altersabschnitte und beschreiben wichtige Aktivitäten, die das ganze Spektrum emotional intelligenter Erziehung umfassen:

- Vorschul- und frühe Grundschulzeit
  - Zeit für Eltern-Kind-Gespräche: Schlafenszeit
  - um Verzeihung bitten
  - vorlesen, Gutenachtgeschichte
- späte Grundschuljahre, Mittelschule
  - Freundschaften
- Mittelschule, Oberschule
  - Dienst im Sozialbereich
- alle Altersgruppen
  - klären, koordinieren, wählen und Anteil nehmen helfen Eltern, emotional intelligente Entscheidungen zu treffen.

Abschließend zeigen wir, wie Eltern schwere Entscheidungen treffen müssen, wenn sie versuchen, ihre Kinder durch problematische Zeiten zu begleiten.

Vorschul- und frühe Grundschulzeit

Zeit für Eltern-Kind-Gespräche

Frieden mit den Eltern schließen

Nur wenige Dinge sind für junge Kinder wichtiger als die Gelegenheit, mit den Eltern zu sprechen. Das ist eine Tatsache, ob sie es zugeben oder nicht; fragen Sie sie deshalb erst gar nicht. Und es trifft vor allem auf schwierige Kinder zu. In vielen Fällen müssen sie Frieden mit ihren Eltern schließen, bevor sie zu Bett gehen und einen neuen Tag beginnen. Manchmal brauchen sie Hilfe, um sich mit Geschwistern auszusöhnen, mit denen es Unstimmigkeiten oder Streit gab. Zusammen etwas lesen, ist eine andere wichtige Eltern-Kind-Aktivität. Vier- und Fünfjährige erleben viel Neues in der Vorschule und im Kindergarten und haben großen Spaß dabei. Aber manchmal sind sie ängstlich und mögen keine Veränderungen in ihrer täglichen Routine. Wenn Kinder Probleme mit dem Lesen haben, fühlen sie sich verängstigt, frustriert und unsicher. Wir werden Ihnen einige Beispiele zeigen, wie Sie zusammen mit den Kindern lesen und sie einbeziehen können, wenn sie noch nicht imstande sind, selbst zu lesen.

Das Gutenachtgespräch – Zeit zur Rückschau und für Entschuldigungen

Wenn Sie bemerken, dass Ihr Kind aufgebracht ist, ist die Schlafenszeit wahrscheinlich die günstigste Gelegenheit, um darüber zu reden. Das gilt besonders für Kinder im Vorschul- und Grundschulalter, und wenn Sie damit früh begonnen haben, werden es Ihre Kinder auch noch während der Mittel- und Oberschule akzeptieren, wenn auch vielleicht nicht jedesmal. Haben Sie es noch nie getan und sind Ihre Kinder im Vor-Teen- oder Teenageralter, so raten wir Ihnen dennoch, es zu versuchen. Für die meisten Kinder ist die Schlafenszeit optimal, um sich ihrer Gefühle bewusst zu werden und sie auszudrücken, zum einen, weil sie müde sind und sich weniger dagegen wehren können, zum anderen, weil die Schlafenszeit Erinnerungen an Wärme, Kuscheln und Sicherheit wachruft. Deshalb lieben Teenager so sehr jene nächtlichen, stundenlangen, tiefsinnigen Telefongespräche mit ihren Freunden, die nach Meinung ihrer Eltern einige Stunden früher hätten stattfinden sol-

Erinnerungen an Wärme, Kuscheln und Sicherheit

len. Das war jedoch, bevor wir die Prinzipien emotionaler Intelligenz verstanden haben – jetzt wissen wir, es ist die beste Zeit, um Gefühle zu teilen.

Lesen Sie das folgende hypothetische Gutenachtgespräch zwischen Isaac und seinem Sohn Jacob:

Isaac: »Jacob, es muss was mit dir los sein. Du warst unruhig, nervös, schlecht gelaunt. So kenne ich dich gar nicht.«

Jacob: »Nun, Papa, ich weiß, was du meinst.«

Isaac: »So, was wirst du dagegen tun? Weiter missgelaunt herumrennen? Gibt es nicht etwas Besseres, was du tun könntest?«

Jacob: »Du meinst, dir sagen, was los ist?«

Isaac: »Du hast das gesagt, nicht ich. Aber jetzt, da du es angesprochen hast – es wäre gar nicht so schlecht, oder? Ich bin ganz Ohr, lass uns reden.«

Jacob: »Es ist kein richtiges Problem. Wirklich, Papa, aber warum bekommt mein älterer Bruder immer alles und ich so wenig?«

Isaac: »Aha! Das ist es also. Du bist besorgt über das, was dein Bruder bekommt und du nicht. Ich wusste gar nicht, dass du an so was denkst. Komm, ich will dir eine kleine Geschichte über deinen Großvater Abraham erzählen…«

Isaac hat etwas Wichtiges herausgefunden, als er die ruhige Zeit vor dem Schlafengehen nutzte, um mit seinem Sohn über dessen Gefühle zu sprechen. Es ist unwahrscheinlich, dass dieses Gespräch tagsüber möglich gewesen wäre, als Jacob unruhig und verärgert war. Nachts, als Jakobs Energielevel niedriger war, erfuhr er Dinge, die ihm für seine späteren Entscheidungen sehr nützlich sein könnten. Eltern müssen einfach entspannt und geduldig sein. Wenn die Probleme nicht heute zur Sprache kommen, dann eben morgen oder am nächsten Tag – oder sie werden vielleicht auf andere Weise gelöst. Das Beste, was Eltern tun können, ist, Gelegenheiten zu schaffen, damit die Kinder ihre Sorgen äußern können.

Seien Sie entspannt und geduldig

Eltern-Kind-Gespräche sind außerdem eine gute Gelegenheit, um sich zu entschuldigen. Wir meinen Entschuldigungen durch die Eltern. Durch Konflikte mit wichtigen Erwachsenen gerät die Welt eines jungen Kindes aus den Fugen. Die Zeit vor dem Schlafengehen ist die beste Gelegenheit, um Ihrem Kind Erleichterung zu verschaffen. Es wird häufig vorkommen, dass Sie Ihren Ärger nicht kontrollieren können. Vielleicht sind Sie zu laut geworden. Vielleicht haben Sie Ihr Kind geschlagen. Vielleicht haben Sie etwas gesagt, was Sie nicht so meinten. Oder vielleicht haben Sie Ihr Kind ignoriert. Gewiss doch, wahrscheinlich wurden Sie provoziert. Aber, um mit Haim Ginott zu sprechen, welche Wahl haben Eltern denn wirklich? Wir sind die Erwachsenen. Wenn wir uns nicht beherrschen können, wenn wir provoziert werden, was können wir dann von unseren Kindern erwarten, vor allem von jungen Kindern?

Wir sind die Erwachsenen ...

Um sich bei ihren Kindern zu entschuldigen, müssen Eltern die Gefühle der Kinder verstehen und viel Selbstbeherrschung und gute soziale Kompetenz besitzen, damit die Entschuldigung »funktioniert«. Die Wirkung auf die Kinder ist immens. Sie merken, dass sie etwas wert sind und dass ihre Eltern sie so sehr schätzen, dass sie sich ernsthaft mit ihnen unterhalten und zugeben, einen Fehler gemacht zu haben. Die Kinder erfahren dadurch, was Demut – eng verwandt mit Empathie – bedeutet. Schließlich werden dadurch die stressbeladene Ungewissheit, Scham und Zweifel beseitigt, und die Kinder spüren, wenn sie bei ihren Eltern eine Über- oder Unterreaktion hervorgerufen haben.

Demut und Empathie

Zur Veranschaulichung ein Beispiel mit einer Vierjährigen:

Mutter: »Ich bin gekommen, um dir gute Nacht zu sagen.«
Allison (murmelt): »Gute Nacht.«
Mutter: »Ich habe darüber nachgedacht, was nach dem Essen passiert ist. Es tut mir wirklich leid, dass ich dich angeschrien habe, weil du das Geschirr nicht weggeräumt hast. Ich habe dich vorher zweimal darum gebeten, und es passierte beim dritten Mal, aber das ist kein Grund, so zu schreien, wie ich es tat. Ich möchte mich dafür entschuldigen.«
Allison: »Okay.«
Mutter: »Ich liebe dich, Schatz. Wie wär's mit einem Gutenachtkuss?«
Allison (öffnet ihre Arme). »Okay. Ich lieb dich auch, Mami.«

Ein weiteres Beispiel mit einem Fünfjährigen:

Vater: »Karma, ich möchte mit dir reden.«
Karma: »Geh weg. Ich mag dich nicht mehr.«

Vater: »Ich werde in einer Minute weggehen. Ich habe darüber nachgedacht, was heute Nachmittag passiert ist. Es tut mir leid, was ich zu dir gesagt habe, als du versucht hast, Rad zu fahren, das war nicht richtig von mir. Ich sagte es mit wütender Stimme, und das war ebenfalls nicht richtig. Weißt du, ich war müde, dir die Straßen auf und ab nachzulaufen, und ich machte mir Sorgen, dass ich nicht genügend Energie haben würde, es dir beizubringen. Ich war dumm und hatte Unrecht. Ich glaube, du hast dich bemüht und du kannst es lernen.«

Karma: »Ich werde auf der Straße fahren!«

Vater: »Nun, darüber werden wir später sprechen. Wie wär's, wenn wir am Sonntagnachmittag ein bisschen üben?«

Karma: »In Ordnung!«

Vater: »Gute Nacht, mein Sohn.«

Karma: »Gute Nacht.«

Beachten Sie die wichtigsten Formulierungen für Entschuldigungen:

Wichtige Formulierungen

- »Ich habe darüber nachgedacht, was passierte…«
- »Ich fühle mich … wegen…«
- »Ich entschuldige mich…«
- »Ich hatte Unrecht…«
- »Es tut mir leid…«
- Eine positive und/oder zustimmende Aussage
- Ein herzlicher Gutenachtgruß.

Diese Formulierungen enthalten viel emotionale Intelligenz und werden auch Ihnen helfen.

Konflikte unter Geschwistern

Konflikte unter Geschwistern sind ein häufiges Problem. Natürlich wünschen Sie sich, dass es nur selten dazu kommt, und wenn ja, dann sollten sie möglichst nicht zu sehr ausarten oder zu lange dauern. Manchmal lassen sie sich abmildern, wenn wir die Leitprinzipien anwenden, die wir in diesem Buch beschrieben haben.

Hier ein Beispiel: Anthony ist mit Linda verheiratet. Beide sind 27 Jahre alt, und sie haben zwei Söhne, Anthony jr. (8) und Paul (5). Anthony jr. – wie viele Achtjährige, vor allem, wenn es Erstgeborene sind – ist sehr besitzergreifend im Hinblick auf seine Sachen. Sein Bruder – wie viele Fünfjährige – ist sehr neugierig und möchte wie sein älterer Bruder sein. Manchmal ist es Eifersucht, häufiger jedoch Neid aufgrund von Bewunderung, die zu einer Auseinandersetzung führen. Es ist Sonntag, die Familie ist gerade nach Hause gekommen und freut sich auf einen friedlichen, ruhigen Tag. Nach einigen Minuten hören Anthony und Linda heftigen Streit:

Junior: »Du kannst es nicht haben, du Knirps.«
Paul: »Ich will es, du Schuft. Ich werd's nicht zurückgeben.«
Junior: »Du gibst es sofort zurück oder ich hau dir eine runter.«
Paul: »Nein, du kannst mich nicht zwingen. Ich sag's Mama.«
Junior: »Gib es, jetzt!«
Paul: »Nein!«
(Sie werden handgreiflich und schreien.)
Linda: »Was ist hier los?«
Paul: »Er ist ein gemeiner Schläger.«
Junior: »Du Balg, du hast angefangen.«
Anthony: »Schluss jetzt, kein Wort mehr, alle beide. Es ist Sonntag.
Wir sind eine Familie, kein Pack…«
Linda: »Junior, was ist geschehen?«
Junior: »Paul stört mich immer, er ist eine richtige Plage.«
Linda: »Ich möchte keine Beschimpfungen mehr hören. Denk, bevor du sprichst, und beantworte meine Frage. Was ist geschehen?«
Junior: »Nun, ich wollte mit meiner Baseballkartensammlung spielen, sie ordnen und in den Ständer tun, weißt du. Und Paul nahm mir den Ständer weg und wollte ihn nicht zurückgeben.«
Linda: »Paul, was ist geschehen?«
Paul: »Er hat mich beschimpft.«
Linda: »Wann hat er das getan, bevor oder nachdem du den Ständer genommen hast?«
Paul: »Ich weiß nicht.«
Linda: »Ich denke, es war vielleicht danach – und es ist nicht nett, so etwas zu tun, aber es ist etwas anderes, als einfach grundlos beschimpft zu werden. Junior, wie hast du dich gefühlt, als er den Ständer genommen hat?«
Junior: »Ich war wütend, richtig wütend.«

Linda: »Es wird immer wieder vorkommen, dass Paul dir etwas wegnimmt. Er hat es früher getan und wird es wieder tun. Du bist der Ältere und er bewundert dich. Er möchte wie du sein und will, dass du ihn beachtest.«

Anthony: »Dein Bruder liebt dich, so wie ich meine älteren Brüder Richie und Al geliebt habe. Aber wir haben uns gestritten, weil ich bei ihnen mitmachen wollte. Mein Vater, dein Großvater, hat uns kämpfen lassen, aber das war nicht so gut für mich. Und es war nicht gut für uns als Brüder. Zu viel Streit – wir hätten etwas Besseres mit unserer Zeit anfangen können. Du verstehst, was ich sagen will?«

Junior: »Ja, Papa.«

Linda: »Wenn du also ungestört spielen willst, was könntest du dann tun, wenn Paul in der Nähe ist?«

Alternativen entwickeln

Junior: »In ein anderes Zimmer gehen.«

Paul: »Nein, das ist nicht fair!«

Anthony: »Lass deinen Bruder ausreden. Was noch?«

Junior: »Ich könnte mit etwas spielen, was Paul vielleicht nicht interessiert.«

Linda: »Vielleicht. Was noch?«

Paul: »Du könntest auch mit mir spielen!«

Junior: »Ja, das könnte ich.«

Linda: »Stell dir kurz vor, was passiert wäre, wenn du Paul hättest mitspielen lassen, wenn er vielleicht einige Karten für dich in den Ständer getan hätte oder etwas Ähnliches.«

Junior: »Dann hätten wir nicht gestritten. Vielleicht das nächste Mal.«

Linda: »Ihr habt ein paar sehr gute Ideen gehabt! Ich weiß nicht, wie es mit euch ist, aber ich habe einen Bärenhunger. Warum geht ihr Jungs nicht schon in die Küche? Wir kommen gleich nach… Tony, wir müssen daran denken, Junior zu erinnern, dass er Paul einbezieht, wenn wir die beiden zum Spielen schicken. Wir können von ihm nicht erwarten, dass er jedesmal daran denkt.«

Anthony: »Ja, und wir müssen darauf achten, dass es sich um etwas handelt, bei dem Paul mitmachen kann. Wenn nicht, müssen wir vielleicht einfach sagen, dass sie einige Zeit getrennt verbringen sollen. Es wäre Junior gegenüber nicht fair, wenn er Paul immer an allem beteiligen soll.«

Linda: »Du hast recht. Vielleicht sollten wir uns ein Signal ausdenken, mit dem Junior uns mitteilen kann, wenn er für sich allein sein will. So, jetzt wollen wir uns etwas zu essen holen!«

Gemeinsam lesen – eine wirkungsvolle Erziehungs- und Lernmethode

Ein Vater liest seiner Tochter vor dem Schlafengehen aus einem Buch vor:

Vater: »›Und als Geppetto seine Angelrute einholte, wer hing da dran – Pinocchio und sein Gewissen, Jiminy Cricket.‹ Bevor wir weiterlesen, wollen wir uns die Bilder ansehen. Wie fühlt sich wohl Geppetto deiner Meinung nach?«
Sarica: »Glücklich.«
Vater: »Was noch?«
Sarica: »Überrascht.«
Vater: »Woran kannst du das erkennen?«
Sarica: »Seine Augenbrauen sind hochgezogen, sein Mund ist offen, und er lächelt etwas.«
Vater: »Was ist mit Pinocchio?«
Sarica: »Er sieht auch glücklich aus. Jiminy sieht müde aus und nass. Aber ich wette, er freut sich, aus dem Wasser raus zu sein.«
Vater: »Wie hättest du dich an Pinocchios Stelle gefühlt?«
Sarica: »Froh und glücklich, weil ich meinen Papa gefunden habe.«

Auch wenn ein Buch keine Bilder hat, können ähnliche Fragen gestellt werden. Kinder lernen dadurch, die Anzeichen verschiedener Gefühle zu erkennen, unterschiedliche Sichtweisen einzunehmen und wie bestimmte Ereignisse bestimmte Emotionen hervorrufen können. Außerdem können die Kinder emotionale Intelligenz anwenden und entwickeln. Eltern und Kinder können auf diese Weise gemeinsam einen Roman, ein Sachbuch, Zeitungen, Sportillustrierte, Biografien oder was die Kinder sonst interessiert lesen. Sie können natürlich auch zu anderen Zeiten lesen, nicht nur vor dem Schlafengehen. Lesen Sie auch gemeinsam in den Schulbüchern der Kinder. Gemeinsames Lesen hat positive Wirkungen.

Positive Wirkungen gemeinsamen Lesens

- Sie helfen Ihrem Kind, das Gelesene besser zu verstehen.
- Sie werden besser verstehen, wie Ihr Kind liest, wie viele Informationen es aufnimmt und was für Schlussfolgerungen es daraus zieht.
- Sie verbringen auf qualitätvolle Weise Zeit miteinander, die Sie sonst vielleicht nicht gemeinsam verbracht hätten.
- Ihr Kind erwirbt dadurch Fähigkeiten, die für sein ganzes Leben wichtig sein werden.

Späte Grundschuljahre und Mittelschule

Freundschaften – Kindern beim Aufbau positiver Beziehungen helfen

Es ist sehr schmerzlich für Kinder, wenn sie gehänselt oder verspottet werden, weil sie neu, anders, dicker oder dünner sind, die »falsche« Hautfarbe oder andere körperliche Merkmale haben oder wenn überhaupt kein Grund dazu besteht. Manche Kinder reagieren darauf, indem sie sich absondern, sich revanchieren oder – was vielleicht das Schlimmste ist – sich selbst hassen. Jedes Kind verdient es, von seinen Altersgenossen mit Respekt behandelt zu werden, selbst wenn sie nicht eng befreundet sind.

Jedes Kind verdient respektvolle Behandlung

Wir möchten damit nicht sagen, dass Necken immer etwas Schlechtes ist und dass Kinder nicht in der Lage sein sollten, kleine Reibereien und Kritik zu ertragen. Das gehört zum Erwachsenwerden. Denken wir nur an unsere eigene Schulzeit und die Spitznamen, die damals kursierten (»Knochen«, »Rotfuchs«, »Abdul« usw.). Werden Kinder jedoch über viele Wochen oder sogar Monate und Jahre gehänselt und gemieden, dann ist das etwas anderes. Emotionale Intelligenz ist notwendig, um sozial isolierten Kindern oder Außenseitern zu helfen, Freunde zu gewinnen.

Freunde gewinnen

Eltern möchten ihren Kindern helfen, gegen Einsamkeit gewappnet zu sein. Aber es ist schwierig, Freundschaften zu planen. Eltern können versuchen, ihren Kindern soziale Kompetenz beizubringen, die sie in die Lage versetzt, positive Beziehungen aufzubauen, d. h. ihre Kinder »freundschaftsfähiger« zu machen.

Beziehungen zu anderen Menschen sind etwas sehr Wertvolles im Leben. In einer Gesellschaft, die immer komplexer und verwirrender wird, ist es für uns und unsere Kinder sehr wichtig, Freundschaften als Quelle der Freude und Kreativität und nicht als kompetitive Last anzusehen. Es ist jedoch nicht möglich, mit jedermann befreundet zu sein. Wahre Freunde sind Seelenverwandte und sollten gehegt und gepflegt werden. Eltern tun ihren Kindern einen großen Dienst, wenn sie ihnen helfen, freundschaftsfähiger zu werden und Zeit und Mühe in die wichtigsten Beziehungen zu investieren.

Kreativität statt Konkurrenz

Wie man freundschaftsfähiger wird

Nicht engstirnig sein
Wir sollten keine stereotypen Vorstellungen von Freundschaft übernehmen. Es zählt, wie die Menschen sind, wie sie andere behandeln und was für gemeinsame Wertvorstellungen und Interessen sie
haben. Wir können Freundschaft nicht als eine Funktion von Alter,
Geschlecht und ethnischen oder rassischen Klischees sehen.

Gelegenheiten bieten
Helfen Sie Ihren Kindern, außer Nachbarn und Klassenkameraden
auch andere Menschen kennenzulernen. Melden Sie Ihre Kinder
bei einer Gruppe, in einem Club oder einem Verein an (Pfadfinder,
Theatergruppe, kirchliche Vereinigungen, Sportverein usw.); daraus
können sich lebenslange Interessen und wertvolle – vielleicht sogar dauernde – Freundschaften entwickeln.

Freunde nicht abschrecken, sondern gewinnen
Sprechen Sie mit Ihrem Kind darüber, wie es sich als Freund anderen gegenüber verhält. Helfen Sie ihm, zu erkennen, warum
bestimmte Verhaltensweisen anziehend und andere abstoßend wirken. Sie können beispielsweise ein kleines Quiz veranstalten (s. u.)
– mögliche Antworten sind »immer«, »manchmal« oder »niemals«.

*Achtung: Freund-
schaftskiller!*

Freundschafts-Quiz

Welches Verhalten schadet mir bei meinen Freunden,
und wie gewinne und intensiviere ich Freundschaften?

	Immer	Manch-mal	Nie-mals
• Ich halte, was ich Personen, die ich kenne, versprochen habe.			
• Ich lasse die Menschen wissen, dass ich sie mag.			
• Ich höre wirklich zu, wenn andere mit mir sprechen.			
• Ich entschuldige mich, wenn ich einen Fehler gemacht oder die Ge-fühle eines Freundes verletzt habe.			

- Ich tue mein Möglichstes, um Freunden zu helfen.
- Dinge, die ich von Freunden ausgeliehen habe, gebe ich in demselben Zustand zurück, in dem ich sie bekommen habe.
- Ich spreche mit meinen Freunden über Probleme.
- Ich weiß, was meine Freunde mögen und was sie nicht mögen.
- Ich gebe vor meinen Freunden an.
- Ich erzähle, dass … unfreundliche Dinge über meine Freunde sagt.
- Ich bringe meine Freunde vor anderen in Verlegenheit.

Auswertung des Fragebogens

Der Freundschaftskillerfaktor ergibt sich durch »immer« oder »manchmal« als Antwort auf die letzten drei Fragen und wenige »niemals« als Antwort auf die ersten neun Fragen. Das entgegengesetzte Muster zeigt an, dass das Kind freundschaftsfähig ist und mit etwas Glück und den richtigen Gelegenheiten in der Lage sein sollte, eine Reihe positiver, wertvoller, bereichernder Beziehungen aufzubauen. Diese Liste macht deutlich, wo die Stärken Ihres Kindes liegen und auf welchen Gebieten Verbesserungen notwendig sind.

Warum manche Kinder keine Freundschaften eingehen

Es gibt viele Gründe, warum Kinder keine Freunde haben. Wir möchten nur die wichtigsten diskutieren. Manche bedingen sich gegenseitig. Wir werden beschreiben, wie Kinder über sich denken, so dass die Eltern eine Vorstellung davon bekommen, was im Kopf Ihrer Kinder vor sich geht.

»Ich bin nicht wie die anderen.«

Schutzbedürfnis und Angst vor Ablehnung

Sie sind anders als ich, deshalb kann ich nicht mit ihnen zusammen sein. Oder: Sie wollen nicht mit mir zusammen sein. Ich bin eigentlich besser als sie, deshalb möchte ich mich nicht auf ihr niedriges Niveau begeben. Oder: Ich bin in Wirklichkeit nicht so gut wie sie. Sie wissen das nicht so genau. Wenn ich mich von ihnen fernhalte und verhindere, dass sie mich kennenlernen, dann finden sie es vielleicht nicht heraus, wie unfähig, abartig und/oder merkwürdig ich bin, und werden mich in Ruhe lassen.

»Es ist eine Katastrophe.«
Sie haben mich nicht angerufen, das bedeutet: Sie wollen mich nicht. Tatsächlich bedeutet es, dass sie mich nicht mögen; wahrscheinlich hassen sie mich sogar. Die anderen Kinder hassen mich auch und ebenso die Leute, die ich wahrscheinlich treffen werde. Oder: Als sie mich hänselten, war ich wie erstarrt. Ich wusste nicht, was ich sagen sollte. Oder: Habe ich geheult? Ich hoffe nicht! Aber egal, jetzt glauben sie, ich bin ein richtiger Schwachkopf, ein Idiot, ein Verlierer. Sie werden allen erzählen, was ich gemacht habe. Morgen werden sie mich noch mehr hänseln. Alle werden kommen und sich lustig über mich machen. Und diejenigen, die es noch nicht tun, werden es wahrscheinlich tun wollen; sie konnten sich nur noch nicht ihren Weg durch die Masse von Leuten bahnen, die mich alle verspotten wollen.

Ausweglos!

»Ich bin nicht schuld, es ist ihre Schuld.«
Alle sind gemein und hässlich. Sie sind unfreundlich. Sie sind überhaupt nicht nett. Wer möchte schon mit mir zusammen sein. Ich habe nichts getan. Es ist ihre Schuld.

»Ich verstehe nicht, warum sie sich geärgert haben.«
Ich hatte etwas zu sagen und ich sagte es. Ich verstehe nicht, warum sie sprechen wollten. Und: Ich wollte der Erste in der Schlange sein, deshalb habe ich die anderen überholt. Die sollen sich bloß nicht aufregen, ich hatte Hunger.

»Ich weiß nicht, was ich sagen soll.«
Ich werde herumstehen und nichts sagen oder ich werde etwas Dummes sagen, und sie werden denken, ich sei ein Idiot. Ich werde nervös, wenn ich nur daran denke. Was ist, wenn sie sich lustig über mich machen? Oder wenn sie mich etwas fragen, was ich nicht weiß? Oder ich soll etwas tun, was unrecht ist oder was ich nicht tun kann. Sie werden denken, ich sei der größte Idiot aller

Allein und ratlos!

Zeiten. Ich packe das nicht. Ich kenne dort niemanden, und ich weiß nicht, was ich sagen oder tun soll, wie ich sitzen oder stehen soll, wohin mit meinen Händen und Füßen, ohne wie ein Vollidiot auszusehen. Ich trage keine Designerklamotten, also werden sie sich auch deshalb über mich lustig machen.

»Es wird nicht klappen.«

Fremd! Nein, es wird nicht klappen, sie werden mich nicht wollen. Sie haben genug Leute, sie sind komplett, sie brauchen mich nicht. Ich bin nicht wie sie, sie werden niemals ja sagen. Ich? Ich verdiene es nicht. Es ist mein Schicksal, allein zu sein. Eigentlich bin ich gern allein. Wer braucht schon andere Leute?

Was sollten die Eltern tun?

Wenn sich diese Behauptungen erst einmal einnisten, ist es schwierig, sie zu überwinden. Folgendes können Sie tun.

Die Aussagen bestreiten
Sagen Sie das Gegenteil von dem, was Ihr Kind Ihrer Meinung nach wahrscheinlich zu sich sagt.

Nennen Sie Gegenbeispiele
Zeigen Sie, dass Kinder nicht immer gemein sind, dass sie heute jemanden hänseln und morgen das Ganze vergessen haben. Oder dass sie solche Kinder als Zielscheibe ihres Spottes auswählen, die nervös werden und nicht wissen, was sie dagegen tun sollen. Sehr hilfreich sind Rollenspiele, in denen Kinder ihre Gedanken in Worten, Gesten und Mimik ausdrücken sollen. Sie können ihnen einige Hinweise geben und so lange mit ihnen üben, bis sie mehr Selbstbewusstsein entwickelt haben.

Alternativen Einige Kinder sprechen lieber mit einem älteren Bruder oder ei-
zu den Eltern ner älteren Schwester, einem Cousin oder mit den Großeltern über diese Probleme. In vielen Fällen ist es hilfreich, zunächst Bücher über Freundschaft, Schüchternheit usw. zu konsultieren.

Selbstbeurteilungen der Kinder analysieren und ändern
Sprechen Sie mit Ihren Kindern darüber, wie sie sich selbst beurteilen und wie sie durch diese Einschätzungen davon abgehalten wer-

den, Freundschaften zu schließen oder sich in einer Gruppe wohl zu fühlen. Geben Sie ihren Kindern ein Notizbuch, um ihre Gedanken unmittelbar festzuhalten. Setzen Sie sich später mit ihnen zusammen und ersetzen Sie die negativen Einschätzungen durch positivere Gedanken.

Mittel- und Oberschule

Teenager für soziale Tätigkeiten gewinnen

Gemeindedienst und andere freiwillige soziale Tätigkeiten sind ein ideales Betätigungsfeld für »schwierige« Teenager, weil sie dabei emotionale Intelligenz entwickeln können.

Wenn Jugendliche sich sozial betätigen, lernen sie andere Sichtweisen kennen, entwickeln Empathie und werden sich neuer Gefühle bewusst. Außerdem lernen sie, sich in eine neue Umgebung »einzufügen«, und erwerben soziale Fähigkeiten, die es ihnen ermöglichen, mit anderen umzugehen, die nicht ihre besten Freunde sind. Aufgrund dieser Interaktionen ändern sich Denken und Fühlen der Jugendlichen und sie empfinden Befriedigung dabei, anderen zu helfen. Sie haben den Eindruck, das »Richtige« zu tun, lernen vielleicht deshalb besser, fliegen nicht aus der Schule und können mit ihren Eltern und anderen Erwachsenen halbwegs zivilisiert umgehen.

Andere Sichtweisen kennenlernen, Empathie entwickeln

Was bei sozialer Betätigung zu beachten ist

Eltern können ihren Kindern bei der Suche nach einem sozialen Betätigungsfeld helfen. Ansprechpartner sind Schulen, religiöse Einrichtungen und die örtlichen Gemeinden, z. B. für Arbeiten mit Armen, Senioren, Obdachlosen und Kleinkindern, Aufgaben im Umweltschutz, Engagement in Bürgerrechtsbewegungen, Mithilfe bei Wahlen.

Eltern können selbst aktiv werden

Wenn nicht genügend Gelegenheiten vorhanden sind, können Eltern auch selbst aktiv werden. Es genügt jedoch nicht, einfach bei einer Suppenküche vorbeizuschauen oder Schnee zu schaufeln. Achten Sie darauf, dass das Ganze strukturiert ist und dass ein oder mehrere Betreuer vorhanden sind. Folgende Punkte sind wichtig:

Darauf sollten Sie achten!

1. **Beziehung.** Es besteht eine vertrauensvolle Beziehung zwischen Jugendlichen und Betreuern. Die Jugendlichen haben Gelegenheit, mit den Betreuern über ihre Erfahrungen zu sprechen. Es besteht die Möglichkeit, mit anderen Teenagern zu sprechen, die in ähnlichen Projekten arbeiten, um Netzwerke für die spätere Ausbildung oder Karriere zu bilden.
2. **Anerkennung.** Die Jugendlichen erhalten Anerkennung für Dinge wie Führungsqualitäten, regelmäßige Teilnahme, spezielle Problemlösungsfähigkeiten und Kreativität.
3. **Respekt.** Die Jugendlichen zollen sich gegenseitig Respekt. Auf spezielle Bedürfnisse, wie z.B. Terminvereinbarungen und Treffpunkte, wird eingegangen. Falls nötig, wird sogar Übersetzungsmaterial zur Verfügung gestellt.
4. **Aufgaben.** Die Jugendlichen fühlen sich wichtig und nützlich; sie übernehmen bestimmte Funktionen, Aufgaben und Verantwortungen.
5. **Belohnungen.** Es ist bekannt, dass eine Arbeit dann fortgesetzt wird, wenn ein Nutzen daraus gezogen werden kann, entweder in materieller Hinsicht oder – wie bei sozialer Tätigkeit – in persönlicher Hinsicht.
6. **Ergebnisse.** Es ist wichtig, dass die Arbeit beendet wird. Größere Projekte werden in kleinere, überschaubare Aufgaben unterteilt.
7. **Relevanz.** Die Jugendlichen haben das Gefühl, dass ihre Arbeit Teil eines größeren Ganzen ist und dass sie etwas Sinnvolles für die Menschen tun.

Wofür soll man sich entscheiden?

Nicht jede Stelle ist ideal für Teenager. Die Beantwortung der folgenden Fragen kann den Jugendlichen helfen, eine Aufgabe zu finden, die ihren Interessen entspricht:
• Was kann ich tun? (Persönliche Begabungen)
• Wie schlimm sind die Probleme, wie groß ist die Not? (Einschätzung der Situation)
• Was kann ich realistischerweise dazu beitragen? (Persönliche Erwartungen)
• Wie wichtig ist die Situation für mich? (Persönliche Werte)
• Inwieweit fühle ich mich dazu verpflichtet? (Persönlicher Maßstab für das Engagement)

Jugendliche sind bereit, sich für eine soziale Tätigkeit zu entschei-den, wenn sie

- das Gefühl haben, bestimmte, für die Aufgabe nützliche Talente zu besitzen,
- einen wichtigen Grund für das Engagement erkennen können,
- davon überzeugt sind, dass etwas erreicht werden kann,
- sich verantwortlich fühlen, etwas zu tun, und
- sehen, dass Freunde oder zumindest Menschen, die sie kennen oder respektieren, dasselbe tun.

Voraussetzungen für soziales Engagement

Helfen kann aufregend und befriedigend sein – wenn die Kinder es versuchen

»In einer Zeit, in der unsere Gesellschaft in ›wir‹ und ›die an-deren‹ zersplittert ist, sollten wir daran denken, dass in vielen Kulturen und Traditionen Geben und soziales Engagement oft menschliche Gemeinschaften zusammenhalten.«
James A. Joseph, Vizepräsident der Points of Light Foundation

Es ist mehr als befriedigend, etwas für die Gemeinschaft zu tun. Selbst »schwierige« Teenager können diesem guten Gefühl kaum widerstehen. Auch »normale« Jugendliche profitieren davon: Sie erweitern ihren Horizont und sehen, dass es noch etwas anderes gibt als Fernsehshows, Designerklamotten oder Computerspiele. Vielleicht fühlen sich Kinder sogar wieder enger mit den »Missio-nen« und Werten ihrer Familien verbunden, die scheinbar bedeu-tungslos geworden waren. Wir möchten Eltern jedoch vor Aussprü-chen wie »Ich hab dir's ja gesagt« warnen. Außerdem sollten Sie nicht betonen, wie toll das alles ist und was Sie alles dazu beige-tragen haben. Das könnte Kindern die Lust nehmen und sie dazu bewegen, Ihnen zu zeigen, dass Sie Unrecht haben.

Hüten Sie sich vor billigem Triumph!

Klären, koordinieren, wählen und Anteil nehmen

Wenn Eltern vor schwierigen Entscheidungen stehen, ist es ratsam, zunächst die eigenen Gedanken zu klären, mit dem Partner und/ oder anderen wichtigen Bezugspersonen zu sprechen und erst dann zu entscheiden, was sie tun oder nicht tun wollen. Dazu sind die – wie wir sie nennen – »Vier C's« notwendig, mit deren Hilfe Eltern emotional intelligente Entscheidungen treffen könen: Clarify (Klären), Coordinate (Koordinieren), Choose (Wählen) und Care (Anteil nehmen).

Warum ist es notwendig, so viel zu planen und so vorsichtig vorzugehen? Warum können wir uns nicht einfach nach unserem Instinkt oder Gefühl richten und dann sehen, was passiert? Es gab und gibt sicher Zeiten und Situationen, in denen das funktionierte. Unserer Erfahrung nach sind sie jedoch recht selten, und es kann riskant sein, zu lässig an die Dinge heranzugehen.

Viele verschiedene Familienformen

Heutzutage sind viele verschiedene Familienformen üblich. Es gibt getrennt lebende, in Scheidung lebende oder allein erziehende Väter oder Mütter, verschiedene Arten von Pflegschaften, Wohngemeinschaften und Großfamilien. Unsere Kinder sind gefährdet durch Aids, Alkohol, Drogen und Gewalt an den Schulen und auf der Straße. Vor zwei oder drei Generationen war es üblich, »auf der Straße« zu lernen. Das ist heute hochriskant, weil viele Kinder mit aufgewühlten Emotionen, orientierungslos und gewaltbereit herumlaufen. Sie sind häufig nicht in der Lage, klar und ruhig zu denken, und können Situationen nicht immer richtig einschätzen. Altersgenossen und die Medien üben einen starken Druck aus.

Einen Zufluchtsort schaffen

Angesichts dieser Entwicklung müssen Eltern versuchen, ruhig zu bleiben und häuslichen Stress zu reduzieren. Sie müssen ihren Kindern eine emotional gesunde Basis und eine »Zuflucht« schaffen. Die Kinder brauchen einen Ort, wohin sie gehen können, wenn Entscheidungen über Gewalt, sexuelle Betätigung oder Drogengebrauch akut werden.

Emotionale Intelligenz weist uns den richtigen Weg und ist eine Garantie dafür, dass wir Entscheidungen mit Herz und Verstand treffen.

Ein Beispiel aus der Praxis

Wir möchten Ihnen ein Beispiel aus unserer Praxis geben: Joseph (12) lebt die meiste Zeit bei seiner Mutter Pam. Jedes zweite Wochenende und jeden Samstag- oder Sonntagabend ist er bei seinem Vater Larry. Dasselbe gilt für seine Schwester Jennifer (8). Joseph leidet unter der Scheidung seiner Eltern. Er verbringt die meiste Zeit allein. Wenn er mit Freunden zusammen ist, dann meist nur, nachdem sie ihn angerufen haben. Aber das geschieht nicht häufig und wenn sie zusammen sind, fühlt Joseph sich nicht wohl.

Jennifer scheint glücklicher zu sein und ist häufiger mit Freundinnen zusammen. Sie erledigt die Schulaufgaben rasch und scheint gut mit der Scheidung zurechtzukommen.

Die Ferien stehen bevor. Es müssen noch viele Schulaufgaben erledigt werden, außerdem muss viel eingekauft werden, aber das hängt davon ab, wen sie fragen. Larry glaubt, dass die Hausaufgaben gemacht werden müssen, und zwar immer ordentlich. Einkaufen und Geschenke hält er für nebensächlich. Ein oder zwei Geschenke für die Kinder, Großeltern, Vater und Mutter, Tante Mabel – das ist genug. Geschenke für Lehrer, Cousins, Freunde, Extrageschenke und neue Ferienkleider sind nebensächlich und können warten. Pam denkt anders darüber. Die Ferienzeit ist eine spezielle Zeit. Die Schulaufgaben können warten. Einkaufen ist jetzt wichtiger. Es gibt liebe und wichtige Menschen, an die man während dieser Zeit denken muss.

Joe würde man als schwer erreichbares Kind einstufen, und das sollte berücksichtigt werden, wenn es um elterliche Entscheidungen geht. Wir haben folgende Situation: Wenn Joe und Jennifer vor den Ferien Projekte zu erledigen haben, sind sie sich nicht sicher, was sie tun sollen. Sind sie bei Papa, dann heißt es arbeiten, arbeiten, arbeiten. Bei Mama geht es ums Einkaufen und um Ferienangelegenheiten. Papa wundert sich, warum die Kinder mit den schulischen Dingen so weit zurück sind; Mama wundert sich, warum sie nicht mehr Ferienangelegenheiten erledigt haben.

Joe und Jennifer spüren ihre »Emotionalen Kennzeichen« bei Vater und Mutter. Sie möchten mit ihrer Mutter nicht über die Schule sprechen und mit ihrem Vater nicht über Einkaufen und Ferien, weil das Gespräch dann schnell anstrengend wird. In solchen Situationen ist es nützlich, wenn die Kinder die Technik des Ruhigbleibens kennen und anwenden können, aber das reicht nicht aus. In solchen Situationen ist emotionale Intelligenz notwendig.

Emotionale Kennzeichen

Klären

Vater oder Mutter sollten sich verpflichten, zu klären, was mit ihren Kindern geschieht. Zunächst müssen sich die Eltern im Klaren sein: Was ist das Problem? Was für emotionale Probleme bedeutet das für jedes der Kinder? Wie denke ich wirklich über Geschenke? Wie denke ich über Schulaufgaben? Warum fühle ich so? Glaube ich das wirklich oder will ich jemandem imponieren, etwas beweisen?

Was sollen meine Kinder aus dieser Situation lernen? Zeige ich ihnen mein Vertrauen?

Was für Joe in einer anderen Situation das Beste gewesen wäre, ist es vielleicht jetzt nicht. Seine emotionalen Bedürfnisse müssen *Patentrezepte* berücksichtigt werden. Dabei gibt es kein Patentrezept für Eltern in *gibt es nicht* Bezug auf den Umgang mit ihren Kindern. Schulaufgaben können für Joseph ein sicherer Hafen sein oder etwas, hinter dem er sich versteckt, um Kontakt mit schwierigen Familienmitgliedern oder Klassenkameraden zu vermeiden. Nur wenn die Eltern alle Details genau kennen, können sie ihrem Kind gezielt helfen.

Empathie für die Wir wissen, dass es für die Eltern nicht leicht ist. Sie müssen ei- *Kinder, Verständ-* nen hohen EQ besitzen und ihre Impulse und Reaktionen kontrol- *nis für den Partner* lieren können. Die Eltern brauchen viel Empathie für die Situation ihrer Kinder und Verständnis für die Ansichten ihres Partners.

Koordinieren

Wenn die Eltern klar sehen, ist es Zeit, die Ansichten zu vergleichen und eine gemeinsame Basis zu finden. Eine solche gemeinsame Grundlage gibt Kindern ein sicheres Gefühl. Pam und Larry könnten sich z. B. auf eine Liste von Leuten einigen, die Geschenke von den Kindern bekommen sollen; dazu müsste eine abendliche Einkaufstour mit Larry eingeplant werden. Sie könnten auch vereinbaren, dass bestimmte Aufgaben eine höhere Priorität bekommen. Das würde bedeuten, dass das Einkaufen etwas eingeschränkt wird, damit Jennifer oder Joe die notwendigen Aufgaben erledigen können. Vielleicht könnten sie auch vereinbaren, Joe besondere Aufmerksamkeit zu schenken, ihn eventuell in einige Entscheidungsfindungen einzubeziehen.

Wählen

Nach der Koordinierung muss eine Auswahl getroffen werden: »Das werden wir tun.« Häufig müssen die Eltern die Sache in die Hand nehmen und entscheiden, und das ist von Vorteil für die Kinder. Un- *Eltern sollten* sicherheit, Unbestimmtheit und Eltern, die sich nicht wie Eltern be- *sich wie Eltern* nehmen, wirken frustrierend auf die Kinder und flößen ihnen Angst *benehmen* ein. Die Klagen der Kinder über die Wahl ihrer Eltern sind unbedeutend, verglichen mit der Erleichterung, die sie fühlen, wenn endlich Klarheit herrscht und Grenzen gesetzt werden. Das gilt insbesondere, wenn sie fühlen, dass die Eltern gleicher Meinung sind.

Anteil nehmen

Nachdem die Auswahl getroffen ist, sollten die Eltern zeigen, dass ihnen die Gefühle ihrer Kinder wichtig sind. Die Anwendung der Prinzipien emotional intelligenter Erziehung hilft uns dabei, die Situation im Auge zu behalten:

- Entwickeln sich die Dinge aufgrund der getroffenen Wahl besser?
- Gibt es genügend Zeit zum Arbeiten?
- Können die Einkäufe erledigt werden?

Vereinbaren Sie Kontrollzeiten, um zu sehen, wie sich die Dinge entwickeln. Durch unsere Aufmerksamkeit und unser Interesse zeigen wir, dass unsere Kinder uns viel bedeuten – genauso wie durch Umarmungen, Loben und Ermutigungen. Wir bringen dadurch zum Ausdruck, dass wir uns trotz unserer vielen Verpflichtungen die Zeit nehmen, zu sehen, wie es ihnen in wichtigen Situationen geht.

Kontrollzeiten vereinbaren

Einem schwer erreichbaren Kind müssen die Eltern besonders viel Liebe und Vertrauen schenken. Sie müssen ihm erklären, dass es eine wichtige Rolle in der Familie spielt und ihm in Bereichen helfen, in denen es Defizite hat. Es gibt keine höhere elterliche Priorität.

Alleinerziehende und Doppelverdiener mit unterschiedlicher Arbeitszeit

Für Alleinerziehende ist das Klären, Koordinieren, Wählen und Anteilnehmen eine nützliche Selbstkontrolle. Tue ich wirklich das, was ich in dieser Situation tun möchte? Habe ich alle Möglichkeiten durchdacht und mögliche Einwände gegeneinander abgewogen? Muss ich andere Bezugspersonen – insbesondere Familienmitglieder – zu Rate ziehen? Für Familien mit zwei Elternteilen sind diese vier Begriffe genauso nützlich. Vor allem wenn Vater und Mutter berufstätig sind, außer Haus arbeiten und sich die Arbeitszeiten nicht decken und deshalb nicht viel Kommunikation möglich ist, bilden Klären, Koordinieren, Wählen und Anteilnehmen eine Art Klebstoff, der die Familie zusammenhält. Die Eltern werden dazu gebracht, über bestimmte Dinge zu sprechen und zu einer Entscheidung zu kommen, anstatt die Dinge treiben zu lassen.

Nützliche Selbstkontrolle

Ein Wort zum Abschluss

Wir haben zu Beginn dieses Kapitels vor einigen ernsten Problemen wie Gewalt, Drogen und Aids gewarnt. Ein erhöhtes Risiko haben Kinder, die sich von Eltern, Familie, Schule und positiven Werten gelöst haben. Wir haben beschrieben, was Eltern tun können, wenn sie merken, dass ihre Kinder ihnen »entgleiten«, wobei die verschiedenen Strategien auf das Alter der Kinder abgestimmt werden müssen. Unser Ziel ist die Prävention. Beginnen Sie bei den ersten Anzeichen von Schwierigkeiten oder vielleicht sogar schon vorher.

Es ist nie zu spät Ganz gleich, zu welchem Zeitpunkt Eltern damit beginnen, es gibt immer Wege, Kinder zu erreichen. Wir glauben nicht, dass es je »zu spät« ist. Die Aufgabe ist schwierig, wie Ginott sagte, aber sie ist nicht unmöglich.

Wir beendeten das Kapitel mit den vier Begriffen Klären, Koordinieren, Wählen und Anteilnehmen, die den Eltern wichtige Wegweiser durch schwierige Entscheidungsprozesse sein werden.

EQ-Erziehungstipps für häufige Familienprobleme

Die folgenden EQ-Erziehungstipps sind Beispiele für eine knappe, kreative Anwendung emotional intelligenter Erziehungsmethoden bei häufigen Familienproblemen. Sie beruhen auf spezifischen Fragen, die uns in Workshops, bei Vorträgen und bei unserer praktischen Arbeit in Schulen und mit Familien gestellt wurden. Es ist nicht notwendig, dass Sie vorher das Buch gelesen haben, um diese Tipps anzuwenden, aber sie bauen auf den Informationen, Ideen und Beispielen auf, die wir vorgestellt haben.

Kernfragen   Als wir mit diesen Problemen konfrontiert wurden, haben wir uns eine Reihe von Fragen gestellt, die die Prinzipien der emotional intelligenten Erziehung zum Vorschein bringen. Sie ziehen sich wie ein roter Faden durch unsere Beispiele und Vorschläge, ob Sie sie sehen können oder nicht. Hier sind sie:

1. Was fühlst du in dieser Situation? Was fühlen deine Kinder?
2. Wir beurteilst du das, was geschieht? Wie beurteilen es deine Kinder deiner Meinung nach? Wie würdest du dich an ihrer Stelle fühlen?
3. Was sind die besten Methoden, um damit fertig zu werden? Welche Methoden wendest du normalerweise an? Wie kannst du Stress reduzieren und klar denken? Was sind deine Stärken, und wie können sie dir helfen? Wie werden deine Kinder normalerweise mit solchen Situationen fertig? Welche Stärken besitzen deine Kinder, die ihnen in dieser Situation helfen können?
4. Wie haben wir in der Vergangenheit ähnliche Probleme gelöst? Hatten wir damit Erfolg? Was haben wir daraus gelernt? Was können wir ändern? Wie kann ich meiner Familie die Zuversicht geben, dass wir damit fertig werden? Welche Ziele müssen wir uns kurz- und/oder langfristig setzen? Was muss realistischerweise geschehen, damit wir diese Ziele erreichen können? Wann wird es uns am besten gelingen, diesen Plan zu verwirklichen?

5. Wie werden wir den Plan durchführen? Was müssen wir tun? In-wieweit müssen wir andere mit einbeziehen? Sind wir dazu be-reit? Besitzen wir die notwendigen Fähigkeiten? Gibt es viel-leicht andere Wege, um dieses Problem zu lösen? Was werden wir tun, wenn unser Plan blockiert wird? Auf welche Hinder-nisse könnten wir stoßen und wie könnten wir sie vermeiden? Wann können wir alle zusammenkommen, um darüber zu sprechen und Ideen und Gefühle auszutauschen, bis wir als Fa-milie erfolgreich mit dem Problem umgehen können?

Wenn Sie das Buch gelesen haben, werden Sie unsere Vorschläge anders aufnehmen. Wir präsentieren sie als Beispiele, aber wir wis-sen, dass Sie kreativ sein müssen, um Ihre eigenen Lösungen für die verschiedenen Probleme zu entwickeln – Lösungen, die am besten auf Ihre Familie abgestimmt sind. Jede Familie hat ihre Besonder-heiten, und die »korrekte« Antwort auf ein Problem gibt es nicht. Wir haben Ihnen die Straßenkarte und das Fahrzeug geliefert, aber Sie müssen fahren. Es liegt an Ihnen, Ihr Ziel auf eine Weise zu er-reichen, die Ihnen angenehm ist und mit Ihren Familienwerten überstimmt.

Fahren müssen
Sie selbst …

Muss es immer Kampf um die Hausaufgaben geben?

Das Problem. *Fast täglich erleben wir Auseinandersetzungen mit unseren Kindern wegen der Hausaufgaben. Sie drücken sich davor, erledigen sie in letzter Minute, ohne die notwendige Sorgfalt – es sei denn, wir überwachen sie und stellen einen Zeitplan auf. Es kommt dabei jedoch zu lautstarken Meinungsverschiedenheiten. Unsere Kinder sind jetzt dreizehn, neun und sieben Jahre alt. Wir machen uns um ihre Zukunft Sorgen. Wie können wir mit dem Problem Hausaufgaben fertig werden – muss es deswegen immer Kämpfe geben?*

Das Problem der Hausaufgaben ist eine häufige Klage von Eltern und ein ständiger Konfliktstoff. Viele Kinder kommen nach einem langen Schultag nach Hause, schalten den Fernseher, den Compu-ter oder ein Videospiel ein und vernachlässigen ihre Hausauf-

Ständiger
Konfliktstoff

gaben. Wenn Sie berufstätig sind, kennen Sie das Szenario: Sie kommen nach einem langen Arbeitstag nach Hause und während Sie dabei sind, das Abendessen zuzubereiten, stellen Sie Ihren Kindern die Preisfrage: »Hast du deine Hausaufgaben gemacht?« Natürlich erwarten Sie nicht wirklich, dass sie schon vor einigen Stunden damit fertig waren. Aber Sie hoffen es. Leider ist es mit Hoffnung allein nicht getan. Sie müssen positiv ziel- und planorientiert sein.

Hausaufgaben sollten als eine Tätigkeit angesehen werden, durch die morgens in der Schule erarbeitete Fähigkeiten und erworbenes Wissen vertieft werden. Die Kinder sollten deshalb normalerweise in der Lage sein, diese Schulaufgaben mit relativ geringer elterlicher Intervention zu erledigen. Sollte das nicht der Fall sein, empfiehlt es sich, zunächst mit dem zuständigen Lehrer zu sprechen. Durch die Hausaufgaben sollen Schüler außerdem Selbstdisziplin, Unabhängigkeit und Zeitmanagement lernen.

Seien Sie »Berater« statt »Subunternehmer« — Emotional intelligente Eltern sollten sich als »Berater« und nicht als »Subunternehmer« ihrer Kinder sehen, auch wenn die Kinder sie in diese Rolle drängen möchten. Setzen Sie ein unmissverständliches Ziel. Entwickeln Sie einen Aktionsplan, nach dem Ihre Kinder ihre Aufgaben mit mehr Eigenverantwortung erledigen.

Wir empfehlen Ihnen, Ihre Kinder eine »Problemanalyse« ausfüllen zu lassen, bevor Sie mit ihnen über Probleme bei den Hausaufgaben diskutieren. Dieser Fragebogen ist eine Checkliste, in der festgehalten wird, was, wann und wo passierte, wie die Situation bewältigt wurde, was gut und was schlecht eingeschätzt wurde und was das nächste Mal besser gemacht werden kann. Dadurch werden die starken Gefühle eingedämmt, die sich dabei entwickeln, und Sie können die Dinge etwas ruhiger betrachten, wenn Sie zusammen mit Ihren Kindern die Notizen durchsehen.

Die Problemanalyse ist besonders nützlich, wenn Sie und Ihre Kinder erkennen, dass sie gemeinsame Ziele haben. Hausaufgaben zu machen liegt im Interesse Ihrer Kinder – wenn schon nicht aus Liebe zum Lernen, dann vielleicht wegen der Privilegien wie Telefonieren, Computer- oder Fernsehzeit, die sie sich dadurch verdienen können.

Die Problemanalyse — Es geht darum, einen Plan zu entwickeln, der allen Beteiligten hilft, einige ihrer Bedürfnisse zu befriedigen. Mit Hilfe der Problemanalyse gewinnen Sie Einblick in das Problem und finden einen Ansatzpunkt für einen Plan. Anstatt sich mit Ihren Kindern über die Hausaufgaben zu streiten, können Sie mit ihnen einen Dialog zur Problemlösung führen. Sie werden sehen, dass die Fähigkeiten, die Ihnen zur Bewältigung des Hausaufgabenproblems geholfen haben, auch dabei helfen, mit anderen schulbezogenen Problemen fertig zu werden.

Wie helfe ich meinem Kind, wenn es wütend ist?

Das Problem. *Mein Sohn ist elf Jahre alt. Seit kurzem brüllt er immer häufiger zu Hause herum und manchmal schlägt er seinen Bruder. Er streitet sich mit seinen Freunden und prügelt sich sogar mit ihnen, vor allem beim Sport. Wie kann ich ihm helfen, mit seiner Wut umzugehen?*

Wut ist eine Emotion, die Erwachsene und Kinder am häufigsten in Schwierigkeiten bringt. Sie ist tief in uns verwurzelt und beruht auf Kampf- oder Fluchtreaktionen, die entstehen, wenn wir uns in Gefahr fühlen. Während für unsere Vorfahren die Wut lebenserhaltende Funktion im Kampf ums Überleben hatte, muss das häufige Vorkommen von Wutausbrüchen heutzutage anders beurteilt werden.

Nicht mehr zeitgemäß?

Wir alle haben starke negative Gefühle wie Wut erlebt, als wir gestresst und nervös waren und die Kinder zu weinen anfingen oder Dinge taten, die uns ärgerten, und nicht damit aufhörten, obwohl wir sie darum baten. Wenn sich unsere Wut aufbaut, wirkt jedes ärgerliche Ereignis wie ein Mini-Auslöser, der die Wut, die wir spüren, aufrechterhält und intensiviert. In seinem Buch »Emotionale Intelligenz« beschreibt Daniel Goleman dieses Phänomen als emotionale Entgleisung. In einem solchen Zustand sagen und tun wir Dinge, die wir niemals für möglich gehalten hätten. Wenn das für Erwachsene gilt, dann kann es uns nicht überraschen, dass es auch bei Kindern vorkommt, die viel weniger Erfahrung als wir darin haben, mit Wut erfolgreich umzugehen.

Emotional intelligente Erziehung liefert Ihnen zwei wirksame Methoden, um Ihrem Sohn zu helfen, mit seiner Wut fertig zu werden: Durch die »Emotionalen Kennzeichen« lernt Ihr Sohn die frühesten Signale zu erkennen, die sein Körper aussendet, wenn er sich zu ärgern beginnt. Vielleicht wird sein Gesicht rot oder heiß. Manche Kinder ballen ihre Fäuste oder beginnen, schwerer zu atmen. Es gibt immer ein Signal. Der erste Schritt besteht darin, Ihrem Sohn zu helfen, seine eigenen Körpersignale wahrzunehmen.

Problemanalyse und … Wir empfehlen Ihnen zu diesem Zweck die zuvor beschriebene Problemanalyse. Mit ihrer Hilfe können Sie und Ihr Sohn Situationen unter die Lupe nehmen, die ihn aus der Fassung gebracht haben, und herausfinden, an welchem Punkt er bemerkte, was mit ihm geschah

…. Technik des Ruhigbleibens Der zweite Schritt ist die Technik des Ruhigbleibens. Dabei ermutigen Sie Ihren Sohn, einige tiefe Atemzüge zu machen und dabei zu zählen, um die Wut abzubauen. Diese Methode ist sehr wirkungsvoll, aber es bedarf einiger Übung, um sie zu beherrschen. Es ist wichtig, die Wut früh anzugehen, und nicht erst dann, wenn es zur emotionalen Entgleisung gekommen ist, auch wenn das manchen Kindern schwer fällt. Durch die Problemanalyse können die Kinder herausfinden, in welchen Situationen sie die Kontrolle verlieren, um dann zu versuchen, diese zu vermeiden.

Es ist wichtig, mit Ihren Kindern daran zu arbeiten, wenn sie nicht wütend sind. Beginnen Sie mit Situationen, die nicht so heikel sind und in denen Sie und Ihr Sohn erkennen können, wenn er die Kontrolle zu verlieren beginnt. Letztendlich wird er jedoch selbst lernen müssen, in unterschiedlichen Situationen ruhig zu bleiben.

Als Eltern werden Sie den Lernprozess beschleunigen, wenn Sie Ihrem Sohn nicht nur neue Fähigkeiten beibringen, sondern wenn Sie sie ihm auch beispielhaft vorleben.

Wenn Eltern in Erziehungsfragen nicht übereinstimmen

Das Problem. *Als unsere Kinder älter wurden, merkte ich, dass mein Mann und ich immer häufiger unterschiedliche Auffassungen in Erziehungsfragen haben (und seine Auffassung ist natürlich falsch). Das ist sehr unangenehm und ich merke, dass unsere Kinder darunter leiden. Was kann ich tun?*

Es wird Sie überraschen, aber das kann tatsächlich eine Stärke emotional intelligenter Erziehung sein, keine Schwäche. Wenn Eltern ein Problem aus unterschiedlichen Blickwinkeln betrachten, ist es wahrscheinlicher, dass sie eine wirksame Lösung finden. Problematisch wird es allerdings, wenn die Eltern nicht gut miteinander kommunizieren. Dann geschieht es häufig, dass Vater und Mutter in ihrem Erziehungsstil immer extremer werden, um dadurch den (»falschen«) Stil des anderen zu kompensieren. Ein Elternteil gilt vielleicht als zu streng, und deshalb wird der andere noch nachgiebiger – und umgekehrt. Im weiteren Verlauf entfernen sich die Eltern immer weiter voneinander, bis keiner von beiden die Kinder mehr so erzieht, wie es ursprünglich geplant war – und die Ehe leidet ebenfalls darunter. Die Lösung heißt: kommunizieren. Sie brauchen:

Die Lösung heißt: kommunizieren!

- Zeit zum Sprechen,
- Möglichkeiten, um mit emotionaler Intelligenz zu diskutieren,
- eine Strategie, um das Problem zu analysieren,
- ein Motto (eines, das wir mögen, lautet »Eltern sein und jemanden lieben heißt, sich anzupassen«).

Zeit zum Sprechen. Aus unserer Familienarbeit wissen wir, dass es häufig am wichtigsten ist, Eltern einen Ort und Gelegenheit zur Kommunikation zu geben. Wir möchten Ihnen ein *großes Geheimnis* verraten: Wenn sich Eltern mindestens einmal pro Woche zusammensetzen würden, um ernsthaft über Erziehungsangelegenheiten zu sprechen, wären viele Psychotherapeuten arbeitslos. Wir brauchen Ihnen nicht zu sagen, dass es von den Eltern viel Zeit, Energie und Geld fordert, Kinder großzuziehen.

Ein großes Geheimnis

Emotional intelligent kommunizieren. Beachten Sie die folgenden, auch im dritten Kapitel beschriebenen Regeln, wenn Sie mit Ihrem Partner über wichtige Dinge sprechen wollen:

- Stellen Sie offene Fragen und hören Sie aufmerksam zu, was der andere sagt.
- Stellen Sie keine Vermutungen an und vermeiden Sie Anschuldigungen.
- Nachdem einer der Beteiligten gesprochen hat, sollte der andere das Gesagte kurz paraphrasieren, um zu überprüfen, ob alles richtig verstanden wurde.
- Seien Sie geduldig.

Diese Art der Kommunikation ist zeitaufwendig und vielleicht neu für Sie.

FIG-TESPN als
Lösungsansatz
Eine Strategie zur Problemlösung. Wir empfehlen Ihnen FIG-TESPN, ein Akronym für eine Problemlösungsstrategie in acht Schritten, die im sechsten Kapitel beschrieben wird. Folgende Fragen werden dabei gestellt:

- Wie empfinden Sie das Verhalten Ihres Kindes?
- Was empfinden andere (Geschwister, Lehrer usw.)?
- Was ist das Problem?
- Mit welchen Worten würden Sie es umschreiben?
- Welches Ziel haben Sie für Ihr Kind? Sie werden feststellen, dass Sie und Ihr Partner darin ziemlich übereinstimmen.
- Wenn Sie diese Gefühle und Ziele zugrunde legen, was können Sie dann tun?
- Was können Sie sonst noch tun?
- Mit wem können Sie sonst noch sprechen?
- Was könnte geschehen, wenn Sie die verschiedenen Ideen ausprobieren?
- Was geschah früher?
- Was könnte am ehesten bewirken, dass Sie Ihr Ziel erreichen?

Anpassung und Flexibilität ist wie rostfreier Stahl. Dieser ist wie viele andere Metalle eine Legierung, eine Kombination von zwei oder mehr oft sehr verschiedenen Substanzen. Das Resultat ist stärker als jede der Komponenten für sich genommen. Ähnliches gilt *Und so sieht es in*
der Praxis aus für emotional intelligente Kindererziehung. Können Sie sich über einen Punkt nicht einigen, dann experimentieren Sie. Versuchen Sie eine Strategie, beobachten Sie, was passiert, und probieren Sie dann eine andere Methode, falls notwendig. Erstellen Sie einen Plan, wer was tun wird. Denken Sie über mögliche Hindernisse nach und überlegen Sie Alternativen. Überprüfen Sie bei Ihrem nächsten Familientreffen, wie die Dinge gelaufen sind, und ändern Sie gegebenenfalls Ihre Strategie. Suchen Sie nach kreativen Kombinationen, die die Standpunkte beider Elternteile berücksichtigen, auch wenn das nicht immer hundertprozentig möglich ist. Versuchen Sie, tolerant zu sein, und akzeptieren Sie andere Ansichten. Respektieren Sie die Meinung Ihres Partners. Seien Sie offen für flexible Lösungen und neue Kombinationen.

Autofahrten mit den Kindern treiben mich in den Wahnsinn!

Das Problem. *Wir steigen ins Auto, um einen Besuch zu machen, und sofort verwandeln sich unsere normalerweise zivilisierten Kinder in kleine Monster. Sie sind ungeduldig, schreien, stoßen und schubsen sich! Hilfe!*

Nichts ist ein besserer Nährboden für Probleme als ein enger Raum, Langeweile und Eltern, die mit etwas anderem beschäftigt sind. Minivans wurden von einem Vater erfunden, der seine Kinder beim Autofahren trennen musste. Manchmal vermuten wir, dass Väter in der Midlife-Crisis sich deshalb einen Sportwagen kaufen, weil er keinen Rücksitz für Kinder hat.

Benutzen Sie emotionale Intelligenz, wenn Sie Ihre Kinder im Auto mitnehmen müssen. Seien Sie realistisch in Bezug auf Ihre Gefühle, klar und deutlich in Ihren Zielen und Plänen. Wählen Sie eine günstige Abfahrtszeit. Bei langen Reisen ist es empfehlenswert, nachts oder frühmorgens zu starten, damit die Kinder vielleicht einschlafen. Versuchen Sie, Hauptverkehrszeiten zu vermeiden.

Emotionale Intelligenz im Auto

Nehmen Sie viel Spielzeug für die Fahrt mit, um die Kinder abzulenken. Eine Autofahrt ist der einzige Ausnahmefall, in dem wir Hand-Videospiele einschließlich Dinge wie einen Walkman usw. erlauben würden. Es gibt heute unendlich viele Spiele speziell fürs Auto. Denken Sie immer daran, dass Kinder keine Ausdauer haben. Legen Sie deshalb bei längeren Fahrten in vernünftigen Abständen Pausen ein.

Bereiten Sie Ihre Kinder vor. Denken Sie an frühere gemeinsame Autofahrten. Sprechen Sie mit den Kindern über Ihre Gefühle. Suchen Sie gemeinsam nach Möglichkeiten, wie Probleme vermieden werden können. Geraten die Dinge außer Kontrolle, dann zögern Sie nicht, an den Rand zu fahren und anzuhalten, damit die Kinder sich abregen können. Während der Fahrt sollten Sie sich auf keinen Fall umwenden, um die Kinder zu disziplinieren. Sie können auch eine einfache Tabelle für die Fahrt entwerfen. Für jeweils zehn friedliche Minuten ohne Streit können die Kinder sich einen Punkt verdienen. Für eine bestimmte Anzahl von Punkten erhalten sie bei der nächsten Rast eine Belohnung.

Die Technik des Abkühlens

Kämpfe ums Schlafengehen

Das Problem. *Mein Mann und ich sind uns nicht einig über die Schlafgewohnheiten unserer Kinder – oder genauer gesagt, wie wir sie dazu bringen, im Bett zu bleiben. Unsere Kinder sind zwei und fünf Jahre alt. Nachdem sie sich schlafen gelegt haben, klettern sie regelmäßig aus dem Bett und besuchen uns. Ich arbeite einige Nächte pro Woche außer Haus, und mein Mann betrachtet die nächtlichen Besuche als harmlos. Ich halte sie allerdings für problematisch, vor allem, wenn die Kinder am nächsten Morgen erschöpft sind!*

Das von Ihnen beschriebene Schlafproblem wird bei Kindern recht häufig beobachtet. Für Kinder im Alter von zwei oder drei Jahren bedeutet Schlaf eine Trennung von den Eltern, und sie steigen aus ihrem Bett, weil sie sich fürchten. Im Alter zwischen vier und sechs Jahren handelt es sich oft um eine spezifische Angst vor Dunkelheit, Schatten, Räubern oder einfach um Angst vor dem Alleinsein. Und manche Kinder bevorzugen einfach die Wärme, Behaglichkeit und Sicherheit, nahe bei Papa und Mama zu sein. Warum sollten Kinder also darauf erpicht sein, in ihrem eigenen Bett zu bleiben? Wenn Sie das Problem mit emotionaler Intelligenz lösen, werden Sie Ihren Kindern Empathie zeigen, versuchen, die kindlichen Gefühle zu verstehen, genau beobachten, was sich abspielt und dann mit großem Optimismus Schritte unternehmen, die den Kindern das beruhigende Gefühl geben, dass sie in Ordnung sind, ihnen Möglichkeiten zur Überprüfung geben und – das ist der schwierigste Teil – ihren Plan konsequent durchsetzen!

Bei Mama und Papa ist es viel schöner …

Sprechen Sie zuerst mit Ihren Kindern darüber, warum sie aus ihrem Bett klettern und ihr Zimmer verlassen. Fragen Sie sie, ob es etwas gibt, wovor sie sich fürchten, oder ob sie Angst haben und sich Sorgen machen. Ältere Kinder können Ihnen über ihre »emotionalen Kennzeichen« berichten. Das sind körperliche Symptome, die uns signalisieren, wenn wir gestresst oder wütend sind. Wenn Sie oder Ihr Mann das Kinderzimmer verlassen, läuft das Kind vielleicht rot an, fühlt sich nervös und sein Herz schlägt schneller. Fragen Sie Ihr Kind, wodurch es sich besser fühlen würde, während es im Bett bleibt. Jüngeren Kindern hilft eine gründliche Inspektion des Zimmers, ein Nachtlicht usw.

Fragen Sie nach emotionalen Kennzeichen

Notieren Sie, wann und wo das Problem auftritt. Legen Sie eine Tabelle an und tragen Sie für jedes Kind ein, wann es zu Bett geht, wer von den Eltern zu Hause ist, wann das Kind anfängt zu rufen, wann es aus dem Bett klettert und was danach passiert. Häufig vermitteln Eltern ihren Kindern widersprüchliche Botschaften. So gibt es Eltern, die abends allein zu Hause sind, normalerweise nicht viel Zeit mit ihren Kindern verbringen und sich dann darüber freuen, wenn die Kleinen nachts aus ihrem Bett steigen und ihnen Gesellschaft leisten.

Eltern müssen sich darüber einig sein, wann ihre Kinder zu Bett gehen sollen und was die Folgen sind. Wenn Sie beide möchten, dass Ihr Kind im Bett bleiben soll, können Sie Folgendes tun.

»Gute Nacht« bedeutet »Auf Wiedersehen für die ganze Nacht«. Sagen Sie Ihren Kindern nach der Gutenachtroutine, dass Sie sie am nächsten Morgen wieder sehen werden und dass sie die Nacht in ihrem Bett verbringen müssen und nirgendwo sonst. Das ist die letzte Gelegenheit für Küsschen, Umarmung, Gutenachtgeschichte, Suche nach Gespenstern oder etwas zu trinken. Ist ein Toilettenbesuch notwendig, so überlegen Sie, ob das Kind ihn allein bewerkstelligen kann oder ob es Sie rufen soll. Irrt das Kind danach umher, dann bringen Sie es sofort zurück in sein Bett, ohne viel zu sagen und ohne Gefühlsäußerung, so als ob Sie ein Buch zurück ins Regal stellen würden.

Definiertes Verhalten der Eltern

Führen Sie Buch über die Schlafroutine. Für jede Nacht ohne Umherwandern dürfen die Kinder einen Aufkleber am Kühlschrank anbringen und sich durch eine bestimmte Anzahl eine Belohnung verdienen. Nach einer gewissen Zeit können Sie damit schrittweise aufhören – aber überstürzen Sie nichts. Warten Sie mindestens einige Monate.

Seien Sie bei Widerstand verständnisvoll, aber bestimmt. Wenn sie merken, dass sie nicht herausklettern dürfen, bleiben manche Kinder zwar im Bett, beginnen aber zu schreien, und zwar laut. Wir raten Ihnen, standhaft zu bleiben. Versuchen Sie, fünfzehn bis zwanzig Minuten zu warten, bevor Sie ins Kinderzimmer gehen. Das wird Ihnen wie eine Ewigkeit vorkommen, aber die meisten Kinder werden vor Ablauf dieser Zeit aufhören zu schreien und einschlafen. In der nächsten Nacht werden sie wahrscheinlich kürzer schreien. Sagen Sie ihnen am nächsten Morgen, dass alles in Ordnung ist, so wie Sie es versprochen hatten. Das wird Ihr Kind beruhigen, aber es kann vielleicht eine Woche dauern, bis Sie Erfolg haben. Wenn Sie hören, dass Ihr Kind nachts voller Angst schreit und in großer Not zu sein scheint, sollten Sie zu ihm gehen, aber nehmen Sie das Kind nicht aus seinem Bett heraus. Bleiben Sie nur kurz im Kinderzimmer, wischen Sie seine Tränen ab und sagen Sie ihm: »Du bist groß genug, um im Bett zu bleiben. Mama (und/oder Papa) ist da und wird auch am Morgen da sein. Ich verspreche dir etwas – sobald du eingeschlafen bist, werde ich kurz hereinkommen und nachschauen, ob alles in Ordnung ist.« Sagen Sie dann gute Nacht, und verlassen Sie das Zimmer. Viele Vorschulkinder fühlen sich dadurch getröstet. Ist Ihr Kind misstrauisch, dann können Sie vereinbaren, dass Sie etwas im Zimmer zurücklassen, z.B. ein Tuch, ein Söckchen oder etwas anderes Weiches und Ungefährliches, als Beweis dafür, dass Sie – wie versprochen – nachgeschaut haben.

Fest bleiben, aber nicht im Stich lassen

Probleme mit Teenagern – Unehrlichkeit, Lügen und Betrügen

Das Problem. *Mein Sohn ist siebzehn Jahre alt. Er belügt mich ständig, mogelt bei den Schulaufgaben, ist unehrlich gegenüber seinen Lehrern und sogar gegenüber dem Boss seines Nachmittagsjobs. Ich weiß nicht, wie es dazu kommen konnte. Was kann ich tun?*

Die Grundprinzipien sind bekannt

Eltern möchten ihren Kindern trauen können. Es ist ein schreckliches Gefühl, wenn das Vertrauen fehlt. Denken Sie daran, dass das auch für Ihren Sohn gilt. Er fühlt sich nicht wohl dabei zu lügen. Aber alle Gewohnheiten – und Lügen und Unehrlichkeit werden im Laufe der Zeit zur Gewohnheit – sind nur schwer abzulegen.

Nehmen wir an, dass Ihr Sohn Recht und Unrecht auseinanderhalten kann und normalerweise weiß, dass er lügt. Im Gegensatz zu jüngeren Kindern brauchen wir ihm die Grundprinzipien nicht beizubringen. Emotional intelligente Erziehung beginnt gewöhnlich mit Fragen, wie z.B.: »Was ist das Problem aus der Sicht meines Kindes? Wie fühlt sich mein Kind?« und »Wann kommt es dazu und wann nicht? Nach welchem Muster geschieht es?«

Teenager lügen meistens deshalb, weil ihre Eltern nicht wissen sollen, dass sie etwas tun, das die Eltern nicht billigen würden, oder weil sie unsicher sind und die Lüge benutzen, um etwas zu bekommen, was ihnen aufgrund ihrer eigenen Talente nicht gelingen würde, und/oder um eine Situation zu vermeiden, die ihnen Misserfolg und Unannehmlichkeiten bringen wird. Seit ihrem ersten Pickel müssen Teenager Dinge vor ihren Eltern verbergen. Sie wissen, die Eltern haben ein bestimmtes Bild von ihnen und sie möchten es nicht beschmutzen. Als Teenager haben Sie sich wahrscheinlich genauso verhalten.

Lügen aus solchen Gründen sind etwas anderes als Lügen im Zusammenhang mit Schulaufgaben, Job, Hausarbeit usw. Es gibt viele Möglichkeiten, solchen Lügen mit Strenge zu begegnen und deutlich zu machen, dass sie Konsequenzen haben. Bevor Sie das tun, bedenken Sie jedoch, dass mehr auf dem Spiel steht, nämlich die Beziehung zu Ihrem Kind. Wir mussten oft beobachten, dass wiederholtes Lügen, gefolgt von Bestrafungen, zu einer Entfremdung zwischen Eltern und Kindern führt und die Jugendlichen in die Arme von Jugendbanden und anderen gefährlichen Gruppierungen treiben kann.

Es gibt Lügen und Lügen

Denken Sie einen Augenblick über den ältesten Ratschlag zur Eltern-Kind-Beziehung nach: Kinder sollen Vater und Mutter ehren. Beachten Sie, es ist nicht die Rede von »gehorchen«. Manche sind der Ansicht, »respektieren« sei zutreffender als »ehren«. Respekt beruht auf Gegenseitigkeit. Gehorsam, vor allem aus Furcht, erzeugt Ressentiments und Rebellion, oft in Form von Unehrlichkeit.

Gehorsam statt Respekt kann Unehrlichkeit erzeugen

Wie gewinnen wir den Respekt unserer Teenager? Indem wir ihnen zeigen, wie viel sie uns bedeuten, und ihre Stärken herausfinden und loben. Wir sind tolerant gegenüber Fehlverhalten aufgrund von pubertären Schwierigkeiten und jugendlichen Experimenten, bei denen es darum geht, einen eigenen Weg zu finden. Wir müssen die Kommunikationskanäle zu unseren Kindern offen halten, auch wenn wir herumprobieren müssen, um die richtige Frequenz zu finden, mit der wir zu ihnen durchdringen können. Wir müssen herausfinden, wann die Beziehung zu unserem Kind am besten ist. Wann ist es am aufrichtigsten? Wann haben wir unsere besten Gespräche? Manche Eltern können mit ihren Kindern am besten per E-Mail oder Anrufbeantworter kommunizieren. Es gibt Zeiten, in denen eine Kommunikation nur schwer möglich ist. In solchen Fällen sollten Sie sich noch stärker bemühen, kleine positive Momente zu finden und auch die Beziehungen Ihres Teenagers zu anderen Familienmitgliedern überprüfen. Das eröffnet Eltern manchmal wieder einen Kommunikationskanal.

Reinen Tisch machen. Häufig ist es am besten, wenn sich die Eltern mit ihren unehrlichen Teenagern zusammensetzen und eine Amnestie erklären. Was in der Vergangenheit geschah, ist vorbei; wir müssen eine neue Beziehung für die Zukunft aufbauen. Manchmal müssen die Eltern zu diesem Zweck ihre eigene Ehrlichkeit überprüfen. Kinder schnappen Dinge auf, z.B. Geschäftsbeziehungen, Steuerangelegenheiten oder Telefongespräche, und beobachten eine Diskrepanz zwischen Äußerungen und Gesichtsausdruck; sie sehen, wie die Eltern Familienmitglieder, Freunde, Arbeitgeber und Nachbarn behandeln. Wir müssen uns mit gegenseitigem Respekt behandeln, und das setzt Ehrlichkeit voraus. Die Eltern sollten den ersten Schritt tun. Erklären Sie Ihrem Sohn, dass Sie ihm vertrauen. Heben Sie seine Stärken hervor. Seien Sie realistisch in Ihren Erwartungen in Bezug auf Noten, sportliche und andere Leistungen. Setzen Sie einige realistische Ziele und Standards und vereinbaren Sie, zusammen daran zu arbeiten. Sagen Sie Ihrem Sohn aber auch deutlich, dass Sie ihn nicht vor den Folgen seiner Unehrlichkeit schützen können. Sie sind für ihn da, aber Gesetz ist Gesetz, Schulregeln sind Schulregeln und die Leute behandeln andere oft so, wie sie das Gefühl haben, selbst behandelt zu werden.

Erwarten Sie vor allem nicht, dass sich Ihr Kind sofort ändert. Das ist ein langsamer Prozess, weil Unehrlichkeit – wie jede Angewohnheit – fast zum Reflex werden kann und es deshalb sehr schwierig ist, sie vollständig und schnell zu stoppen. Ihr Sohn wird überprüfen, ob Sie Wort halten, und sich mehr auf seine Stärken konzentrieren und Verständnis für seine Schwierigkeiten zeigen. Respekt erzeugt Respekt und Ehrlichkeit wird sich im Laufe der Zeit einstellen.

Teenagern Grenzen setzen

Das Problem. *Meine Tochter ist fünfzehn Jahre alt. Ihre Freundinnen dürfen anscheinend so spät nach Hause kommen, wie sie möchten, so viel telefonieren, wie sie möchten, nichtjugendfreie Videos und Filme anschauen und so oft einkaufen, wie ich Wäsche wasche – und das ist sehr oft. Ich habe nicht den Eindruck, dass viele von ihnen noch Religionsunterricht haben oder in die Kirche gehen bzw. zu Hause Verantwortung übernehmen. Bin ich altmodisch? Ich glaube nicht, dass das der richtige Weg für meine Tochter oder für meine jüngeren Söhne ist.*

Altmodisch? Auf keinen Fall – Sie sind auf dem richtigen Weg ins 21. Jahrhundert. Sie scheinen die Antworten schon zu kennen – die Eltern der Teenager, die Sie beschreiben, tun ihren Kindern keinen Gefallen. Aber wie sollen wir Grenzen setzen? *Von wegen altmodisch!*

Wenn wir möchten, dass unsere Teenager zu disziplinierten und verantwortungsbewussten Menschen heranwachsen, müssen wir ihnen Gelegenheit geben, unter verschiedenen Möglichkeiten zu wählen und mit Grenzen umzugehen. Wir müssen frühzeitig damit beginnen, weil viele schwierige Entscheidungen anstehen, wie z.B. der Führerschein, Rendezvous, Alkohol, Parties etc. Mit einigen werden Sie jetzt zu tun haben, andere werden im Laufe der Jahre noch schwieriger werden.

Einer der Hauptgründe, warum es Eltern schwer fällt, Grenzen zu setzen, liegt darin, dass sie keine klaren Ziele für ihre Familie oder für ihre Kinder haben.

Eltern müssen sich darüber klar werden, welche Ziele sie für sich und ihre Kinder haben. Manche Dinge wirken sich günstig auf die Ziele aus, andere nicht. Bestimmte Dinge können und sollten – wie Yakov Hilsenrath ausführte – nicht verhandelbar sein. Das sind z.B. Prinzipien, an die Sie glauben, bestimmte Wertvorstellungen oder Dinge, die Ihnen viel bedeuten. All das muss natürlich im Laufe der Jahre erneut überprüft werden, wenn die Kinder neue wichtige Entwicklungsschritte durchmachen. *Werden Sie sich über Ihre Ziele klar!*

Nichtverhandelbarkeit ist mehr als nur ein Verbot im Sinne von »du sollst nicht…«. Vielleicht möchten Sie, dass Ihr Kind weiter den Religionsunterricht besucht, für eine karitative Organisation arbeitet, Verantwortung für spezielle Pflichten im Haushalt über- *Nichtverhandelbarkeit*

nimmt, mit bestimmten Verwandten in Kontakt bleibt oder andere Dinge tut, die Ihnen wichtig sind. Sie können Ihren Kindern klar und deutlich sagen, dass diese Dinge vor allen anderen erledigt werden müssen. Sie haben das Recht, Ihrem Kind Verantwortungsbewusstsein beizubringen.

Wir möchten Ihnen einige Punkte zu bedenken geben. Je früher Sie damit beginnen, desto leichter ist es für die Kinder, Ihre Ziele zu verstehen und schließlich zu akzeptieren. Erwarten Sie nicht, dass Ihre Kinder sofort begeistert mitmachen. Das Wichtigste ist, dass sie Ihren Wünschen nachkommen, Freude wird später aufkommen oder auch nicht. Sprechen Sie mindestens zweimal im Jahr mit der ganzen Familie über Ihre Wertvorstellungen. Hören Sie *Wertvorstellungen regelmäßig besprechen* Ihren Kindern zu, wenn sie Sie bitten, Ihre Position zu ändern. Fragen Sie sie nach ihren Gründen und hören Sie aufmerksam zu. Vielleicht werden Sie daraufhin einige Dinge modifizieren. Wenn das im Rahmen einer vernünftigen Diskussion geschieht, ist es meist positiv. Gehen Sie behutsam bei Ihren Änderungen vor. Haben Sie keine Bedenken, alte Grenzen wieder einzuführen, wenn Sie von ihrer Notwendigkeit überzeugt sind.

Ziele, Kommunikation und Nichtverhandelbarkeit – all das sind wichtige Instrumente emotional intelligenter Erziehung!

Was tue ich, wenn mein Kind sehr traurig ist?

Das Problem. *Ich habe in der letzten Zeit viel über Depressionen bei Kindern gelesen und bin etwas durcheinander. Mein Kind sieht manchmal sehr traurig aus. Muss ich mir Sorgen machen? Wie soll ich mich verhalten? Wie kann ich mit meinem Kind am besten umgehen, wenn das passiert?*

Es ist nicht ungewöhnlich, dass Kinder im Laufe ihrer Entwicklung über bestimmte Dinge traurig sind. Manche reagieren besonders empfindlich auf ihr Umfeld und neigen dazu, Dinge zu verinnerlichen, statt sie auszuleben. Manche Kinder erleben Traurigkeit als Folge eines echten Verlustes oder aufgrund von Schwierigkeiten oder Konflikten mit ihren Klassenkameraden. Das geschieht häufig in der Schule, wenn die Kinder sich als Person zu definieren beginnen und ihre Gruppenzugehörigkeit ändern. Kurzzeitige Traurigkeit kommt im Laufe der Kindheit häufig vor; es ist jedoch wichtig, Kinder sorgfältig zu beobachten, damit Anzeichen einer klinischen Depression nicht übersehen werden. *Nichts Ungewöhnliches*

Traurigkeit ist eine der fundamentalen menschlichen Emotionen, die jedes Kind irgendwann erleben wird. Wenn sie sich bemerkbar macht, gehen emotional intelligente Eltern zu ihrem »Werkzeugkasten« und suchen das Geeignete heraus, um das Problem anzugehen. Als Erstes müssen Sie mit Ihren Kindern sprechen und ihnen ihre Gefühle begreiflich machen. Wenn Sie sich nach Gefühlen erkundigen, sollten Sie die Zwei-Fragen-Regel anwenden. Fragen Sie Ihr Kind zuerst, wie es sich fühlt. Fragen Sie nach, indem Sie sagen: »Wie fühlst du dich wirklich?« Oder: »Ich habe bemerkt, wie du ausgesehen hast, als du von der Schule (von deinen Freunden usw.) nach Hause kamst. Wie hast du dich da ge- *Die Zwei-Fragen-Regel*

fühlt?« Achten Sie darauf, immer im Fragemodus zu bleiben, um einen Einblick in das Problem zu gewinnen.

Es ist möglich, dass Ihr Kind traurig ist, weil es etwas verloren hat – Freunde, Status, Sicherheit oder Selbstachtung. Ihre Aufgabe ist es, zuzuhören und Ihr Kind wissen zu lassen, dass Sie mit ihm fühlen. Versuchen Sie, die Sichtweise Ihres Kindes zu übernehmen, und stellen Sie sich vor, wie es die Welt sieht. Manchmal bringt es

Ihrem Kind schon große Erleichterung, wenn es spürt, dass Sie seine Traurigkeit verstehen.

Ist ein Kind unter fünf Jahren traurig, dann können Sie sich mit ihm zusammensetzen, Bleistift, Buntstifte und Papier nehmen, damit es seine Gefühle zeichnerisch ausdrückt. Zeichnen eignet sich hervorragend für Kinder, die traurig sind und ein Ventil für ihre Gefühle brauchen. Es wird sich wahrscheinlich in den Zeichnungen widerspiegeln, wenn das Kind beginnt sich besser zu fühlen. Lassen Sie das Kind Bücher auswählen, die es lesen möchte. Sie werden sehen, wie sich die Titel ändern, wenn sich die Stimmung bessert.

Malen und Zeichnen

Als Eltern müssen Sie beurteilen, wie Sie Ihrem Kind am besten durch seine Traurigkeit helfen können. Untersuchungen auf dem Gebiet der emotionalen Intelligenz haben ergeben, dass Traurigkeit gut mit Ablenkung bekämpft werden kann. Dadurch kann der Drang durchbrochen werden, ständig über die negativen Gedanken zu grübeln, die mit der traurigen Stimmung einhergehen.

Empfehlenswert sind körperliche Aktivitäten, wie z. B. Aerobic, verschiedene Sportarten, Gymnastik und Tanzen. Freiwillige Gemeindearbeit und andere soziale Tätigkeiten sind gute Stimmungsaufheller für ältere Kinder. Nicht zu vergessen sind altbekannte Dinge wie Filme, Videospiele, Puzzles usw.

Körperliche Aktivitäten

Denken Sie immer daran, dass die beschriebenen Instrumente emotional intelligenter Erziehung jene Art von Traurigkeit behandeln, die Teil unseres täglichen Lebens ist. Wenn das nicht hilft und wenn die Traurigkeit so stark ist, dass Essen, Schlafen, Schulaufgaben über einen Zeitraum von mehreren Wochen darunter leiden, dann sollten Sie professionellen psychologischen oder medizinischen Rat suchen.

Wie bekomme ich morgens alle aus dem Haus – einschließlich meiner selbst?

Das Problem. *Ich bin klug. Ich habe meinen Job, ich arbeite ehrenamtlich, und ich tue sehr viele andere Dinge. Aber es gelingt mir nicht, morgens alle aus dem Haus zu bekommen, ohne dass ich vollständig genervt bin. Ich versuche die Kinder anzutreiben und sie bewegen sich in Zeitlupe. Was kann ich tun?*

Psychologen haben etwas entdeckt, was Einstein nicht wusste: $S = 1/EZ$ und $EA = 1/S$. Das bedeutet, dass die Geschwindigkeit, mit der sich Kinder bewegen (S), umgekehrt proportional zur Zeit ist, die Eltern zur Verfügung steht (EZ). Oder anders ausgedrückt: Je weniger Zeit Sie haben, desto länger braucht das Kind. Interessanterweise ist elterliches Antreiben (EA), etwa durch ein »Beeil dich«, ebenfalls umgekehrt proportional zur Geschwindigkeit des Kindes, das heißt, das Kind braucht noch länger. Ein damit zusammenhängendes Ergebnis besagt Folgendes: Je wichtiger es für die Eltern ist, pünktlich zu sein (P), desto unwahrscheinlicher ist es, dass das Kind fertig ist, oder $S = 1/P$. Vereinfacht ausgedrückt: Morgendlicher Stress und Eile sind gleich Ärger und Verlangsamung!

Umgekehrt proportional

Wir glauben, dass dieses Phänomen mit Stress zu tun hat. Nur sehr wenige Menschen – weder Eltern noch Kinder – funktionieren gut, wenn sie unter extremem Stress stehen. Eine häufige Reaktion auf Stress besteht darin, alles langsamer anzugehen. Je mehr Stress die Eltern machen, um das Haus zu verlassen, desto langsamer wird sich das Kind bewegen, und je gestresster die Eltern werden, desto langsamer bewegt sich das Kind...

Wo liegt das tatsächliche Problem?

Vergessen Sie für einen Augenblick Ihre morgendliche Routine und fragen Sie sich, was das Problem ist. Oft steht einfach nicht genügend Zeit zur Verfügung, um fertig zu werden. Beißen Sie in den sauren Apfel und korrigieren Sie Ihre Termine, falls notwendig. »Leichter gesagt, als getan«, sagen Sie? Emotional intelligente Erziehung bedeutet, realistisch und sich vor allem seiner Gefühle bewusst zu sein. Denken Sie präventiv. Schicken Sie die Kinder beispielsweise eine halbe Stunde früher zu Bett und wecken Sie sie morgens eine halbe Stunde früher. Dadurch ersparen Sie sich wahrscheinlich morgendliches Chaos, Herumschreien und chronisches Zuspätkommen. Sollten die Kinder das nicht mögen, dann brauchen sie nur morgens pünktlich und ohne Probleme fertig zu werden, um ihre alte Routine wieder aufnehmen zu dürfen. Diskutieren Sie zusammen mit ihren Kindern Problemlösungen, aber setzen Sie ein klares Ziel. Treffen Sie Entscheidungen bewusst, statt die Dinge einfach treiben zu lassen. Überprüfen Sie, ob andere Korrekturen des Terminplans möglich sind, um morgens mehr Zeit zu gewinnen.

Bewusste Entscheidungen treffen

Zeit ist natürlich nicht das einzige Problem. Sie müssen einige andere emotional intelligente Strategien anwenden, um die verfügbare Zeit nicht zu vergeuden. Sie werden im vierten Kapitel beschrieben. Loben Sie die Kinder, wenn sie sich so verhalten, dass sie rechtzeitig fertig werden. Weisen Sie auf Dinge hin, die passieren können, wie z.B. das Frühstück verpassen, Arrest, wenn sie nicht rechtzeitig in der Schule sind, usw. Eine Mutter sagte ihrem Sohn, sie würde genau zehn Minuten vor acht Uhr das Haus verlassen, und zwar mit ihm – egal ob er fertig angezogen war oder nicht. Es war nur einmal nötig, dass Sie seine Kleider in eine Plastiktüte packen musste und ihn im Schlafanzug ins Auto setzte – das nächste Mal beeilte er sich morgens mehr. Machen Sie einen Plan, in dem genau die Schritte beschrieben sind, um sich morgens fertig zu machen, und überprüfen Sie das Verhalten des Kindes (rechtzeitig aufstehen, sich waschen und anziehen, das Bett machen, frühstücken usw.).

Jugendliche sollten Sie dazu anleiten, das Problem mit Hilfe von FIG-TESPN selbst durchzuarbeiten. FIG-TESPN ist ein Akronym und steht für: *Analyse mittels FIG-TESPN*

- Gefühle ausdrücken (F),
- das Problem identifizieren (I),
- ein klares, positives Ziel nennen (F),
- über verschiedene Wege nachdenken, um das Ziel zu erreichen (T),
- die verschiedenen Wege überprüfen (E),
- den besten Weg auswählen (S),
- einen konkreten Plan ausarbeiten, einschließlich Fallstricke vorhersehen (P) und
- zum Schluss: »Wie hat es funktioniert und was können wir das nächste Mal tun (N)?«

Ein Jugendlicher könnte vielleicht folgendermaßen antworten:

- F = Ich bin müde und wütend darüber, dass ich in die Schule gehen soll.
- I = Ich bin kein Morgenmensch.
- G = Ich möchte den Oberschulabschluss machen.
- T = Den Wecker am anderen Ende des Zimmers aufstellen oder sich durch die Eltern aufwecken lassen oder einen Freund bitten, anzurufen, oder früher zu Bett gehen.
- E = Ich vergesse den Wecker zu stellen. Oder: Die Eltern weigern sich. Oder: Der Freund verschläft.
- S = Okay, ich werde versuchen, früher zu Bett zu gehen und den Wecker zu stellen.

- P = Ich werde um … Uhr zu Bett gehen, den Wecker auf sieben Uhr stellen, ihn auf laut stellen. Wenn ich nicht rechtzeitig aufstehe, muss ich wieder nachsitzen und ich werde dich nicht bitten, mich zu fahren, aber wenn ich ein Auto bekäme, würde ich dich nicht bitten müssen und ich wäre immer pünktlich.
- N = Wir werden es ausprobieren und dann sehen.

Seien Sie flexibel, kreativ und ausdauernd, und finden Sie Lösungen für Ihr Problem. Es lohnt sich. Sie werden selbst bemerken, wie Sie weniger Stress verspüren und alles glatter geht. Selbst Einstein wusste das!

Über die Autoren

Maurice J. Elias, Ph.D., ist Professor für Psychologie an der Rutgers Universität und Mitglied des »Leadership Team of the Collaborative for the Advancement of Social and Emotional Learning«. Er ist e n in den USA anerkannter Experte für Problemlösungen für Eltern und Kinder und außerdem Schriftsteller und Autor zahlreicher Fachpublikationen und Artikel in Zeitungen und Zeitschriften.

Stephen Tobias, Psy.D., ist Direktor des »Center for Child and Family Development« in Morristown, New Jersey. Seine Spezialgebiete sind: Probleme der kindlichen Entwicklung, soziale Fähigkeiten von Kindern, Aufmerksamkeitsdefizit/Hyperaktivitätsstörung. Er berät Schulen und hält Workshops für Eltern.

Brian S. Friedlander, Ph.D., ist Software-Spezialist und Schulpsychologe in New Jersey. Er hat einen interaktiven Kurs über soziale Problemlösungen und verschiedene Software (Student Conflict Manager, Discipline Tracker) für Schüler, Studenten und Lehrer entwickelt. Er ist Autor des Buches »Computers in Child Therapy«, das in Kürze erscheinen wird.

Die Autoren sind über E-Mail unter www.EQParenting.com zu erreichen.

Sachwörterverzeichnis

Bildnachweis

Superbild S. 27, S. 36, S. 49,
    S. 119, S. 143, S. 169, S. 180,
    S. 210
Bavaria Bildagentur S. 33,
    S. 75, S. 208
Image Bank S. 99
Tony Stone S. 13, S. 137
ZEFA S. 55, S. 193

»Ich war die Katzenkönigin und flog mit der Rakete zum Mond...«

Kinder führen in ihren Träumen ein zweites Leben voll Phantasie, origineller Ideen und tiefer Gefühle. Ihre Träume liefern wichtige und nützliche Informationen über ihre innere Welt, über Freuden, Ängste, Probleme. Wie Eltern gemeinsam mit ihren Kindern die Traumbilder der Nacht erforschen, verstehen und nutzen können, erklärt dieser Ratgeber. Viele Traumbeispiele aus allen Bereichen des kindlichen Lebens zwischen dem vierten und dem 14. Lebensjahr und Vorschläge für die Traumdeutung helfen, die kindliche Gefühlswelt zu erkennen und zu verstehen. Eltern erfahren aber auch, wie sie die Botschaften der Träume für die Kreativität ihrer Kinder und für die Meisterung des Alltags nutzen können. Traumhaft schöne Illustrationen machen das Buch zu einer Entdeckungsreise in den geheimen Garten der Seele.

- Träume – eine Reise in die kindliche Seele
- Königin im Zauberwald und Nachtgespenst im Turm: Wovon Kinder träumen!
- Schulprobleme, Geschwisterrivalitäten, Ängste, Zukunftswünsche: Was Träume verraten!
- Mit kindgerechten Schlüsselfragen Träume deuten
- Traumtagebuch für Kinder
- Nutzen der Traumdeutung – Hilfen für den Alltag

Pam Spurr
Mit der Rakete zum Mond
Kinderträume verstehen, deuten und nutzen
Ein Elternratgeber
144 S. durchgehend vierfarbig mit vielen Abbildungen, lam. Pappband
ISBN 3-333-01057-7

Verlag Gesundheit

Monat für Monat - das Wichtigste auf einen Blick

Der originelle Baby-Ratgeber in Kalenderform. Von-Monat-zu-Monat, übersichtlich und verständlich viele Ratschläge fürs Baby: zur Pflege, Ernährung und Entwicklung, zum Schlafen, Spielen und Schmusen. Liebevoll mit entwicklungstypischen Babyfotos ausgestattet. Informationsquelle und bezaubernder Wandschmuck.

- Säuglingsernährung: vom Stillen bis zum Brei
- Körperpflege: besondere Pflege für Babys zarte Haut
- Körperliche Entwicklung: was Baby alles kann
- Spielen und Lernen: das richtige Spielzeug zur richtigen Zeit
- Wohnen: von der Wiege bis zum Bett
- Gesundheit: Vorsorgeuntersuchungen, Impfschutz, Kinderkrankheiten
- Geistige Entwicklung: Lernen vom ersten Tag
- Der Extra-Spar-Tip

Ursula Hertel
Wolf-Rainer Cario
Mein erstes Jahr
Säuglingskalender
14 Seiten
13 Kalenderblätter
ISBN 3-333-01048-8

»Aber er hat zuerst zurückgeschlagen!«

Perfekte Eltern gibt es nicht. Perfekte Kinder ebensowenig. Oft genügt eine gute Idee und schon ist das Chaos vermieden, das Lachen wieder da, die Streiterei geschlichtet.

Michele Elliot, erfahrene Mutter, Psychologin und Elternberaterin, gibt Antworten und Anregungen, Tips und Ratschläge für den Umgang mit unseren 4- bis 12-jährigen. Keine Situation, kein Problem, keine Schwierigkeit wird ausgespart.

- Wie schaffe ich es, daß mein Kind freiwillig ins Bett geht?
- Wie handle ich bei Streit unter Geschwistern und Freunden?
- Wie wird mein Kind selbstbewußt, verantwortungsvoll und mitfühlend?
- Was tun, wenn mein Kind Opfer von Gewalt und Mißbrauch wird?
- Wie verhalte ich mich in peinlichen Situationen mit Witz und Humor?

Situationen, Probleme, kleine und große Schwierigkeiten des Alltags - humorvoll und selbstkritisch beobachtet und aufgezeichnet, niemals mit dem erhobenen Zeigefinger, stets unterhaltend und einfühlsam.

Michele Elliot
Cool bleiben
501 Tips für gestreßte Eltern
320 Seiten
laminierter Pappband
ISBN 3-333-01034-8

Verlag Gesundheit